国家社科基金重大项目“构建全民共建共享的社会矛盾纠纷多元化解机制研究”（15ZDC029）阶段性成果

新时代调解研究文丛（实务系列）
总主编　廖永安

调解学教程

主　编◎廖永安
副主编◎张立平　李喜莲

中国人民大学出版社
·北京·

本书系国家社科基金重大项目：构建全民共建共享的社会矛盾纠纷多元化解机制研究（项目号：15ZDC029）的阶段性成果。

本书获湘潭大学文化素质教育核心课程教材出版资助。

总　序

美国法理学者富勒曾言："法治的目的之一在于以和平而非暴力的方式来解决争端"。在所有第三方纠纷解决机制中，调解无疑是合意最多、强制最少的和平方式。从古代儒家的"无讼"理念，到抗日民主政权时期的"马锡五"审判模式，再到新时代的"枫桥经验"，调解凝聚为中华民族独特的法律文化意识，不仅是外显于中华社会的治理模式，而且是内嵌于淳朴人心的处事习惯与生活方式；不仅是人们定分止争的理想选择、思维习惯，而且是为人称颂的息事宁人、和睦相处的传统美德。更为弥足珍贵的是，源自于东方的调解文化，在发展和传播的过程中，其理念和价值早已为域外文明所接受，成为西方话语主导下的现代司法体系中一个难得的东方元素和中国印记。

然而，在我国现代化转型的过程中，调解制度仍主要是遵循由政府主导的自上而下式发展进路，要么在法治现代化改革中被边缘化，要么在维护社会稳定大局中被急功近利地运动化推进，导致各种调解制度处于不确定、不规范的运作状态。与之相伴随的是，法律人对调解的研究也大多埋首于优势、意义等"形而上"的宏大叙事问题，对调解现代化面临的困境与对策则缺乏深入分析，就像一只"无脚的鸟"，始终没有落到可以栖息、生长的实地，调解研究呈现浮躁、幼稚的状态。在现实的调解实战中，调解队伍庞大但素质参差不齐、调解基准多样但缺乏法律支撑、调解程序灵活但少有必要规范、调解方法多元但囿于直接经验等，这些都成为制约调解实践进一步发展的瓶颈。由此观之，我国调解在现代化转型中仍滞留在经验层面，缺乏理论化、系统化、规模化、现代化的升华，以致有些人视其为"与现代法治精神相悖"的历史遗留，对中华民族自身的调解传统、制度和实践缺乏足够的道路自信、理论自信、制度自信和文化自信。

放眼域外，西方法治发达国家为克服对抗式诉讼代价昂贵等固有弊端，自20世纪70年代末以来，提倡推行以调解为核心的非诉纠纷解决机制，形成了接近正义运动的“第三次浪潮”。目前，在不少西方发达国家，调解的学科化或科学化发展趋势十分明显。社会学、心理学、经济学等研究成果在调解领域的广泛应用，不仅大大提升了调解的科学化水平，还使调解成为一门新兴的综合学科。体系化、标准化的调解课程不仅是调解员培训必修的课程，而且成了法学院的常规课程。调解学科的兴起，还催生了一个行业。在一些国家，调解已经成为人们可以终身从事的一种职业。

因此，在调解的现代化转型上，不得不承认在不少方面我们已经落后了。这引起了我们的忧思。我们的文化传统在异域他乡能呈现出科学化、体系化、职业化与商业化的欣欣向荣景象，实用主义的引导与作用，或许可以成为答案之一，但从技术层面而言，精细化的研究始终是一个不可逾越的基础。如果我们再不警醒，再不转变调解的研究方式，再不提升调解的精细化研究水平，长此以往，调解话语权的流失将成为必然。因此，调解的实践者和研究者需要有持之以恒的毅力去推动中国调解制度的发展，基于这样的使命感，我们策划出版了《新时代调解研究文丛》，力图在以下方面有所裨益。

其一，促进调解制度改革，提升社会治理水平。党的十九大报告提出，要打造全民共建共治共享的社会治理格局，强调加强预防和化解社会矛盾机制建设，正确处理人民内部矛盾。毋庸置疑，调解在我国社会矛盾化解中起着举足轻重的作用。而政策性因素对调解的长久发展而言，更像是一个“药引子”，真正让调解养成“健康体魄”的还是制度性因素。我国现行的调解制度主要包括人民调解、法院调解、行政调解、仲裁调解、商事调解、行业调解等。丛书将充分回应如何夯实人民调解制度、规范行政调解制度、改革法院调解制度、发展商事调解等新型调解制度等关键问题，并注重各种制度之间的对接、协调与平衡，探寻科学的制度创新与改革路径，以此建立起一套科学高效的社会矛盾化解机制，提升我国的社会治理水平。

其二，创新调解研究范式，构建调解的“中国话语体系”。调解研究范式不论是彻头彻尾的洋腔洋调，还是墨守成规的自说自话，抑或是一孔之见的片面窥探，都无法铿锵有力并落地生根。我们只有立足本土资源，把握国际调解新动向，并展开跨学科研究，才有可能使调解的中国话语掷地有声。从书就其实证性而言，它客观、可信，考证严密；就其国际性而言，它深刻、独到，视野宽阔；就其跨学科性而言，它多元、缜密，交叉融合，希冀为构建调解的“中国话语体系”指明基本方向。

其三，建立调解教材体系，增强调解人才培养能力。开发一套科学、系统、规范、实用的调解教材，为调解人才培养提供强有力的理论指导和体系化的培训支撑，具有重要的现实意义。从书力图填补国内系统化调解教材的空白，改进当前少量既有教材存在的理论性不全、实践性不强、操作性不便等不足，希望抓住调解员这一核心要素，从调解经验总结、调解经典案例评析、社会心理学在调解中的应用、中国调解文化解读、调解策略梳理等多维度构筑我国调解教材体系，进而提升我国调解人才的培养能力。

文丛的开发得到了最高人民法院和司法部的鼎力支持，并分为两个子系列：一个是调解理论系列，由最高人民法院李少平副院长担任顾问，其编写主要依托最高人民法院与湘潭大学共建的多元化纠纷解决机制研究基地；另一个是调解实务系列，由司法部刘振宇副部长担任顾问，其编写主要依托司法部与湘潭大学共建的调解理论研究与人才培训基地。此外，文丛的编写与出版还获得了中国民事诉讼法学研究会 ADR 理论研究专业委员会、中国仲裁法学研究会调解与谈判专业委员会、调解研究领域的知名学者、调解实务界权威专家以及中国人民大学出版社的大力支持。我们期望并相信，从书的面世将为构筑我国科学的调解员培养培训体系提供理论指导，为全面发挥调解在促进社会矛盾化解、社会治理创新中的作用提供智力支持，为构建适应我国现代化进程和独具中国特色的调解话语体系作出贡献。

是为序。

谢　勇　廖永安

2019 年 2 月

目　录

第一章　调解学导论

调解，是指当事人之外的第三方通过疏导、说服、教育等方法，促使当事人之间自主协商、自愿达成协议的一种纠纷解决方式。调解作为一种纠纷解决方式，不仅有着悠久的历史，而且在现代社会的纠纷解决中日益为世界各国所重视，呈现出组织化、职业化、多样化、法治化、全球化的发展趋势。调解的悠久历史，多样化的制度，特有的纠纷解决理念、原则、机制和技巧，以及丰富的经验积累，尤其是调解在纠纷解决中的重要性，意味着其可以也应当作为专门学科予以研究和介绍。

第一节　调解学的概念、性质和研究对象

一、调解学的概念及研究的意义

调解学作为一门学科，有其自身的研究对象和内容。但若对调解学予以明确的定义，也许仁者见仁、智者见智。为便于读者理解和内容阐述，根据通常的学科定义习惯，我们认为，根据调解学涉及的研究对象和内容，其可以定义为研究调解制度及其发展规律和调解实务的专门学科。这一定义可以涵括有关调解的理念、原则、制度、方法和技巧，以及调解的历史等各个方面的研究对象，具有内容上的丰富性。将调解作为专门学科予以研究和介绍具有以下的意义。

1. 有利于推动我国调解制度的进一步发展，适应现代型纠纷解决的需要。调解在我国的历史传统尤其悠久，不仅从未中断，而且日趋发展。在长期的封建社会中，统治者以儒家的和谐思想为指导，为了适应以小农经

济、血缘关系和熟人社会为主导的社会经济特点，十分重视民事纠纷的调解解决；民间调解与官方调解并存，调解形式和手段多样，为调解制度积累了丰富的经验。新民主主义革命时期，这一纠纷解决的传统在新的政治和文化理念下，得到进一步的发展，创立了以“调解为主”的马锡五民事审判方式，以及被誉为“东方经验”的人民调解制度，并在中华人民共和国成立后得到进一步发展。改革开放以来，民事审判方式虽然实现了由职权主义向当事人主义的转型，但除短暂时段对调解有所淡化外，随着纠纷解决压力的增大，其在诉讼中的地位和作用又迅速为人们所重视，人们对其在认识上也更为理性和深入。同时，人民调解、行政调解、仲裁调解、行业调解、商事调解、律师调解、公证调解、在线调解等多种调解机制或方式不断得到发展，并呈现出与诉讼调解衔接互动，以及各调解主体和机制之间衔接互动的趋势，由此产生了“三调联动”“大调解”，以及调解协议的司法确认、特邀调解、委托调解等新型调解体制机制。为了适应多元化纠纷解决机制建设的需要，2010 年 8 月 28 日，第十一届全国人民代表大会常务委员会第十六次会议通过了《人民调解法》。2009 年 7 月 24 日，最高人民法院发布了《关于建立健全诉讼与非诉讼相衔接的矛盾纠纷解决机制的若干意见》；2011 年 3 月 23 日，最高人民法院发布了《关于人民调解协议司法确认程序的若干规定》；2016 年 5 月 23 日，最高人民法院审判委员会第 1684 次会议通过了《关于人民法院特邀调解的规定》；2016 年 6 月 28 日，最高人民法院发布了《关于人民法院进一步深化多元化纠纷解决机制改革的意见》；等等一系列司法解释。新型调解体制机制的产生，既面临在我国社会主义市场经济条件下纠纷日益多样化、复杂化，现代型纠纷大量增多的困境，以满足纠纷及时公正解决的现实需要，亦对我国调解制度和实践的科学发展提出了不少新的理论问题。调解学的建立，有利于系统地分析和总结我国调解的历史传统和现代经验，发现我国调解制度产生和发展的一般性规律和特殊性规律，使调解更好地适应现代型纠纷解决的需要，推动我国调解制度的进一步发展。

2. 有利于拓宽调解研究的世界视野，更好地借鉴和吸收世界各国在调解方面的经验。在西方发达国家，随着 19 世纪末社会法学的兴起，社会法学与自然法学、分析实证主义法学等不同流派之间的理论交锋和互相渗透，人们对法律在价值、形式和事实之间辩证关系的认识日益深化；受我国调解文化和制度的深刻影响，西方发达国家也一反以往较为单一的裁判式纠纷解决方式，日益重视民事纠纷的调解解决。西方国家在吸收我国调解制度和经验的基础上，结合其各自国家的社会、经济、文化和制度特点，在纠纷的调解解决方面创造了不少新的形式和经验。如美国的法院附属 ADR（Alterative Dispute Resolution，即替代性纠纷解决机制）、商业调解公司和社区调解等。尤其在当下，以商品经济为主导的经济全球化大潮，使得纠纷种类和性质日益多样化、复杂化，国家和社会对纠纷解决机制的多元需求也更为强烈，调解已成为一种全球化的趋势。调解的全球化发展推动了各国对调解制度及其实践更为广泛的关注，各国对调解的理论研究也日益深入。在这一背景下，调解学的建立，有利于推动我国对世界各国尤其是对西方发达国家调解理论、制度和经验的深入研究，从而为我国调解制度的发展提供应有的借鉴。

3. 有利于深化调解理论的系统性研究，满足调解专门人才培养的需要。调解作为一种被大量需求的纠纷解决方式，调解制度的日益发展，使得调解日益成为一种专门的职业。在全面依法治国背景下，培养既具有法律专业知识，又熟悉并掌握调解知识和技巧的调解专门法律人才，已成为我国调解制度长足和科学发展的当务之急。调解人才的培养需要调解理论研究的深入和系统发展，并有适当教材的提供。但调解学作为一个专门的学科性概念直到近年才为个别论著所使用①，这种状况与调解的悠久历史及其在理论、制度和实践上的现实发展，以及对调解专门人才的培养都是不相适应的。基于深厚的历史积淀和迫切的现实需求，我们都有必要将“调解学”作为一个独立的学科概念正式提出，如此才能更好地推进对这一学科的专门性、系统性理论研究和介绍，满足调解专门人才培养的需要。

二、调解学的性质和研究对象

（一）调解学的性质和特点

调解作为一种纠纷解决方式，主要是通过说服、疏导等方法解决纠纷，

---

① 在调解的具体性领域，1990 年 6 月法律出版社出版了由江伟、杨荣新主编的高等学校法学教材《人民调解学概论》。但在调解的整体性领域，2014 年 3 月始见有香港博学出版社出版的由陈晋所著的《调解学》。

因此，它往往是法律和其他多种知识的综合运用。在现代社会，调解更加组织化、职业化、多样化和法治化。尤其是随着调解人员文化素质的提高、经验的丰富积累，以及法学、心理学、经济学等各门具体学科的发展和互相渗透，调解人员在各种具体的调解活动中，往往会自觉或不自觉地运用心理学、经济学等方面的知识，使得调解日益成为法学、心理学、经济学等各门知识综合运用的一种纠纷解决方式。与调解的这种现代发展相适应，调解学应当可以成为一门具有法学性、职业性、应用性和交叉性的学科。

1. 调解学是一门具有法学性的学科。现代社会是法治社会，调解是在法治背景和基础上运用的纠纷解决方式，不仅调解组织的设立、调解的启动、调解的进行和协议的达成、协议的效力等受有关调解法律法规的调整和规范，而且调解协议的内容也会受到各种实体性法律法规的制约和影响。调解学不仅要研究有关调解法律法规的制定、修改和适用，还要研究其他有关法律法规在调解活动中的具体运用。因此，在现代社会，尤其在我国全面推进依法治国，建设社会主义法治国家的背景下，调解学无疑具有强烈的法学性。

2. 调解学是一门具有职业性的学科。现代社会中的调解，正在成为和公安机关的侦查，法院的审判，律师的诉讼代理、辩护和法律咨询，公证机关的证明活动等一样，具有法律职业性的活动。从法律职业的角度看，研究某一特定法律职业部门在司法、执法、用法活动中的相关制度、实践技能和经验及运作规律的学科，也就是职业法学，如审判学、侦查学、检察学、律师学、公证学等。职业法学的兴起，标志着我国法学研究从普及向提高、从宏观向微观、从制度向行为的转移和深入，使法学研究的视野越来越宽，领域越来越广，法律人才的培养越来越专。调解学正是在这种情况下应运而生的，着眼于对调解专门人才的培养，因此亦具有鲜明的职业性。

3. 调解学是一门具有应用性的学科。应用性学科是相对于理论性学科而言的。调解学的应用性，主要体现在它注重为调解实践服务。调解学无论在调解的理论还是在实务研究方面，都注重从实践出发，又服务于实践。其强调研究的材料来源于实践，经过科学分析和理论论证，又服务于调解实践。调解学的研究内容如果不围绕和服务于调解实践，就会异化为纯粹的调解法学或其他学科。调解学同样有对各类调解制度内容的研究和介绍，但其目的不仅在于对制度内容的单纯分析和阐释，还在于各种调解制度在实践中的运用。调解学的研究如果离开了调解实践，就会成为无源之水、无本之木；如果不服务于调解实践，对调解理论和制度的研究也会难以产生学科的特有价值。

4. 调解学是一门具有交叉性的学科。调解活动的多样性、广泛性、法律性和实践性，决定了调解学研究范围的交叉性。从法律方面看，调解作为一种民事纠纷和轻微刑事纠纷的解决方式，其活动广泛存在于民事诉讼、民商事仲裁、农村土地承包经营纠纷调解仲裁、人民调解、行业调解以及治安管理、交通事故处理、医疗事故处理等各种涉及民事法律关系调整内容的纠纷解决机制之中。因此，调解学就必然与其他各部门法学有着不可分割的联系，如涉及民事程序法学、民事实体法学、行政程序法学、行政实体法学等。从实践方面看，在具体的调解活动中其不仅可能涉及多门法学知识的综合运用，还可能涉及其他社会科学、自然科学等诸多领域知识的运用，如需要综合运用哲学、宗教学、逻辑学、语言学、法律政策学、政治学、经济学、社会学、民俗学及现代自然科学知识。调解学与其他一些法学学科具有密切联系，以及其强烈需要诸多领域知识综合运用的特征，也决定了调解学是一门具有交叉性的学科。

（二）调解学的研究对象

由其学科性质所决定，调解学以调解制度及其发展规律和调解实务为其研究对象，具体包括以下几个方面。

1. 研究有关调解制度及其发展规律

调解活动总是在一定法律规范下进行的，并且有关调解法律法规的科学性如何及完善与否，直接影响到调解在纠纷解决上的质量和效率。因此，我们不仅需要熟悉和了解我国当前有关调解制度的法律规范，也要了解域外的各种调解制度，并对调解制度的产生和发展的规律性有着深刻的认识和掌握，只有这样，我们才能合理设置和有效运用我国现行的调解制度，并根据情况的变化及时发展我国的调解制度。

（1）研究我国的调解制度，包括我国有关调解的司法政策、法律、法规、规章及其在调解活动中的运用。调解制度是指国家政策、法律、法规等规定的有关各类调解的性质、体制、机制、任务、原则、规程、体系结构以及其与诉讼、仲裁、行政裁决等其他纠纷解决机制之间的关系的总和。调解制度是调解人员进行调解活动的规范性依据，也是调解活动中纠纷解决所需要运用的工具和适用的对象。研究调解学，既应当研究有关调解制度方面的国家政策、法律、法规和规章对于各类调解机构的性质、组织、范围、原则和程序的具体规定，掌握其概念、功能和内容，亦要研究各种调解制度的具体运用及在实践中存在的问题，以便为调解制度在实践中的合理运行和效能实现提供规范层面的理论指导，以及为调解制度的进一步完善和发展提供建议。

（2）研究域外的调解制度。今天，任何一种法律制度的发展往往不可避免地受到其他国家和地区同类法律制度的影响和渗透，同时它又必须要与其本国或本地区的政治、经济、文化、历史等相适应。因此，不同国家和地区的同类法律制度往往既具有共同性，又具有特殊性。调解制度也不例外。一方面，虽然在近代的世界走向全球化之前，各国家、地区的调解制度都还在相对封闭的环境下孤立地发展着，普通法系和大陆法系的司法制度即使在近现代也还被认为是完全不同的领域，彼此能否相互借鉴也被人们普遍质疑；但时至当代，各国法律理念、价值观、法律制度则出现了日益趋同的现象，国际层面的统一立法也越发拓展。① 2002 年，欧盟司法理事会制定了有关统一调解的《绿皮书》，并于 2004 年制定了《欧洲调解员行为法》。这说明，在经济全球化和法律全球化背景下，各国调解制度的相互借鉴和融合，移植、借用或输入已蔚然成风，并出现了不同国家之间寻求统一行为规则的现象。另一方面，调解制度的全球化和普适性又只是代表了一个大的方向而已。调解制度在不同国家和地区不仅具有不同的形式，其与民事诉讼法衔接、政府的政策支持、费用方面的优惠、调解员资质以及调解的启动与进行等也都呈现出制度上的差异。调解即便在当代出现了全球化趋势，也仍然深深地烙着法系的印记，并在两大法系国家的发展中具有不平衡性。自 20 世纪 80 年代以来，在美、英、澳等许多普通法国家，调解获得了快速的发展，社区司法中心调解和法院附设调解被广泛应用，

---

① 娜嘉·亚历山大主编．全球调解趋势：2 版．王福华，等译．北京：中国法制出版社，2011：3.

社会（私人）调解也在发展，几乎没有哪个法律领域能够抗拒调解的潜在作用。大陆法系国家的调解发展则相对沉寂。如法国，除家庭纠纷外，法官对调解的利用可以说兴趣寥寥。[①] 域外这些调解制度的内容、特点及其发展趋势和经验，都需要我们去深入研究，以期获得更多的启示和借鉴。

（3）研究调解制度的产生和发展规律。任何事物都有其产生和发展的过程，并有其自身的规律性。掌握其规律性，既是对该事物进行深入科学认识的必要，也是社会生产、生活和治理的需要。调解作为一种历史悠久且广泛存在的民事纠纷解决方式和机制，同样有其自身的历史变迁过程和发展规律。这些规律的发现需要人们对其丰富历史资料的大量发掘和积累，而对其规律的发现又有利于人们在现代社会更好地完善和运用调解制度，充分发挥其纠纷解决功能，并把握其在未来的发展趋势。调解制度不仅存在于原始社会以来的不同社会历史发展阶段，而且即使在同一历史阶段，也是性质不一、形式多样的。如我国古代即存在官府调解、宗族调解和邻里调解等多种形式。在现代社会，不仅存在诉讼、仲裁、行政裁决和社区调解等不同性质的纠纷解决机制，而且即使在同一国家同一时期内的不同民族和地区，调解制度的设置和运作也存在或多或少的差异，各有其自身的某些特点。如我国黔东南地区的侗族主要以款约为依据，在鼓楼进行的寨老调解和裁夺等[②]，便体现出其自身在纠纷解决上的民族传统和特色。这些调解机制产生和发展的独特地理、文化环境与历史变迁，以及其与国家正式调解机制如人民调解等的冲突和契合，就迫切需要人们进行深入细致的研究。也就是说，调解制度的产生和发展总是与一定的社会生产、生活方式，政治、经济和文化理念，以及纠纷解决的现实需要相联系，是诸多因素综合作用的结果，并且随着社会的变迁而不断发展变化。人们不仅需要研究调解制度产生和发展的一般性规律，也需要研究各种具体调解制度产生和发展的特殊性规律；通过熟悉和了解各种调解制度的具体规范和实践经验，以及与之相联系的其他各个方面及其相互影响，找出其产生、发

---

① 娜嘉·亚历山大主编．全球调解趋势：2版．王福华，等译．北京：中国法制出版社，2011：5.

② 徐晓光．款约法——黔东南侗族习惯法的历史人类学考察．厦门：厦门大学出版社，2012：114-117.

展和变化中的共性与特性、必然性与偶然性等，使人们对于调解制度的把握由必然王国走向自由王国。

2. 研究调解实务

调解学作为一门应用性学科，调解实务既是其研究的重要对象，又是其研究调解理论、制度、技巧和方法的材料来源。调解人员如何根据各种纠纷的具体情况，适应各地的社会、经济和文化特点，依照有关法律法规，灵活运用各种手段和技巧，有效地开展调解活动，使纠纷获得顺利的解决，是调解学研究的最终目的和重要内容。这些内容主要包括人们在调解中积累的丰富经验，以及各种手段和技巧的运用。

（1）研究古今中外人们在各种调解中所积累的丰富经验。在现代社会，调解已日益成为一种需要丰富法律知识、社会知识和其他相关专业知识，以及良好技能的具有一定专业性的活动。而这些知识在实践中的综合运用和良好技能的培养，需要人们对以往经验的提炼和总结。调解人员在纠纷调解中的各种具体经验既是调解理论产生和发展的重要源泉，也是人们对调解知识、技能进行学习和掌握的重要资料和有效手段。如历史文献中所记载的调解案例，现代社会中司法行政机关、法院、学者等对各种调解所搜集和汇编的典型案例，调解人员对自身经验的介绍等，都属于调解学研究的重要对象，也是调解人才培养和调解人员日常学习的重要资料。

（2）研究调解中各种手段和技巧的规范与运用。调解是一种不同于裁决的纠纷解决方式。裁决是由第三人根据查明的纠纷事实，适用有关的法律规范或善良风俗习惯，对当事人之间民事权利义务关系的分配作出处理。而调解是通过第三人的斡旋、调停、劝说、教育等，促成当事人达成基于自主意志的合意，以解决纠纷。从纠纷解决的思维模式看，裁决主要以“法条主义”为指南，采取“切片性思维”；调解则主要以“合意主义”为指南，采取“整体性思维”。调解的这种性质和特点决定了调解人员必须“将当事人纠纷的解决置于经济、法律、道德、习惯、心理、社会等多维视野之中，在对纠纷的性质、发生的原因、矛盾的程度、所关涉到的其他社会关系、事实查明的状况等予以整体性考察的基础上，才能在符合或不违背法律规范的前提下，针对纠纷解决的具体需要寻求妥善的解决方案，通过适当的技巧和方式，促成当事人在权利义务关系的处理上达成基于自主意志的合意”[①]。因此，正确选择手段和技巧，正确运用这些手段和技巧，是调解活动得以有效进行，促成当事人达成基于自主意志的合意的重要保证。而这些手段和技巧的运用，不仅与纠纷的性质和特点有关，也与纠纷所处的特定社会政治、经济、文化环境有关，并与一定的法律学、心理学、社会学知识等相联系。如我国调解实践中即存在“背靠背”、“面对面”、亲友协助、群众评议、场景布置、登门调解，适时打出“法律牌”“感情牌”等多种手段和技巧。调解的手段和技巧，在世界各国既有相同的方面，亦有适应其自身社会经济文化特点的特殊方面，对此，我们需要运用法学的、社会学的、心理学的相关知识和方法，从各个方面予以深入具体的研究，并将其上升为理性认识和程序规制，以便更好地指导和规范调解的实践，以及为调解人才的技能训练提供理论资源。

第二节　调解学的研究方法

一、调查研究方法

调查研究是有目的、有计划、有系统地搜集有关研究对象的现实或历史状况的材料，并进行分析、比较、归纳和综合，进而得出科学结论的方法。调查研究是科学研究中常用的基本方法，它综合运用个别访谈、集体访谈、问卷调查、蹲点调查、实际观察、个案研究、测验等具体方式，对研究对象中的各种现象进行有计划的、周密的和系统的了解，并对调查搜集到的大量资料进行逻辑实证分析，从而为人们提供对某一事物的科学认识和规律性知识。调查研究在调解学的研究中也很重要。各种调解制度的体制、机制、原则和程序如何设置，在运行中遇到何种问题，如何进一步完善，实践中有哪些成功的经验和失败的教训等，在一般情况下，都需要我们通过对实际情况的了解和分析，才能实事求是地把握。在调解学中，调查研究的一般具体方式都可以被有效使用。这里简要介绍最为常用的几种。

---

① 张立平．为什么调解优先——以纠纷解决的思维模式为视角．法商研究，2014 (4).

（一）个别访谈法

个别访谈法，又称访问调查法。即访问者通过个别交谈的方式，直接向被访问者了解与研究对象有关的各种具体情况的调查方法。它是访问者与被访问者的直接调查，访问者与被访问者可以双向传导互动，并需要一定的控制和访谈技巧。访问调查法可以分为标准化访问和非标准化访问，直接访问和间接访问等。标准化访问，也称结构性访问，就是按照统一设计的、有一定结构的问卷所进行的访问。非标准化访问，也称非结构性访问，就是按照一定调查目的和一个粗线条调查提纲进行的访问。直接访问，就是访问者与被访问者面对面的访谈。间接访问，就是访问者通过电话、电脑、书面问卷等中介工具对被访问者进行访问。

访问调查需要做好访问前的准备，包括准备访问提纲，选准访问对象，选好访问时间、地点和场合等。首先，个别访谈需要注意建立良好的人际关系，如表明来意、消除疑虑，虚心求教、以礼待人、平等交谈、保持中立等。其次，在直接访谈中，还需要重视访谈过程中的非语言信息，如访谈者自身的衣着服饰、动作姿态，被访谈者的目光流露、面部表情等。最后，还要注意做好访谈记录。

访问调查法的优点是可以获得实地观察等其他方法难以获得的信息。如对调解能手的个别访谈，可以获得有关纠纷调解的实际操作过程和特有经验，以及发现其中存在的某些问题。廖永安教授等主编的《人民调解能手访谈录》中的对人民调解员的调查即是采取这种个别访谈法。当然，这种方法也有其局限性，如有时对访谈的过程和内容不易控制，访谈得到的信息内容可能带有受访谈者的主观性等。

（二）集体访谈法

集体访谈法，又称开调查会。它是访问调查法的延伸，也是一种传统的调查方法。集体访谈法就是调查者通过邀请若干被调查者进行集体座谈的方式，了解与研究对象有关的各种具体情况的调查方法。毛泽东是开调查会的热情倡导者和积极实践者，他在1941年的《农村调查》的序言和跋中指出："开调查会，是最简单易行又最忠实可靠的方法，我用这个方法得了很大的益处，这是比较什么大学还要高明的学校”①。

集体访谈法同个别访谈法一样，都具有双向传导的互动性、需要予以必要的控制和一定的访谈技巧等共同特点，但也有重要的区别。由于集体访谈是同时访问若干个被调查者，因而访谈的过程，不仅是调查者与被调查者之间相互影响和作用的过程，也是若干个被调查者之间互相影响和作用的过程。要取得集体访谈的成功，调查者不仅要有熟练的访谈技巧，而且要有驾驭调查会议的能力。它是比个别访谈法更高一层次，更为复杂和更难掌握的调查方法。

集体访谈调查会根据调查的目的不同，可以分为以了解情况为主的调查会和研究问题为主的调查会；根据调查的内容不同，可以分为综合性调查会和专题性调查会；根据会议规则的不同，可以分为讨论式调查会和各抒己见式调查会。这些不同的调查会议形式，在调解学的研究中都可以根据调查内容的需要而选择使用。集体访谈和个别访谈一样，首先也要做好访谈前的准备，包括明确会议主题、准备调查提纲、确定会议规模、物色到会人员、选好会议场所和时间、做好技术准备等。在集体访谈过程中，要善于对参加访谈的人员进行指导和控制。如善于打破短暂的沉默，创造良好的气氛，开展平等、民主对话，把握好会议主题，做好被调查者之间的协调工作，做好会议记录，及时结束会议等。要实现对访谈过程的良好指导和控制，调查者必须做一个谦逊、客观的主持人。由于每次调查会时间都有限，一些问题在会议中是来不及处理或无法处理的，因而每次调查会后调查者都应及时整理会议记录，回顾和研究会议的情况，查证有关事实和数据，以及做必要的补充调查等。

集体访谈法的优点在于，相对于个别访谈法具有更高的工作效率。特别是由于参加人员较多，该方法不仅提供的信息较广，还可以使参加人员互相补充、互相启发、互相核对、互相修正、集思广益。在调解学的研究中，集体访谈法对一定地区、部门或行业调解机制及典型经验进行较为全面和深入的了解非常适用。如在司法行政机关人员、人民调解员、当事人共同参与的座谈中，可以获得不同主体对当前某一调解机制的不同感受和

① 毛泽东选集：第3卷．北京：人民出版社，1991：790.

评价，从中发现某些成功的经验和较为复杂的问题。但集体访谈法也有一个较为明显的缺点，就是无法完全排除被调查者之间的社会心理因素的影响。在多方座谈中，具有不同身份、角色和职能的访谈对象聚合在一起，访谈者和被访谈者对谈话内容都可能存在某些顾忌，从而造成某些真实情况得不到了解，或信息失真。特别是那些职位高、权力较大、能说会道的人往往会垄断会场，其意见容易左右会议方向。

（三）问卷调查法

问卷调查法是访问调查法的一种特殊形式。它是调查者运用统一设计的问卷向被调查者了解情况或征询意见的调查方法。问卷调查按照答卷者的不同，可以分为自填式问卷调查和代填式问卷调查。自填式问卷调查中，按照问卷的传递方式不同，可以分为报刊问卷调查、邮政问卷调查和送发问卷调查；代填式问卷调查中，按照与被调查者交谈方式不同，可以分为访问问卷调查和电话问卷调查。这些问卷调查方法各有利弊，应根据需要调查的内容特点和调查的具体条件适当选用。

问卷调查首先需要做好问卷设计，其一般结构包括卷首语、填答说明、问答方式、编码和其他资料五个部分。调查所要询问的问题，是问卷的主要内容。问卷中要询问的问题，大体上可分为三类：（1）主题性问题。即围绕调查主题而询问的客观或主观性问题，如“您所在的村人民调解委员会每年调解纠纷多少件？调解纠纷的类型有哪些？”“您对司法确认机制是否认同？”等。（2）检验性问题。即为检验问卷中被调查对象对某一问题的回答是否真实、准确而设计的问题。它们一般由多个设问组成，这些设问被安排在问卷的不同位置，以通过互相检验来判断回答的真实性和准确性。（3）背景性问题。这主要是围绕被调查者个人或某一单位、组织的基本情况而设计的问题。背景性问题的具体事项应根据需要调查了解的内容而定，与后者存在一定的关联性。在上述三类问题中，背景性问题是任何问卷都不可缺少的。因为它往往是对被调查者进行分类、比较，以及对主题性问题进行分析的重要依据。问题的设计应当遵循内容客观性、调查必要性、回答可能性和回答自愿性的原则，不能设计一些脱离客观实际情况，没有调查意义，被调查者没有回答能力，或不可能自愿真实回答的问题。问题的表述应具体、单一、通俗、准确、简明和客观，避免内容的抽象笼统，避免表达含混不清、冗长啰唆。不能把多个问题混合在一起，不宜使用被调查者难以理解的专业化术语和其他陌生语言，不要有诱导性和倾向性的语言等。对于某些敏感性强、威胁性大的特殊问题，在表述方式上还应该做些特殊处理，减轻敏感程度或威胁程度，以便被调查者易于面对这些问题。在问题的排列组合方式即问题的结构设计上，也应有必要的讲究。如按问题的性质或类别排列问题，避免不同性质和类别的问题混杂；按问题复杂程度或回答的困难程度排列问题，先易后难、由浅入深；按问题的时间顺序顺向或逆向排列问题等。

对问题的回答，则一般可以有三种类型：（1）开放型回答。这是指对问题的回答不提供任何答案，而由被调查者自由填写，如“您对当前本市‘三调联动’机制运行的效果如何评价?”。（2）封闭型回答。这是指将问题的几种主要答案甚至一切可能的答案全部列出，然后由被调查者从中选取一种或几种答案作为自己的回答，而不能作这些答案之外的回答。其具体形式多种多样，有填空式、列举式、两项式、选择式、等级式、顺序式、矩阵式、表格式等。（3）混合型回答。这是封闭型回答与开放型回答的结合，它实质上是半封闭、半开放的回答类型。问卷调查必须遵循一定的程序，首先需要设计问卷、选择调查对象、分发问卷或开展调查，并回收问卷、审查问卷；然后再审核、整理回收的问卷并进行分析和研究。

问卷调查法的优点在于它能突破时空限制，在广阔范围内，对众多调查对象同时进行调查，节省大量人力物力，以及便于对调查者做定量研究。其中匿名性的问卷调查，由于调查者与被调查者不直接见面，回答的问卷不署名，还有利于调查者询问那些不宜当面询问的敏感问题、尖锐问题和隐私问题，有利于被调查者反映自己的真实情况、观点和感受等。其局限性在于它只能获得书面的社会信息，而不能了解到生动、具体的社会情况；问卷设计的统一性使得问题的提出和回答缺乏弹性和互动性，很难做深入的定性调查；被调查者有的可能受从众心理影响，或任意回答，使得回答的内容缺乏真实性和准确性等。

（四）蹲点调查法

蹲点调查法，是指调查者深入一个或几个单位或某一区域，持续一段较长时间，通过全面深入的研究，认识调查对象的本质及其发展规律，探索解决社会问题途径的方法。[①] 蹲点调查法是进行实际观察的一种最为有效的方式。其主要特点是：调查者必须亲自动手，亲自蹲点调查研究，而不能“走马观花”或请人代劳；调查对象必须是确定的某一单位或区域；调查目的必须是掌握调查某一具体研究对象的本质及其发展规律，而不能只是搜集一些具体事实、数据和零散资料；调查工作有目的、有计划，全面、深入、周密和系统；调查时间一般较长，可能为十天、半月，甚至若干年不等。蹲点调查法对于深入了解某一调解制度运作的实际情形和规律具有非常重要的作用。

蹲点调查大体可分为两种类型。一种是非介入式蹲点调查，是指调查者不介入被调查者活动，不改变被调查者社会环境，完全以旁观者身份进行的蹲点调查。例如，调查者选择某村的人民调解委员会，以旁观者的身份跟踪调查人民调解的具体活动过程。另一种是介入式蹲点调查，是指调查者以参与者、指导者甚至领导者的身份，介入被调查者及其社会环境的变动之中进行调查。蹲点调查无论是介入式的还是非介入式的，都有两个特点：一是都要使用文献调查的方法，而且使用得越广泛、越充分，调查效果就越好。二是都要综合使用各种直接调查的方法，而且综合得越合理、越协调，取得的调查效果就越好。当然，二者也有不同。非介入式蹲点调查，主要使用实地观察、口头访问、集体访谈和问卷调查等方法。介入式蹲点调查除了使用上述方法外，关键还在于使用实验调查方法，即通过改变被调查者所处的社会环境，来认识调查对象的本质及其发展规律，探索问题的解决途径。

蹲点调查，第一要注意正确选点，蹲点对象必须符合调查目的，具有较强的代表性或典型性，并兼顾不同类型。第二是调查者一定要全力以赴，不能蜻蜓点水、心不在焉、让调查有名无实。第三是要有甘当小学生的精

---

① 有的社会调查方面的教材认为，蹲点调查法“是指调查者深入到一个或几个基层单位，持续一段较长时间，通过全面深入的研究，认识调查对象的本质及其发展规律，探索解决社会问题途径的方法”。（水延凯，等编．社会调查教程．北京：中国人民大学出版社，2007：272。）这一解释将调查对象限定为“基层单位”，仅适合于由上而下的纵向性调查，比较狭义。在社会科学研究中，还有很多学术性的调查，在调查者与被调查者之间，既有纵向性，也有横向性，也不一定为某一具体单位。故本教材采广义上的定义。

神。无论是领导还是学者都要放下架子，绝不能采取官老爷或好为人师的态度。第四是要有客观、公正的态度，只有坚持实事求是，才能保证调查结果的真实可靠。第五是要抓住重点、讲求实效。主次不分、面面俱到，都不利于总结出好的经验，取得科学的调查结果。第六是要科学对待调查结论。对被调查者的成功经验和存在的问题，既不应有意吹捧、拔高，也不应苛求和贬损。

蹲点调查法的优点在于，有利于集中力量，突破一点；有利于“解剖麻雀”，深入细致；有利于综合使用各种调查方法，取得较好的调查效果。在行政性的蹲点调查中，还有利于以点带面，或做好面上的指导工作；有利于积累经验，培养、提高工作人员的素质。蹲点调查法的缺点在于：有时选点很难避免主观因素的影响；由于数量少、范围小，定量调查的局限性较大；有时很难区分调查结论中的共性和个性部分，有时很难准确判断调查结论的适用范围；积累的经验也往往带有较大的片面性等。

二、实验研究方法

所谓实验研究方法，是针对某一问题，根据一定的理论或假设进行有计划的实践，从而得出一定的科学结论的方法。实验研究方法首先广泛应用于物理、化学、生物等自然科学研究中。从文艺复兴时期开始，正是由于实验方法的采用，才使自然科学建立了理论与经验事实的联系，推动了自然科学的飞速发展。近几十年来，社会科学的研究人员也越来越认识到实验研究方法对于学科发展的重要性，开始努力将实验研究方法运用于各自的学科。

实验研究方法在社会学的研究中，也被称为实验调查法，并被定义为“试验者按照一定的实验假设，通过改变某些实验环境的实践活动来认识实验对象的因果联系、特殊本质及其发展规律的调查方法”①。但这一定义带有自然科学研究的主要特征，在社会科学研究中并不具有普适性。当然，社会科学研究中也可能通过改变某种实验环境来进行。如使用蹲点调查法时，若根据一定的理论或假设进行有计划的实践，并采取介入的方式，改

① 水延凯，等编．社会调查教程．北京：中国人民大学出版社，2007：256.

变被调查者的社会环境，则这种蹲点调查也同时具有实验研究方法的性质。但是，社会科学研究中的实验研究，主要还是根据一定的理论或假设，在保持原有社会环境或并非实验者有计划改变某种社会环境的前提下，通过一定的社会实践，检验某一社会理论或假设的正确性。

在法学研究中，对某一法律制度的试行，选取某一地区对某种法律制度的建构进行试点，以便验证其可行性和科学性，为其是否可以正式立法、实施，以及如何进行立法和实施提供实践的依据，这就是实验研究方法。我国2012年《民事诉讼法》修改规定的“司法确认”机制，即产生于一些地方法院的实验研究中。不唯如此，现行调解制度中有关“三调联动”“大调解”“诉调对接”司法政策和司法解释的制定，其内容也大多来源于基层人民法院、司法行政机关和调解组织的大胆实验和创新，以及学界在此基础上的社会调查和理论总结。可见，实验研究方法对包括调解学在内的法学理论和法律制度发展具有重要意义和作用。

实验研究方法的基本要素是：(1) 实验者，即实验研究的有目的、有意识的活动主体，他们都以一定的实验假设来指导自己的实验活动。(2) 实验对象，即实验所要认识的客体。(3) 实验环境，即实验所处的各种社会条件的总和。(4) 实验活动，即为检验某种理论或假设而展开的各种社会实践活动。(5) 实验检测，即在实验过程中或完成后对实验对象所作的检查或测定。实验研究方法在社会科学研究中的一般程序是：以实验假设为起点设计实验方案→选择实验地点和环境→进行具体的实验性社会实践活动→对实验效果作出评价。

实验研究方法具有强烈的实践性，即需通过各种具体的实践活动来检验某种理论或假设的正确性，而不是仅仅依靠逻辑推导。在调解学的研究中，人们可以首先从理论逻辑上预设某种调解制度改革或创新的方案，然后选择适当的地区，通过具体的调解活动来检验该方案的正确性，并在实验过程中，逐步修正原方案的不足，寻求完美的实践效果。实验研究方法具有运用上的复杂性，往往需要与其他方法如社会调查方法综合运用，以检验实践的效果。

实验研究方法的最大优点在于它的实践性，即将结论建立在具体的实践基础之上更为科学可靠，而不是仅仅依赖于逻辑的推导，或者一般的观察。其缺点则在于实验的结论不一定具有充分的代表性。如果忽视这一点，就可能犯“一律化”“一刀切”的错误。

三、文献研究方法

文献研究方法是指通过搜集、鉴别、整理与研究对象有关的各种文献，摘取各种有用的信息，分析其所承载的各种历史事实，从而对研究对象形成某种科学认识的方法。文献研究方法是一种古老而又富有生命力的科学研究方法。在调解学的研究中，文献研究方法对于研究历史上的各种调解制度和有益经验，以及其产生、变迁和发展规律不可或缺。

在现代意义上，所谓文献，也就是一切记录人类知识的文字、图像、数字、符号、声频、视频等的物质性载体。从现代观点看，任何文献都必须具有三个要素：（1）一定的知识内容。没有记录任何知识内容的物体，如空白纸张、空白磁带等，就不是文献。（2）一定的物质载体。人们头脑中的知识、口耳相传的故事等，就不是文献。（3）一定的记录方式。没有一定的记录方式的，也不能被称为文献，如某些文物虽然蕴含一定的知识内容，但没有一定的记录方式，就不能被称为文献。文献有各种不同的种类，并且其形式与科学技术的发展程度密切相关，如古代有甲骨文献、青铜文献、竹木简牍文献、布帛文献、纸张文献等；近代以来有胶卷文献、磁带文献、光盘文献等。文献可以按照物质载体、记录技术、加工深度、资料来源、学科领域等的不同予以适当的分类。如按照物质载体的不同，文献可以分为甲骨文献、青铜文献、简牍文献、布帛文献、纸张文献、胶卷文献、磁带文献、光盘文献等；按照记录技术的不同，可以分为手工型文献、印刷型文献、感光性型文献、录制型文献等；按照加工深度的不同，可以分为零次文献、一次文献、二次文献、三次文献；按照资料来源的不同，可以分为个人文献、社会组织文献、大众传播媒介文献和官方文献。这里需要适当予以解释的是按照加工深度所作的分类。所谓零次文献，是指进行过口头交谈或会议上的交流、传递，但尚未用文字或录制技术记载下来的有用信息。一次文献，也称原始文献，是指事件发生时由当事人所编撰的当场记录，或由实地调查者所撰写的文献，如会议记录、日记、信件、回忆录、自传、律令原件、科研论文、调查报告，以及现场拍摄或录制的照片、胶卷、录音带、录像带等。二次文献，是指对一次文献加工整理并使之有序化和浓缩化的文献，如目录、文摘、索引，以及经过剪接后的录音带、纪录片等。三次文献，是指在一、二次文献的基础上，经过分析、综合而编写的文献，如报道、综述、评论、动态，以及编撰的各种年鉴、手册、字典、百科全书、光盘等。

文献研究方法，一般是从二次文献、三次文献入手，然后再深入一次文献之中。通过尽可能完整的文献调查，发现与研究对象有关的历史事实真相，揭示某一社会性事物的产生、变迁和发展规律。文献研究方法的一般过程包括五个基本环节，分别是：提出课题或假设→研究设计→搜集文献→整理文献→进行文献综述。提出课题或假设是指依据现有的理论、事实和需要，对有关文献进行分析整理或重新归类研究并提出构思。研究设计是指根据一定的研究目标，将课题或假设的内容设计成具体的、可以操作和重复进行的文献研究活动。搜集文献是指寻找、发现和取得与研究内容有关的一切文献的活动。搜集文献的渠道多种多样，文献的类别不同，其所需的搜集渠道也不尽相同。搜集调解学研究文献的主要渠道有：图书馆、档案馆、博物馆、法学教育事业单位、司法机关、学术会议、互联网（internet）等。搜集的方式主要有两种：检索工具查找和参考文献查找。整理文献是指对所搜集的文献根据一定的标准予以清理、归类、保存、编辑和装订，以便使用和分析的活动。文献综述是文献综合评述的简称，进行文献综述是指在全面搜集和整理有关文献资料的基础上，经过分析鉴别，对一定时期内的某个学科或专题的研究成果和进展进行系统、全面的叙述和评论。文献综述具有内容浓缩化、集中化和系统化的特点，可以节省同行研究者阅读专业文献资料的时间和精力。文献综述的形式和结构一般可粗略地分五个部分：绪言、历史发展、现状分析、趋向预测和建议、参考文献目录。文献综述必须符合以下基本要求：（1）搜集文献应当客观全面。（2）材料与评论要协调一致。（3）针对性强。（4）提纲挈领，突出重点。（5）适当使用统计图表。（6）不能混淆文献中的观点和作者个人的思想。一般情况下，文献综述由五个步骤组成。第一步，确定综述的选题。第二步，收集相关的文献资料。第三步，整理文献。第四步，撰写综述初稿。第五步，修改综述初稿，并完成文献综述。

文献研究方法具有特殊的调查属性，其主要优点在于：（1）它是一种超越了时间、空间限制的调查，通过对古今中外文献的调查，可以了解与研究对象有关的、极其广泛的事实情况。（2）它是一种书面调查，如果搜集的文献是真实的，就能够获得比口头调查更准确、更可靠的信息。（3）它是一种间接性的、非介入性的调查，只对各种文献进行调查和研究，避免了直接调查中的调查者与被调查者在互动过程中经常可能产生的种种反应性误差。（4）它是一种非常方便、自由的调查方法，只要找到了必要文献就可以随时随地进行研究，即使出现了错误，也可通过再次研究进行弥补。（5）它是一种省时、省钱、效率较高的研究方法，不需要大量研究人员和特殊设备，可以用比较少的人力、经费和时间，获得比其他调查方法更多的信息。当然，文献研究方法也有一定的缺点，如文献反映的观点和内容永远落后于现实；文献内容与客观真实情况之间总是存在一定的差异；文献的搜集经常会发生资料难觅、查找不全等问题。

四、逻辑分析方法

逻辑分析方法，是指遵循逻辑学的思维规则，运用概念、判断和推理，通过对事物的比较与分类、分析与综合、归纳与演绎，进而使对事物的认识达到抽象或具体目的的研究方法。逻辑分析方法在任何种类的研究中都不可缺少，也是其他研究方法运用的内含性工具。这是因为任何其他方法的运用都必须具有逻辑性，遵守严密的思维规则；同时，逻辑分析方法作为一种社会科学研究的方法，又可以独立使用，并有其自身的内容和特点，而且较为常用。

（一）逻辑分析方法中概念、判断和推理的定义

逻辑分析方法在法学研究中，是分析实证主义学派研究制定法的性质、特点、体系和内容的主要方法。具体到调解学的理论研究和实践中，逻辑分析方法可以独立运用于对调解制度的各种具体概念、原则、程序、体系结构等的研究和理论阐释，以及实务活动中对纠纷事实和权利义务关系的分析。逻辑分析方法在调解学理论研究和实践中的运用，首先需要熟悉和厘定有关调解制度和实务的各种概念。概念是通过反映客观对象特有属性

来指称该对象的思维形式。[①] 其表现形式相当于语言中的词或词组。如“调解”“调解学”“人民调解”等，在语言学上，都被称为词，而在逻辑学上，则都被称为概念。也就是说，概念是以语言学上的词或词组这些符号为载体的。从思维形式的结构方面来考察，概念是构成判断并进而联结成为推理的基本要素。要保证研究结论的科学性，也就需要将研究的结论建立在严密的思维活动上，而要保证这一严密性，就离不开对于概念把握的准确性。其次，逻辑分析方法的运用，需要形成具有相应命题形式的内容真实正确的各种判断。判断就是对客观事物有所断定的思维形式，其直接表现形式相当于语言中的句子。一个描述或评价事物情况的语句，既可以说它是一个判断，也可以说它是一个命题。因此，一般而言，区别判断和命题并不重要。但严格地说，二者有一定的区别。判断是人们对客观事物情况作出的断定，是被断定了的某种陈述，不但它的内容是确定的，而且它究竟是真是假，对应于它所断定的事物自身来看，也是确定的。判断同认识主体相联系，也同所断定的客观事物情况相关。而命题只是一种对事物情况有所断定的，具有真假意义的语句，不涉及认识主体，也不涉及所断定客观事物的情况自身。因此，一个推理要正确，不仅概念的运用要正确，由概念所联结而成的各种命题也要正确。由于命题是各种判断的载体形式，命题内容的真实正确同时又取决于认识主体对于客观事物性质和状态在判断上的真实正确；因而如果判断出现错误，推理中所使用的各种命题也就会出现错误，导致难以得出正确的结论。如“诉讼调解，亦称法院调解，是指对民事案件在人民法院审判组织主持下，诉讼双方当事人平等协商，达成协议，经人民法院认可，以终结诉讼活动的一种结案方式”，就是一个通过命题形式表达的符合该调解制度客观情况的正确判断。只有保证这些判断上的真实性和正确性，才能保证研究者在调解学中某一具体问题研究结论上的可靠性。最后，推理的过程要符合相应的结构形式。所谓推理，就是根据已知的几个命题推导出另一命题的思维形式。推理的正确性，不仅需要概念运用和判断的正确性，还需要思维结构形式的正确性。推理是有根据的推导活动，是由已知命题向另一个命题的过渡，因此任何推理都

---

① 雍奇．法律逻辑学．北京：法律出版社，2004：24.

有三个组成要素，即前提、结论和推导关系。推理的前提，就是推理赖以进行的，作为推导出某个命题所根据的那些已知的命题。推理的结论，就是根据推理的前提推导出来的那个命题。例如："'诉调对接'机制有利于提高纠纷解决的效力"作为一种研究结论，就必然是以调查所得的大量事实性前提为依据的。推理不仅有具体的内容，也有其相应的逻辑形式。它的具体内容就是前提命题和结论命题所反映的客观事物的情况。它的逻辑形式，就是前提与结论之间的逻辑联系，亦即它们之间的推导关系，其具体表现为它们之间的联结方式，又称为推理的结构形式，简称为推理形式。这些推理形式是作为调解学研究者需要熟悉和掌握，并在具体的研究实践中正确加以运用的。

（二）逻辑推理的具体形式及其运用

由于事物种类、性质和结构的多样性，人们认识过程的复杂性，因而在实际的思维中，人们运用的推理形式也是多种多样的。在逻辑学上，推理形式可以根据不同的标准分为不同的类型。了解不同类型的推理及其逻辑性质，有利于我们有意识地运用各种推理，指导我们正确地运用各种推理。但是，由于推理形式的种类较多，其分类是一个较为复杂的问题，因而本书仅从调解学研究的理论实用性出发，主要介绍以下两种分类。

1. 必然性推理与或然性推理

这是根据推理形式的前提与结论之间有无必然关系所作的分类。所谓必然性推理，就是指其联结方式可以保证由真前提推导出真结论的推理。由于这种推理形式的前提与结论之间的联结方式具有必然性，因而只要（并且也只有）其形式完全符合该推理形式的要求，且其前提为真，其结论就必然为真；反之，若结论为假，则前提也必定为假。必然性推理的特点表明，它的前提为它的结论提供了完全支持的强度。必然性推理的逻辑性质要求，当我们在对某一调解制度设置的合理性或错误性作出必然性结论的时候，就不仅要保证推理过程中联结方式的正确，而且要注意其每一前提的真实性。所谓或然性推理，就是其联结方式只能在一定程度上保证由真前提推导出真结论的推理。这就是说，这种推理形式的前提与结论之间，本身就不具有必然性。因此，在推理形式符合要求的情况下，前提为真时，结论也未必为真；反之，即使结论不真，也不意味着就否定了它的前提为真。或然性推理的这种特点表明，这种推理的前提，只是为它的结论提供了一定程度的支持强度。正是由于或然性推理只能在一定程度上保证由真前提推导出真结论，因而在理论研究中运用这种类型的推理时，就要求我们必须特别注意去提高其结论的可靠性，特别注意分析前提对结论的支持强度，由此能检验出我们自觉运用推理的水平和艺术。在调解的实践活动中，我们运用这种推理去说服当事人时，也是如此。注意到上述要求，我们才能不言过其实，恰到好处，使当事人心服口服。

2. 演绎推理、归纳推理与类比推理

这是根据前提与结论之间的形成规则所作的分类。

（1）演绎推理就是由一般性前提推导出特殊性结论的推理。即从关于某一事物的一般性知识出发，推导出该类事物中某一特殊对象情况的结论的推理。其思维进程的方向是由“一般”推知“特殊”。演绎推理都有两个前提，即大前提和小前提。演绎推理的前提必须蕴含结论，演绎推理属于前提和结论之间具有必然联系的推理，是一种必然性推理，即前提与结论之间具有充分条件联系或充分必要条件联系的必然性推理。但需注意的是，演绎推理中的必然性指的是逻辑思维上的必然性，其结论并不等于客观事实上的真实性。演绎推理的前提可能来源于不完全的归纳推理，其真实性只是一种假设。只有当演绎推理的大前提和小前提都全部符合客观真实时，其逻辑结论上的必然性才会符合事实上的真实性。

（2）归纳推理就是由若干个特殊（或个别）的前提推导出某个一般性结论的推理。其思维进程的方向是由“特殊”（或个别）推知“一般”，是从一系列特殊性或个别性的事例中，得出一个比较一般性命题的结论。实际上，归纳推理也就是对若干对象或事物的概括。归纳推理要求前提必须是真实的，但除了完全归纳推理前提与结论之间具有必然联系外，其前提和结论之间的联系都是或然的，都超出了前提所断定的知识范围。所以不完全的归纳推理属于或然性推理，也是一种合情推理。

（3）类比推理就是根据某个（或某类）对象的许多属性都相同或相似，从而推知某个（某类）对象，与另一个（或另一类）对象的另外某种属性也相同或相似的推理。其思维进程的方向是一种“由此及彼”的过程。因此，类比推理是由“特殊”推向“特殊”的推理。例如，声和光有不少属性相同，如直线传播，有反射、折射和干扰等现象。由此推出：声有波动性质，光也有波动性质。这就是类比推理。类比推理具有或然性，尤其是当前提中确认的共同属性很少，而且共同属性和推出来的属性没有什么关系时，其结论就极不可靠，这被称为机械类比。

关于演绎推理、归纳推理和类比推理的运用。三者各不相同，各有特点，但又是相互联系的。演绎推理虽然是由一般推向特殊（或个别）的推理，但是实际思维中运用演绎推理的认识起点却是小前提。有了小前提，并且有了进一步认识某类或某个对象的需要，亦即有了某种预定的目的，人们才会有意识地将其与头脑中的已有知识联系起来，从而得出关于某类或某个对象的新的认识即结论。也就是说，所谓演绎推理的“演绎”，其实就是把大前提反映的一般性知识展现出来并使之具体化。或者说，“演绎”是依据一般性知识而对具体对象认识的延伸和扩展。归纳推理的根本特点，在于它的结论是来自对前提所列举事物的概括，并且是在前提所列举事物基础上所作的扩展和延伸。它的结论也只能是全称性的或只能是适用于任何情况下的一般性命题。类比推理表面看来似乎其前提就是甲、乙两个（或两类）对象，但其实它推理的依据或者说它用以作为推理的前提，是甲、乙两个（或两类）对象的若干相同或相似的属性。因此，在前提的数量方面，它不同于演绎推理而与归纳推理相似，是不受限制、可多可少的。演绎推理、归纳推理与类比推理，若仅从推理本身来看，它们之间的区别是明显的。然而在实际的思维中，它们的运用却是相互联系的，很少有孤立地运用某种推理而不涉及其他类型推理的情形。从理论上说，各种类型的推理也更是相互联系、密不可分的。特别是演绎推理和归纳推理之间的关系尤为如此，它们既互相区别，又互相联系、互相渗透。具体表现在：第一，演绎推理的大前提，亦即作为演绎推理基本依据的一般性命题，要由归纳推理提供。第二，归纳推理的运用，不可能是盲目的，它必须依赖于演绎推理的指导，否则，就不能正确地分析这些具体的事例或现象，也不能解决实验什么、观察什么的问题。归纳推理得出的结论的可靠程度如何，不能依赖于其自身得到证明，而必须通过演绎推理来验证（见图 1－1）。逻辑分析方法的运用也是一门专门的知识，还有很多的内容。无论演绎推理、归纳推理还是类比推理，这些推理类型都还有各种具体的形式。除形式逻辑外，辩证逻辑的运用也是调解理论研究和实践需要有一定程度掌握的知识。总之，我们必须熟悉和掌握并有效运用一定的逻辑学知识，才能更好地深化对调解制度和实务的理论探索，以及培养调解人员的良好思维素质和技能。

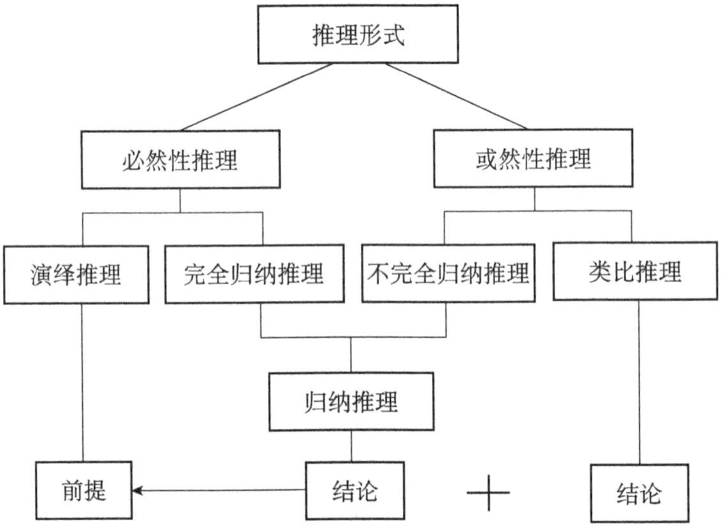

图 1-1　推理形式关系图示

以上所述调解学需要运用的研究方法，主要是技术层面的。在宏观层面，则有如价值分析方法、历史分析方法、实证分析方法、阶级分析方法、经济分析方法等社会科学一般运用的方法，在调解学的研究中也不可或缺。宏观层面方法的运用往往与一定的哲学观念相联系，受到一定哲学观念的指导和影响。宏观层面方法的运用与技术层面方法的运用也是紧密相关的，技术层面方法的运用往往受到宏观层面方法的规范和影响。但是，技术层面方法与宏观层面方法在运用的结合上的侧重点有所不同。如历史分析方法的运用势必需要使用文献调查的技术性方法，价值分析方法则主要与逻辑分析方法相结合，实证分析方法则需要大量使用调查研究方法等。这些方法的运用在哲学、法理学、法学方法论以及其他学科中，都有细致或基本的介绍，在此不做赘述。

第三节 调解学与相关学科的关系

一、调解学与调解法学

调解学与调解法学既有紧密的联系，也有较大的区别。其联系在于，两者都是研究有关调解的学科，调解法学所研究的内容也可以包含于调解学之中。调解学不仅需要研究调解实务，也需要研究有关调解的法律制度及其历史发展。两者的区别有以下几点。

（1）研究目的不同。调解学的重点在于对调解人员的实际技能和素质的培养，尤其是对专门调解人才的培养。而调解法学的重点主要在于一般法学人才、司法和调解人员对调解法律制度在理论上的熟悉和掌握。

（2）研究的对象和内容不同。调解学不仅研究调解制度及其历史发展，而且研究调解的具体实践活动，如调解人员进行调解活动使用的各种技能和手段，调解过程中当事人之间的协商和谈判等。因此其研究的范围更为广泛，与其他学科也有着更为密切的联系，如涉及民事实体法学、心理学、经济学、社会学等方面知识在调解中的运用。而调解法学主要研究有关调解的法律制度，如诉讼调解、人民调解、行政调解、行业调解等在法律规范层面的内容，以及中国古代和域外有关调解的法律规范。

（3）研究的侧重点不同。调解学虽然也研究有关调解的法律制度及其进一步完善，但更重要的是研究有关调解制度如理念、原则、程序规范等在具体调解活动中的运用。除此以外，还要研究有关民事实体法律规范、善良风俗习惯等在具体调解活动中的运用。调解法学则主要是研究有关调解的法律制度。一是研究对这些规范内容的学理阐释，以便人们对调解法律制度进行正确的理解、熟悉和掌握。二是对现存调解制度予以必要的检视，发现其中的不足或不相适应的方面，并根据社会经济发展和纠纷解决的需要，对调解制度予以必要的完善（见图1－2）。

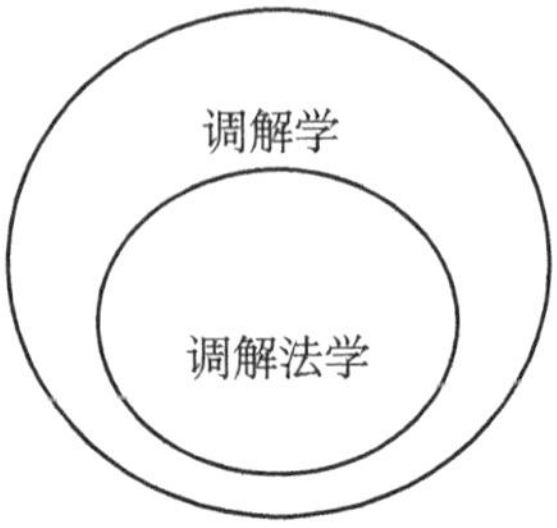

图 1-2 调解学与调解法学关系图示

二、调解学与民事诉讼法学

调解学与民事诉讼法学具有交叉关系。民事诉讼法学是研究民事诉讼的理念、原则、基本制度和程序的法学学科。由于民事诉讼法律制度中亦存在诉讼调解的制度，而诉讼调解是调解的一种重要方式，因而诉讼调解既是民事诉讼法学研究的内容，也是调解学研究的重要内容。在民事诉讼法学和调解学中，有些关于调解法律制度和实务方面的问题会成为共同关注的焦点，如诉调对接、“司法确认”机制的建构和运行等。但二者的研究目的、内容和侧重点有所区别。

（1）在研究目的上，民事诉讼法学研究调解制度，主要为了民事诉讼制度的完善和有效运作，尤其是诉讼调解制度的完善，提高诉讼调解制度的纠纷解决效率。调解学研究调解制度，主要目的是整个调解制度体系的完善和有效运作，不仅要提高各种具体调解制度的纠纷解决效率，而且要保证调解制度体系的整体性效率。

（2）在研究内容上，民事诉讼法学主要是围绕民事诉讼中有关诉讼调解法律规范的阐释和完善，以及诉讼调解与审判之间的关系，诉讼机制与调解机制的衔接如诉调是否应当分离、如何分离、如何对接等。而调解学不仅要研究诉讼调解、诉讼与调解的衔接机制，还要研究人民调解、行政调解、行业调解等各种具体机制及其体系建构，研究各种调解的具体实务。

（3）在研究侧重点上，民事诉讼法学更着重于诉讼调解制度方面的阐释和完善。调解法学则更着重于各种调解制度的运用，以及调解中的各种手段和技巧（见图 1-3）。

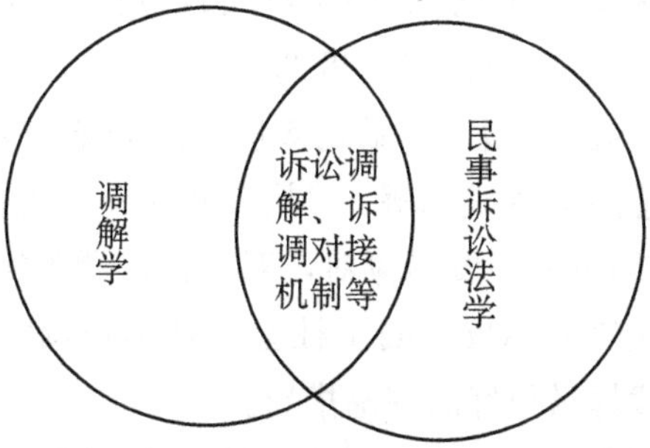

图 1-3　调解学与民事诉讼法学关系图示

三、调解学与社会心理学

社会心理学是研究个体和群体的社会心理现象的心理学分支。个体社会心理现象是指受他人和群体制约的个人的思想、感情和行为，如人际知觉、人际吸引、社会促进和社会抑制、顺从等。群体社会心理现象是指群体本身特有的心理特征，如群体凝聚力、社会心理气氛、群体决策等。调解学与社会心理学也具有交叉关系。一方面，社会心理学中需要研究纠纷调解中的各种心理现象，以丰富和发展社会心理学的理论。在社会心理学中，对社会冲突和纠纷的解释主要有三种取向：心理学的、社会学的和符号学的。[①] 可见，社会冲突和纠纷的发生、发展和解决，是社会心理学关注的重要内容。另一方面，调解学中也需要研究社会心理学知识在调解中的运用，以利于提高调解人员的素质和技能，增强调解制度的纠纷解决功能和效率。由于纠纷的产生及其解决都与社会个体或群体的心理因素密切相关，因而社会心理学知识在调解中的运用也就有着重要的意义和作用，应成为调解学研究的重要内容。如谢勇教授等编著的《如何当好调解员：社会心理学在调解中的运用》，即从冲突与纠纷的心理学解释、如何构建积极的沟通模式、消除冲突双方的心理障碍、促成双赢的问题解决、群体纠纷的社会心理学规律与化解技巧、中国文化心理与调解等方面，对社会心理学在调解中的运用，做了较为深入、系统的阐释。程波教授著的《如何当

① 普鲁特，金盛熙．社会冲突：升级、僵局及解决：3 版．王凡妹，译．北京：人民邮电出版社，2013：序二．

好调解员：美国调解技巧的社会心理学解读》，则从社会认知偏差与成功调解员的技巧、“镜像自我”与构建积极的沟通模式、“框架效应”与创造符合所有当事人根本利益的方案、“瞄定效应”与调整当事人的预期、“反事实推理”与利用情感因素达成和解、“从众效应”与把他人带到谈判桌前、“冲突解决”与美国调解中的僵局应对，对美国的调解实践予以了较为系统的心理学分析。这些研究不仅证明了社会心理学在调解学研究中的大有可为，也能为调解实践提供很好的理论指导。

由此可见，调解学与社会心理学有着密切的联系。二者有共同的研究内容，即都要研究纠纷的产生、发展和调解中当事人的心理现象，包括个体的和群体的心理现象。这些内容上的共同性使得二者之间具有学科上的交叉性。当然，调解学与社会心理学有着明显的区别。首先，二者分属于不同的社会科学学科。调解学属于法学学科；社会心理学属于社会学与心理学的交叉学科。其次，二者研究的目的和内容也有不同。调解学主要研究社会心理学在调解中的具体运用，目的是丰富和发展调解学理论，并为调解实践服务；社会心理学涉及调解，主要研究其中的社会心理学现象，目的是丰富和发展社会学或心理学理论。随着各自学科在研究上的充分展开，这些区别必将逐步显现（见图 1-4）。

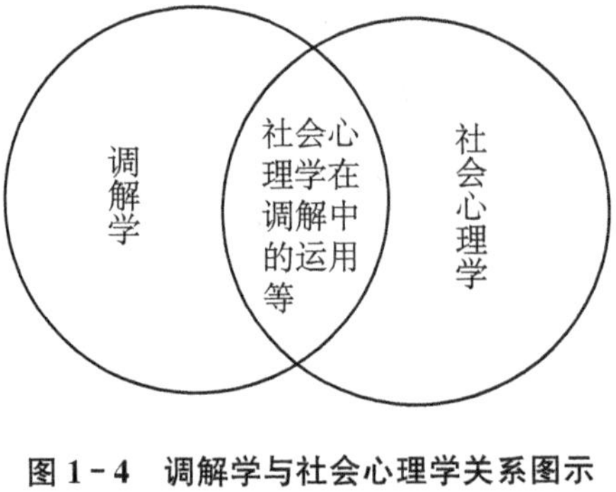

图 1-4　调解学与社会心理学关系图示

四、调解学与经济学

经济学是现代的一个独立学科，是关于经济发展规律的科学。从价值的角度而言，经济学研究价值的生产、流通、分配、消费等方面的规律。

从资源配置的角度而言，经济学是一门研究人类行为及如何将有限或者稀缺资源进行合理配置的社会科学。从1776年亚当·斯密的《国富论》开始，现代经济学经历了二百多年的发展，已经有宏观经济学、微观经济学、政治经济学等众多专业方向，并应用于各垂直领域，指导人类财富积累与创造。由于经济思想和学说受社会、历史、阶级等因素的影响，因而经济学的研究对象也必然随着历史时代的更迭而发生变化。加之研究者立场、观点和方法的不同，由此产生了各种各样的丰富的理论和学说。

调解学是法学的一个分支，与经济学分属完全不同的各自独立的学科，有着各自不同的研究对象、范畴和理论，但是二者之间仍具有紧密的联系。由于法律是调整利益关系的行为规范，随着现代法学的发展，人们日益注意到法律与经济的内在关系，逐步将经济学的分析方法运用到法学领域，用来分析法律规范的合理性和正当性，以及对法律规范进行科学运用，并产生了专门的论著。美国著名法官理查德·A. 波斯纳（Richard Posner，也是芝加哥大学教授）在1973年发表了《法律的经济分析》，奠定了“法律经济学”的理论基础与分析架构。他认为，“对于公平正义的追求，不能无视其代价!”，就是指法律原则，不能缺乏经济学的效率概念。在法律的纠纷解决领域，人们尤其注意到，现代西方经济学中成本与收益的分析框架、博弈论原理等揭示的人们的一些经济行为和规律，可以用来寻求纠纷解决的合理方案，对于纠纷的有效解决具有重要的意义。在调解领域，由于需要用说服的方法解决纠纷，对于存在利益争议的当事人之间，运用成本与收益的分析框架、博弈论原理等，可以促使当事人合理地分析其自身在纠纷所涉及的实体法律关系中的利益所在，以及在纠纷解决机制中运用成本与收益的合理计算，并最终寻求对于自身和对方当事人都能接受的纠纷解决方案。在博弈中，如何避免损失的扩大和实现双赢显得更为重要。因此，调解学与经济学也具有交叉领域，主要是可以运用经济学的方法对调解在纠纷解决中的价值及制度正当性进行理论阐释，以及为调解技巧的运用和纠纷解决方案的形成提供理论指导，以促进调解的顺利进行（见图1-5）。

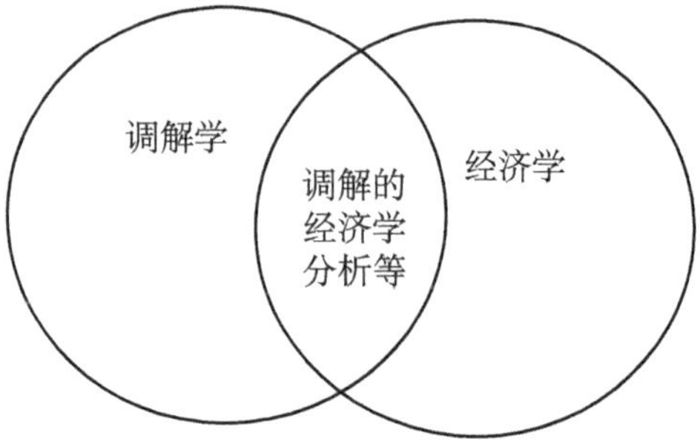

图 1－5　调解学与经济学关系图示

第四节　调解的概念、特征和类型

一、调解的概念和内涵

所谓调解，是指在第三方的主持下，通过说服、疏导、教育等方法，促使纠纷当事人之间达成基于自主意志的协议，以消除争议的一种法律制度和纠纷解决方式。在我国，调解已日益发展成为人民法院和调解组织通过疏导、说服等方法，促使当事人在平等协商基础上自愿达成调解协议，以解决民事纠纷、行政争议，以及轻微刑事案件的纠纷解决方式。作为纠纷解决方式或机制的调解与其他一些纠纷解决机制既有交叉或相似之处，又有重要的区别。通过与其他纠纷解决方式或机制的比较，我们可以更为清晰地了解调解的内涵。

1. 调解是通过第三方促成当事人和解以解决纠纷。“和解”本身也是纠纷解决的方式之一。当事人之间的和解，既可以由当事人自行达成，也可以由第三方促成。前者称为和解，后者则称为调解。所谓和解，也就是指纠纷当事人对他们之间的权益争议，通过自行协商、谈判等方式达成协议，以解决争议的制度。和解因使用的场所不同也有不同的种类。纠纷当事人未提起诉讼，以自行协商、谈判等方式解决争议的制度，为非诉讼和解。在诉讼进行中，当事人通过相互协商、谈判等方式，对他们之间的争议达成协议，并以此方式终结诉讼的制度，为诉讼和解。因此，调解与和解是两种不同的纠纷解决机制，有着各自的内涵。调解中的和解是第三方促成的结果，不具有独立的制度性含义。而“和解”中的和解完全是当事人自主交涉的结果，具有独立的制度性含义。

2. 调解是通过多种温和手段促成当事人和解以解决纠纷。纠纷的解决有强制性和非强制性之分。强制性的纠纷解决与暴力、威胁，第三方判决、裁决等手段相关联。如一方当事人通过暴力、威胁的手段，迫使另一方当事人屈从以解决纠纷；司法机关基于法律的规定进行审理和判决；仲裁机构基于法律规定、商业习惯对纠纷予以裁决处理。这些手段都具有明显的强制性，一种是直接的暴力强制，另一种则虽没有直接的暴力，但也是基于第三方意志的对纠纷的强制性处理。非强制性的纠纷解决则与斡旋、协商、劝说、教育等手段相关联。所谓斡旋，原本是国际法上的术语，是指为了和平解决争端，由第三国或国际组织介入发生争端、冲突的国家间，以促使双方直接谈判的行动，是一种和平解决国际争端的方法。引申到调解中，斡旋就是调解人员介入当事人之间的争议，促使当事人进行自主的协商或谈判，以寻求纠纷的解决。第三方在当事人之间的斡旋，对当事人某种不合法、不合理的认识或行为进行批评和教育，以及促使当事人之间进行自主协商或谈判，这些手段都是温和的，不具有暴力性、威胁性或第三方在意志上的独断性。这些手段运用的目的，都是促成当事人之间达成基于自主意志的合意，以各方当事人都能接受的方案求得纠纷的解决。

3. 调解是通过促使当事人达成基于自主意志的合意以解决纠纷。调解运用的各种手段不仅不能具有强制性，不能构成对当事人意志的胁迫，而且达成的协议也必须基于当事人各方的自主意志。有的国家如美国在法院的附属调解中规定，可以由法院基于纠纷的性质和情形决定调解的启动，但无论哪个国家的调解，在关于实体权利义务分配的协议达成上，都必须基于各方当事人的自主意志。在我国现代的调解中，无论调解的启动、进行和协议的达成，都是依照当事人自愿的原则。当事人的自主意志不仅体现在对纠纷解决方案的选择上，也体现在调解中对国家法律及其他社会规范的适用上。在法治背景下，尤其是在对某种民事法律关系有实体法调整的前提下，调解协议的达成必然会涉及相关法律的适用与否，以及如何理解和适用，除国家法律的禁止性规定外，都由各方当事人在协商的基础上自主选择所适用的法律，而不取决于调解人员的意志。

二、调解的特征

调解相对于其他纠纷解决机制，主要具有以下几个方面的特征。

1. 纠纷解决的协助性。相对于当事人的自主协商、谈判，以及自行暴力救济解决纠纷，调解是由第三方介入而解决纠纷的方式。按照《现代汉语词典》的解释，“调解”是指劝说双方消除纠纷的意思，故无第三方介入的不能被称为调解。这种第三方介入与仲裁、诉讼的第三方介入也有不同，前者主要是协助当事人之间达成解决争议的协议；而后者主要是为了对纠纷作出强制性的裁判。

2. 纠纷解决的灵活性。调解具有程序快捷灵活的特点。与诉讼和仲裁不同，调解一般没有严格的程序规范约束，如严格的举证、质证和辩论，程序期间的等待，上诉救济的拖延等。当事人若能达成协议，纠纷便得以解决；若达不成协议，当事人则可以另外寻找其他的救济途径。在调解中，调解人员采取当事人之间“背靠背”或“面对面”的方式，调解人员主动上门或将当事人汇合到同一地点，进行调解会议的方式等，都可以根据纠纷的性质和具体情形，考虑当事人的意愿作出适当的选择。因此，以调解的方式解决纠纷，通常比诉讼、仲裁的程序都要快捷灵活。调解在法律的适用上也比较灵活。调解的依据可以是法律规范，可以是道德规范，也可以是人情常理等。即使在适用法律规范时，也可以根据当事人对其含义的合理理解和合意选择，灵活决定他们解决问题的方案。

3. 纠纷解决的整体性。调解与裁决（包括法院的判决、裁定和仲裁、行政机关等的裁决）虽均为第三方介入的纠纷解决方式，但二者在纠纷解决的思维模式上有显著的不同。调解采用的是“整体性思维”，即将当事人纠纷的解决置于经济、法律、道德、习惯、心理、社会等多维视野之中，在对纠纷的性质、发生的原因、矛盾的程度、所关涉的其他社会关系、事实查明的状况等予以整体性考察的基础上，在符合或不违背法律规范的前提下，针对纠纷解决的具体需要寻求妥善的解决方案，并通过适当的技巧和方式，促成当事人在权利义务关系的处理上达成基于自主意志的合意。而裁决是将当事人所争议的民事权利义务关系从纠纷所涉及的整体社会性事实及其所关涉的其他社会连带关系中抽离出来，置于既定的规范视野之下，以规范所设定的标准和方式进行检视，以寻求纠纷解决的结果。①

4. 纠纷解决的彻底性。首先是纠纷的解决具有充分的自愿性。这种自愿性体现在程序和实体两个方面。实体的自愿，即当事人最终是否达成协议，达成怎样的协议，完全取决于当事人的自主意志。调解人员可以对当事人进行批评教育，也可以提出协议方案供当事人参考，但不得替当事人作出决定，更无作出裁判的权力。在程序的启动和进行方面，除非法律另有规定，通常也必须基于当事人的自愿。其次是调解有利于修复争议双方的和谐关系或者维系某种法律关系。对基于相邻关系、劳资关系及商贸关系等发生的纠纷而言，往往既要解决当事人之间的争议，又有必要修复或维护好彼此之间的关系。由于调解以消除当事人的对抗为目标，并充分体现当事人的自愿性，因而调解的过程也就是当事人从对抗走向合作，由破裂走向和谐的过程。最后，调解协议通常都能自觉履行。调解协议的履行虽通常不具有强制力，但当事人一般在调解协议生效前就已经履行，或者在生效后能自觉履行。而采用裁决方式解决纠纷，由于系第三方意志的决定，因而在很多情况下当事人都易于产生异议，进行上诉、申请再审或复议，在裁决生效后也往往不愿自觉履行等。因此，与诉讼、仲裁的裁决解决相比，调解在纠纷的解决上更为和谐彻底。

5. 纠纷解决的低廉性。程序的快捷灵活，对当事人而言也就意味着所支出的成本较低。即使调解不成，当事人为此付出的代价也不会很大。纠纷解决的整体性思维，当事人的充分自愿，使得纠纷解决和谐、彻底，通常也不会产生如不服裁决，以及裁决的执行这一类成本。而且，作为调解重要机制的人民调解，还不必缴纳如诉讼、仲裁中的诉讼费或仲裁费，同时也往往无须请律师之类的法律专业人员代理，无律师费用的支出。即使有些专门从事调解事务的组织提供有偿调解，其费用也比较低廉。如中国国际商会调解中心就属于营利性的机构，但其收费比诉讼和仲裁低廉。因此，成本低廉也是调解机制在纠纷解决上的显著特征之一。

---

① 张立平．为什么调解优先——以纠纷解决的思维模式为视角．法商研究，2014 (4)．

三、调解的分类

我国和世界上的调解制度都是多种多样的。根据相关的法律规定，依不同的标准，可以将调解分为不同的类型。为了区分不同种类的调解，也为区分调解这一概念在使用时的不同含义，我们可以在学理上给调解制度作如下分类。

1. 以调解的不同主体为标准，调解可以分为法院调解、人民调解、行政调解、仲裁调解、行业调解和商事调解。法院调解又称司法调解，在我国还可称为诉讼调解，是指法院在审理各类案件时，根据诉讼程序中有关调解的法律规定，进行斡旋、协商、劝说和教育，促使当事人自愿达成协议，从而解决纠纷的活动。人民调解是我国最为广泛的一种调解类型，是指在人民调解委员会主持下，以国家法律、法规、规章和社会公德规范为依据，对当事人及其纠纷进行斡旋、协商、劝说和教育，促使当事人自愿达成协议，从而解决纠纷的活动。行政调解是国家行政机关根据法律规定，对属于其职权管辖范围内的民事纠纷所进行的调解。仲裁调解，是指在仲裁庭的主持下，根据仲裁程序中有关调解的法律规定所进行的调解。行业调解是指由依法成立的行业组织所设立的调解组织，对与其行业相关的民商事纠纷所进行的调解。商事调解又称商业调解是指依法成立的商业调解组织对当事人申请的民商事纠纷所进行的调解，其具有明显的职业性和有偿性特征。

2. 以调解与诉讼的关系为标准，调解可以分为诉讼外调解、诉讼前调解和诉讼中调解。诉讼外调解，是指由法院以外的其他纠纷解决主体所进行的调解。我国的人民调解、行政调解、仲裁调解、行业调解和商事调解等均属于诉讼外调解。诉讼前调解，又称立案前调解，是指在诉讼程序尚未正式启动之前，当事人请求法院主持调解或委派特邀调解组织、特邀调解员进行调解。根据最高人民法院《关于适用简易程序审理民事案件的若干规定》，对于婚姻家庭纠纷和继承纠纷、劳务合同纠纷、交通事故和工伤事故引起的权利义务关系较为明确的损害赔偿纠纷、宅基地和相邻关系纠纷、合伙协议纠纷、诉讼标的额较小的纠纷应当在开庭审理前先行调解。这些调解都发生在诉讼程序尚未正式启动之前，因此属于诉讼前调解。诉讼中调解，又称立案后调解，是指在诉讼进行的过程中，由法院主持调解或委托特邀调解组织、特邀调解员进行调解。我国《民事诉讼法》规定，法院在立案后到判决之前，以及在二审和再审程序的种个阶段，都可以进行调解，这些阶段的调解均属于诉讼中调解。

第五节 裁决与调解的功能和作用[①]

一、裁决的纠纷解决功能和作用

由裁决的“法条主义”及其“切片性思维”，调解的“合意主义”及其“整体性思维”所决定，在法治背景下，二者在国家法律实施和民事纠纷的解决中各有其不可替代的功能和作用，亦各有其欠缺。裁决的纠纷解决功能和作用主要体现在：第一，有利于纠纷的最终强制性解决。裁决是一种强制型的纠纷解决方式，无论调解能够满足多少民事纠纷的解决需求，都有一部分民事纠纷是不可能通过包括调解在内的其他方式予以解决的，而只能由第三方依照法律、道德、习惯等规范予以强制性解决。在民事纠纷不能通过当事人自行和解，亦不能通过调解解决时，及时裁决便是维护社会秩序的必要手段。第二，有利于国家法律的严格贯彻实施。由于裁决对民事纠纷的解决采取的是“法条主义”的进路，其对当事人民事权利义务关系的处理属于严格的法律调整，而不是基于当事人的自主意志而作出的处理，因而国家对一定民事法律关系调整的意志内容能够较为严格地落实于具体的民事纠纷解决之中。第三，有利于及时依法维护当事人的合法权益。在当事人不能基于自主意志解决纠纷时，裁决的作出及其在法律实施上的严格性，及时依法保护了权利受损害一方当事人所享有的合法权益，同时也使对方当事人承担了依法应当负有的法律义务和责任。

不过，裁决在民事纠纷解决功能和作用上的欠缺也是较为明显的：第一，某些纠纷解决难免具有机械性和片面性。“法条主义”思维的“切片

---

① 本节基本内容已在《法商研究》公开发表，参见张立平．为什么调解优先——以纠纷解决的思维模式为视角．法商研究，2014 (4).

性”，难免对于严格依照实体和程序法律规范解决纠纷在公正性和合理性的实现上产生一种过于简单的自信。而在事实上，一方面法律规范具有稳定性、抽象性和复杂性，所针对的是一般的人和事，而纠纷的具体情形又复杂多样。另一方面，无论实体还是程序法律规范，都可能具有一定的滞后性、逻辑上的矛盾和漏洞、意义上的模糊性等，因此在某些情况下，并无真正严格合理的法律规范可循。所谓“依法”的判决可能只是出于司法人员的任意理解和解释，或者愈是所谓严格依照法律规范进行的审理和裁决，可能离公正合理的距离愈远。即使在具体的个案中存在非常对应充分的法律规范，其公正性和合理性的实现也有赖于裁决者的职业道德、法律知识、相关专业知识和经验。第二，纠纷解决难免具有一定的表面性。当事人之间矛盾冲突的解决有形式上的解决和实质上的解决之分。形式上的解决即在裁决的程序和内容上，当事人的权利得到应有的保护，义务和责任得到应有的承担；或者，虽然未尽合法合理，但是基于裁决的强制性，秩序得到了强行的恢复。实质上的解决则是心理上的解决，当事人对于权利义务的分配和责任的承担彼此达成合意；或虽然并不是完全合意，但是能够并且明确表示自愿接受。裁决作为一种第三方的强制性解决方式，是裁决者基于国家法律或道德习惯等规范和自身意志对规范的认知和理解，而作出的对事实的认定，难免存在一定的偏差和错误。即使不存在偏差和错误，某些事实的模糊性和某些规范的不确定性，使得当事人对事实和法律的认知未必能与裁决者保持一致，裁决结果也未必能使各方当事人皆满意。在当事人不能都满意的情况下，其矛盾和冲突便难以从根本上予以消除，随时可能引发纠纷解决的后续程序，或者新的纠纷。因此，以裁决方式解决纠纷在不少情况下难免只是形式上的解决，而非实质上的解决。第三，某些纠纷解决不具有经济性。当然，通过裁决解决的纠纷，虽然不少也能最终实现“案结事了”，但是延续较多程序，如当事人一审后上诉、二审后又申请再审甚至不断上访等情形也屡见不鲜。更有甚者，还可能因裁决的不公而引发当事人自杀和刑事案件。如此，就不仅给国家带来大量的纠纷解决成本，也给当事人带来大量的权益救济成本，还可能给国家司法和政治形象造成不良影响。

二、调解的纠纷解决功能和作用

调解的纠纷解决功能和作用在于：第一，有利于更好地实现纠纷解决的公正性和合理性。调解在思维视角上的多维性避免了较为单一的法律视角在民事权利义务关系调整上的机械性、利益考量上的片面性，在纠纷解决上既能符合或不违背法律规范，又能兼顾当事人之间未来可能的利益，甚至能兼顾与当事人具有社会连带关系主体的利益，并以各方当事人接受为目标，因而相对于裁决，调解在很多情况下能更好地保证纠纷在国家法律主导下得到公正合理的解决。第二，有利于保证纠纷解决的和谐性和彻底性。调解在纠纷解决方案选择上的多样性以及方式手段的灵活性，使得当事人各方对民事权利义务的分配和法律责任的承担，从心底里获得公正感和认同感并达成基于自主意志的合意，消除由纠纷引发的内在矛盾和冲突，实现当事人之间民事法律关系的恢复和重建，进而使纠纷往往能够得到实质性解决，因而具有纠纷解决上的和谐性和彻底性。第三，有利于更好地实现纠纷解决的经济性。由于当事人在纠纷的解决上达成了基于自主意志的合意，因而在绝大多数情况下都能较早地实现“案结事了”，这就较大地节约了国家和当事人的纠纷解决成本。具体而言，一是减少了纠纷解决的后续程序，如经过人民调解或行政调解的，一般不再申请司法确认或提起诉讼；经过一审调解的，一般不再申请再审等。二是负有义务的一方大多能自觉履行约定的义务，并且在很多具有给付义务的纠纷解决中，负有义务的一方在正式签订调解协议之前即能够履行相应的义务，极大地减少了人民法院的审判和执行负担。虽然在某些情况下，调解人员为促成纠纷的解决，需要延缓调解的时间，如果孤立地看，似乎不如迅速裁决更为经济，但是若从调解一旦达成协议所具有的上述效果看，自然还是调解更为经济。

当然，调解对于民事纠纷的解决也会存在一定功能上的欠缺：一是难以确保每一纠纷解决的当事人的意思自治性。虽然调解以强调当事人的意思自治为原则，一般情况下也能贯彻这一原则，但是影响调解过程和调解协议签订的内外因素毕竟是复杂的，因而难免在有的情况下，调解人员采取不适当的方式和手段迫使当事人达成有违其真实意思表示的协议。不过，实践证明，这些情形并不多见，并且对于的确内容违法和违背当事人意志的调解协议，当事人还可以通过申请再审或人民检察院的抗诉获得救济。二是某些纠纷解决结果在是非责任上具有模糊性。一般而言，分清当事人之间的是非责任，是纠纷得以顺利解决的基础。但是，在民事纠纷的解决中，难免有一些民事纠纷难以或者不宜分清是非，前者主要是由于事实未能清楚地得到证明，后者则主要是涉及当事人隐私，在家事纠纷中较为常见，是非明确后反而可能造成矛盾的激化。由于这些纠纷是由难以或者不宜明确进行事实认定所造成的，因而在实践中人们多倾向于采取调解解决，而不轻易采取裁决的方式来解决。在事实不够清楚、是非责任不够明确的情形下纠纷得到了调解解决，这虽然有其积极的一面，即及时恢复了当事人之间的和谐、减少了社会震荡、节约了纠纷解决的成本，但也有其消极的一面，即不利于当事人程序权利的充分保护。三是对于当事人权利的保护在某些情况下可能具有非严格性。调解虽然以合法性为原则，国家法律规范也是当事人合意达成的重要依据，但是调解毕竟属于以“合意主义”为指南的“整体性思维”，在民事纠纷的调解中，调解人员可能会为促使当事人合意的达成，基于各种实际情况的考虑，如负有义务的当事人生产生活困难、亲情关系的恢复、商业友谊的维持等，劝解享有权利的一方当事人放弃从法律规范而言应当享有的某些权利。这从其积极的方面而言有利于“法条主义”缺陷的纠正，但如果把握不当，也可能对当事人权利的合理维护和法律的权威造成一定的损害。这些欠缺，也是调解人员在调解的实践中需要合理认识和注意的。

第二章　西方调解制度的发展概况

现代的西方调解发轫于美国，时至今日，美国调解仍然引领着现代西方调解的风潮。美国调解实务界没有专门对调解进行界定，但基本认同调解是由中立的第三方协助的谈判过程。美国人认为调解与谈判、仲裁、诉讼一样是一种纠纷解决机制。美国得克萨斯州调解专家弗兰克·伊利奥特教授（Flank·Elliott）[①] 认为调解是“一个短期的、私下的、结构化的、以任务为导向的、参与式的干预过程”，在调解过程中，当事人在调解员的帮助下达成一个双方都能接受的协议。其他国家对调解的界定与美国调解的界定也大同小异，比如在澳大利亚，调解被界定为当事人在中立第三方（调解员）帮助下，通过交流、谈判等方式澄清争议焦点，并形成解决方案的纠纷解决过程。值得注意的是，现代西方调解中的调解模式主要是利益基础型调解，又称协助性调解（facilitating mediation）；但是西方学者也注意到存在另外一种调解模式——实体导向型调解，又叫评价性调解。前者贯彻自愿原则，调解员的角色是协助者、沟通者、引导者；后者在大致尊重自愿原则的情况下，调解员还积极主动地评价当事人的行为、评估当事人（不和解）的风险，具有一定的权威性和强制性。评价性调解也被称为调停。[②] 本章主要介绍西方国家的利益基础型调解，其中第一节以美国为代表，分国别介绍西方调解的发展历程，第二节介绍西方调解的理论与实践。

---

① 伊利奥特教授曾任卫斯理大学法学院院长、得克萨斯州农业与机械大学（TAMU）法学院院长，现为得克萨斯州农业与机械大学法学院荣誉教授，长期从事调解实务工作并长期担任美国得克萨斯州律师协会的调解培训专家。

② 对于调停是否属于调解，西方学者存在分歧，有人坚持认为调停中的主动干预违反了自愿原则，因此不能归为调解；也有人认为自愿原则也不是绝对的，调停和自愿原则并不矛盾，因此调停可以成为广义上的调解的一种。

美国调解引领着现代西方调解的潮流，因此本章在介绍西方调解的理论与实践时将重点放在美国的调解上，兼顾其他西方国家的相关调解理论与实践。

第一节 西方调解的发展历程

20 世纪 70 年代开始，调解首先在美国开始发展，逐渐影响澳大利亚、新西兰等普通法系国家。到 21 世纪初，调解在西方主要国家蓬勃发展，成为多元化的纠纷解决机制中重要组成部分，具有代表性的国家有英美法系的英国、美国、澳大利亚和大陆法系的主要国家德国、法国，以及混合法系的荷兰和南非等。虽然如此，调解在不同的西方发达国家中的发达程度也存在着区别。总的来说，调解在普通法系国家更加发达；在大陆法系国家则相对有限，受到一定程度的限制。

一、普通法系国家调解的发展历程

1. 美国调解的发展

美国把调解当作众多纠纷解决体系的组成部分，在美国人看来调解与谈判、仲裁、诉讼一样是一种纠纷解决机制。美国法律界和调解实务界都认同调解是由中立的第三人（调解员）协助的谈判过程。本书介绍的现代美国调解应当界定为从 20 世纪六七十年代开始的、基于利益导向的、调解员主要起协助作用的调解。具有好讼传统的美国社会在 20 世纪面临诉讼爆炸，不得不对司法进行反思和改革，以庞德会议为标志的司法改革运动推动多元化纠纷解决机制的繁荣发展，而调解则是美国现代多元化纠纷解决机制中最重要的组成部分。

其实在司法改革运动之前，美国就已经开始探索采用诉讼外的纠纷解决机制。20 世纪初到 20 世纪 50 年代，现代美国调解已经开始出现零星萌芽。1947 年，美国政府设立了联邦争议调解和协调局，该局继承了劳动争议解决委员会的职能，而且开始受理劳动者个人与雇主之间的争议案件。美国仲裁协会于 1926 年成立，其宗旨是促进大众使用仲裁和其他非诉讼的方式解决纠纷。随后各州政府也仿效联邦政府做法，设立了本州的仲裁调解机构。此阶段美国调解的萌芽呈现非独立性和局限性，因此尚不构成一种独立的纠纷解决机制。所谓非独立性即调解与其他争议解决方式之间没有明确的界限，劳动争议协调委员会等机构在处理纠纷的时候不会将调解作为一种独立的纠纷解决机制，而仅仅将调解作为一种处理问题的手段；所谓局限性是此阶段的调解领域局限于群体性的劳动纠纷，比如工会代表劳动者与雇主公司之间的劳动纠纷，而不包括单个劳动者与雇主之间的纠纷。

大约在20世纪60年代，美国调解进入第二个发展时期，这个时期的美国调解有三个特点：第一，政府设立了大量的调解机构；第二，非营利性调解机构迅速发展；第三，调解开始民间化和自治化。首先是联邦政府和各州政府设立了更多具有调解、仲裁功能的机构。比如联邦政府的社区关系协调处理局，该局隶属于美国联邦劳工部，目前有十个区域派出局和四个当地办事机构，覆盖全美各州。① 根据其官方网站的数据，社区关系协调处理局的业务范围主要分为教育、交流、协调、调解和协助沟通五部分。② 其次是非营利性的调解机构出现且迅速发展，深入美国民众的日常生活。联邦政府资助成立了一系列的社区公正服务中心，为公众提供低收费的甚至免费的纠纷调解服务，从而使社会公众能够避免诉讼的昂贵成本。哈佛大学桑德尔教授提出的社区调解中心的设想，推进了“社区公正服务中心”（community justice center）运动。③ 在美国联邦司法部的推动下，美国设立了数以千计的社区公正服务中心。最后，在该阶段，调解开始民间化和自治化，一系列的、民间的、专业提供调解服务的机构大量出现，比如由退休医生、医疗管理机关人员、社会人士组成的医疗事故调解机构，又比如商业性的处理房地产租赁纠纷的私人调解公司等。

从20世纪80年代后期开始，美国调解进入了它的第三个发展阶段——繁荣发展时期。在前面两个发展阶段，虽然美国调解已经从萌芽成长为一种新兴行业，但社会大众对调解并没有充分的了解，且美国司法界

① 美国司法部网站 http：//www.justice.gov/crs/map.htm.

② 美国司法部网站 http：//www.justice.gov/crs/about-crs.htm.

③ 美国司法部网站 http：//www.justicecenter.org/JCA-aboutus.htm.

甚至对调解持怀疑和反对态度。但诉讼爆炸的现象使得美国社会和美国司法界对美国的好讼文化进行了深刻的反思，在这一阶段，调解和其他纠纷解决机制得到了全社会的广泛支持。这一阶段美国调解有以下四个特点：第一，调解深入化，即调解深入社会生活的各个层面；第二，调解的专门化与职业化；第三，调解的商业化；第四，调解研究和教学的科学化与学科化。

首先，美国调解案件类型得到扩张，从原来仅处理劳动纠纷到处理各种民间纠纷，甚至还涵盖涉及公共利益的反垄断纠纷。可以说在20世纪末，调解逐渐深入美国社会生活的各个角落。在社区调解内部也出现了细化现象，社区调解有专门的租赁纠纷、消费纠纷、涉及社区看护纠纷的调解机制。调解的范围扩展到警察执法产生的纠纷、轻微刑事案件、监狱机构与罪犯之间（就监狱管教事项）产生的纠纷等。一方面，美国各州都有州政府层面的调解机构；另一方面，美国政府、地方政府和其他公益组织都经常作为当事人参与调解，政府在建设大型工程的时候产生的争议也都通过调解来解决。

其次，政府（主要是法院）开始将调解员作为一种职业来进行规制，而且出现了大量的专业调解机构。虽然目前美国政府并不直接规范调解活动和调解员，但法院和律师协会已经通过间接的方式来对这些进行规范。美国众多的法院建立了基于法院的调解（Court-based Mediation）机制。法院会考虑本法院案件的类型、调解机构所聘请的调解员的相关资质、调解机构的规模以及调解机构的收费情况等来选任法院的定点调解机构。法院会颁布相应资质要求，对调解员进行认证。纽约州法院就专门设立有司法调解项目。根据纽约州法院系统网站的介绍，纽约州法院的司法调解项目涵盖农业纠纷、邻里纠纷、婚姻家庭纠纷和社区纠纷。① 律师协会可以下设调解员协会或者类似的机构，律师可以选择自愿加入这些组织，但是一旦加入，则受到这些组织的调解规则约束。

再次，该时期美国调解也出现了商业化的趋势。在诉讼爆炸的背景下，通过低价高效的方式解决争议，迅速回笼资金才是较为实际的选择。出现

---

① http：//www. nycourts. gov/ip/adr/Info _ for _ parties. shtml.

争议就已经产生了损失，至少要损失律师费。[①] 通过前两个阶段的发展，美国的调解机构和调解员已经积累了相当丰富的经验，能够公正地运用调解来处理商业性的纠纷。美国涌现大量的商业调解公司，为当事人提供收费的调解服务，在某些情形下针对特定类型的案件也提供无偿的调解服务。比如创立于 1979 年的美国 JAMS 公司，就是美国商业调解公司中的佼佼者。JAMS 公司有超过 280 名正式调解员、仲裁员，并有近 200 名兼职调解员、仲裁员，该公司在美国、加拿大和欧洲等多个国家和地区设有 27 处办公机构。[②] 在美国，与 JAMS 公司差不多规模的调解公司有几十家，而规模小一些的商业调解公司则有数百家。

最后，美国调解研究和教学从 20 世纪七八十年代开始了科学化与学科化。第一，调解成为被独立研究的学科，调解或者 ADR 逐渐成为美国各大法学院教授的核心课程。在 2002 年，美国全部 150 所法学院中有 140 所开设纠纷解决类课程，在这其中有 120 所开设 ADR 课程。[③] 第二，美国学术界开始将调解作为一门专门的学科进行研究，研究的深度和广度都到了相当的水平。美国律师协会专门组成了调解和纠纷解决分会，每年组织专题学术研讨会，并面向学者、法学院师生、社会人士开设调解和纠纷解决培训班。

2. 澳大利亚调解的发展

以 20 世纪 90 年代中期为节点，澳大利亚调解的发展整体上可以分为两个阶段：调解有限适用阶段和调解全面发展阶段。在 20 世纪 90 年代中期以前，澳大利亚联邦和各州已经在一定程度上运用调解解决纠纷，只不过该阶段调解解决的纠纷类型集中在特定的领域，比如婚姻或者家事纠纷。

澳大利亚调解发展的第一阶段中，调解作为纠纷解决机制，其适用范围有限，主要集中在劳动纠纷、家事纠纷和产业-消费者纠纷三个类型上。[④]

---

① 美国法庭一般只有在法律有规定、合同、协议有约定或者是将律师费作为一种惩戒手段的情况下，才会判给胜方律师费。

② 美国 JAMS 公司官网，http：//www.jamsadr.com/aboutus _ overview/.

③ John Lande & Jean Sternlight，The Potential Contribution of ADR to an Integrated Curriculum：Preparing Law Students for Real World Lawyering，25 OHIO ST. J. ON DISP. RESOL. 247，266 - 77 n. 101 (2010).

④ L. Boulle，A history of Alternative Dispute Resolution，ADR Bulletin，No. 7，Article 3 (2005).

在家事法领域，澳大利亚政府在 1975 年的家庭法（Family Law of Australia）中就将 ADR 作为解决家事纠纷的主要机制。按照家庭法的规定，ADR 成为提起家事纠纷诉讼的前置程序，当事人必须尽力参与纠纷解决程序、努力地解决纠纷，之后才能提起诉讼。值得注意的是，在本阶段，调解并未成为一个单独的家事纠纷的解决机制，调解、会谈、和解以及评估等都是作为方法在整体中运用。此外，本阶段政府并未单独给予特别的资助来支持家事纠纷调解。产业-消费者纠纷 ADR 机制（工业领域 ADR）是澳大利亚较为特殊的纠纷解决机制，该纠纷解决机制的"目的在于为消费者对产品或者服务投诉提供低成本（或者免费的）、有效的和相对迅速的解决途径"；该制度的运作"通常由工业合作社的成员出资"[①]。该机制针对的是产业部门与消费者之间的纠纷事项，而非针对所有的商事活动。[②] 可见产业-消费者纠纷 ADR 机制其实并不针对工业生产中供货商、中间商、生产商和销售商之间的商业纠纷。20 世纪 90 年代以前的澳大利亚调解呈现几个特点：第一，调解并非独立的、专门的纠纷解决机制；第二，调解适用的范围较窄；第三，澳大利亚政府官方和社会公众并不特别重视作为纠纷解决机制的调解。

20 世纪 90 年代中期，澳大利亚政府、法院以及社会公众开始重视调解，调解成为一种普适性的、一般性的纠纷解决机制；一系列标志性的事件确立了调解在多元化纠纷解决机制中的地位，包括澳大利亚各州主动设立纠纷解决中心或者社区调解服务组织、家庭法改革法确定官方对解决家事纠纷的民间调解组织予以资助、澳大利亚替代性纠纷解决咨询国家委员会（National Alternative Dispute Resolution Advisory Council，NADRAC）成立以及澳大利亚各州法院和联邦法院出台政策支持和推进调解。

澳大利亚替代性纠纷解决咨询国家委员会的成立标志着澳大利亚联邦政府将调解的官方化和标准化提上议事日程。澳大利亚替代性纠纷解决咨询国家委员会是由澳大利亚司法部资助成立的专门的政策咨询委员会。1995 年，澳大利亚司法部成立了澳大利亚替代性纠纷解决咨询国家委员会，由来自法院、学术界和实务界的 13 名专家担任委员，知名律师、兼职调解

---

①② 娜嘉·亚历山大主编．全球调解趋势：2 版．王福华，等译．北京：中国法制出版社，2011：47.

员 Jeremy Gormly 担任委员会主席。[①] 2003 年，委员会制定了一系列调解和纠纷解决标准文件，2007 年，委员会发布了《家事纠纷解决从业者认证系统咨询意见书》，2012 年，委员会发布了（面向社会公众的）《纠纷解决指引》和《澳大利亚法学院 ADR 课程教学标准》。[②] 委员会成为澳大利亚官方诸多纠纷解决方面法律文件的起草者和政策主导者，为推进澳大利亚多元化纠纷解决机制的建立作出了重大贡献。

从 1995 年到 2000 年，澳大利亚各州法院和联邦法院出台政策支持和推进调解。“1995 年，维多利亚州最高法院设立了‘门户计划’，以促进提交调解的方案更加实用”[③]；州最高法院菲利普斯首席大法官特别强调调解（相对于诉讼）并非实现正义的次优选项；1997 年的澳大利亚首都地区《调解法》专门规定了作为纠纷解决机制的调解，并规定了调解员的资质和管理问题；1997 年，澳大利亚联邦法院规定法院有权不经过当事人的同意直接适用调解；1999 年，昆士兰州统一民事诉讼规则确认了调解制度，按照其规定，法院可以不征求当事人的意见先决定适用调解解决案件（当事人有权提出反对意见）。[④] 在这个阶段，法院对调解的支持和推进呈现两个特点：首先是通过立法确认调解机制的合法地位，其次是较大程度上采用强制调解模式（是否适用调解机制由法院决定，当事人只对实体问题保留自愿决定权）。

二、大陆法系国家调解的发展历程

1. 德国调解的发展

20 世纪末期，德国已经出现民间的、自治性的调解培训组织和学术自治团体，比如德国慕尼黑商会就开展了调解技能培训课程。但是德国政府

---

① 澳大利亚司法部官网纠纷解决网页，https：//www. ag. gov. au/LegalSystem/ AlternateDisputeResolution/Pages/default. aspx. 2013 年，澳大利亚司法部认为委员会完成了其使命，因此将其解散。

② 澳大利亚司法部官网 NADRAC 文献库网页，https：//www. ag. gov. au/LegalSystem/ AlternateDisputeResolution/Pages/NadracPublicationsByDate. aspx＃2003.

③ 娜嘉·亚历山大主编．全球调解趋势：2 版．王福华，等译．北京：中国法制出版社，2011：53.

④ 同③53－55.

官方一直没有相关的政策法规，直到 2008 年欧盟出台了欧盟关于在民商事领域适用调解的指令（EU Directive on Certain Aspects of Mediation in Civil and Commercial Matters）[①] 之后，德国才开始出台规制调解的法律——德国调解法案，此法案于 2012 年通过。以欧盟指令和德国调解法案为分界点，德国调解的发展可以分为两个阶段：一是官方立法前的民间自发调解阶段，二是官方立法后的官方支持、法院重视、民间运用调解机制，从而形成合力，使调解快速发展的阶段。德国调解的发展相对于美国调解的发展要晚很长一段时间。在相当长的时间内，德国民间（尤其是商务界）开始重视并运用调解，但是官方和法律界一直到近几年才开始重视并推动调解。

在第一阶段，德国调解没有法律的依据也没有官方的支撑。但是民间已经自发地进行调解。按照德国国际商会对 2012 年以前的数据统计，结果表明德国国际商事的仲裁部门在仲裁案件中采用调解的方式处理的案件平均额度在 1 700 万美元，但是平均每个案件的调解费用仅 2 万美元。德国国际商会表示其采用 ADR 方式处理的案件中，80%都是通过调解结案。德国仲裁中心（DIS）在处理仲裁案件时也大量采用调解方式，德国仲裁中心还专门出台了调解规则。德国是典型的大陆法系国家，在纠纷解决的问题上有明显的职权主义倾向，因此，相对于美国而言，其在很长一段时间对调解持保留态度。德国学者 Peter Tochtermann 在 2012 年指出，在法律领域，调解仍然不是重要的机制。[②]

2012 年的德国调解法案出台标志着德国调解的发展进入了第二阶段。首先调解有了法律的明文规定，为其合法发展扫清了障碍。德国调解法案规定了调解的很多基本原则和具体规定。该法案的第 2 条规定，调解员无权强迫当事人接受其实体处理方案。在德国调解法案下，调解被分为三种：法院外调解，法庭推荐或指令的调解以及法院内司法调解。[③] 德国调解法案规定，法院外调解完全由当事人自主，当事人可以自主选择调解程序和调

---

① EU-Directive 2008/52/EWG.

② Klaus Hopt and Felix Steffek. Mediation: Principles and Regulation in Comparative Pespective. Oxford Scholarship. January 2013. Chapter 8.

③ http://www.shearman.com/~/media/Files/NewsInsights/Publications/2012/09/The-New-German-Mediation-Act/Files/View-full-memo-The-New-German-Mediation-Act/FileAttachment/TheNewGerman-MediationAct170912.pdf.

解员。德国调解法案对法院外调解的支持体现在三点上：第一是将和解协议当作合同，在一方违反协议时予以民事法律救济；第二是当事人可以依照德国调解法案的规定，在协议中约定在协议履行完毕之前中止纠纷的诉讼时效；第三是如果当事人将具有金钱给付内容的协议交由公证员公证，那么可以将该协议作为债权文书来强制执行。按照第 278 条 a 款的规定，法庭推荐或指令的调解中，法庭可以推荐或者指令进行调解，在调解期间审理程序暂时中止。按照 278 条第 5 节的规定，在审理案件过程中，法庭可以进行司法调解。法案明确表态主持庭审的法官可以进行调解，即使调解失败其仍得主持庭审。

婚姻家庭纠纷是德国最早引入调解机制的领域，也是现在德国调解适用的主要领域之一。在离婚案件中，离婚本身必须由德国法院处理，但是离婚案件中的其他问题，比如子女的抚养、财产分割等，都可以通过调解的方式解决。在诉讼程序的开始阶段，德国法院提供“法官调解”。在 2008 年以前，具有调解员资质的法官在德国法院并不是很多，但是现在的数量已经增加了很多。[①] 大趋势是德国法院越来越重视调解工作，法官个人也支持调解。

值得注意的是，德国调解即使现在有了官方支持，发展很快，也与美国的不可同日而语。这表现在，首先德国纯粹提供商业调解服务的机构并不多，多数机构都是律所或者仲裁机构，不像美国有专门的调解公司或者大量的公益调解机构；其次是德国调解适用的范围主要为商事案件和婚姻家庭案件，范围大小远不如美国。当然，考虑到德国调解法案才出台六年，法案和德国官方的态度能不能极大地推动调解的发展，现在还言之过早。

2. 法国调解的发展

法国调解的发展过程与德国非常类似，但是法国调解的发展要稍早于德国。法国调解的发展仍然可以分为两个阶段：第一个阶段是民间自发地运用调解的阶段，时间大概在 2004 年以前；第二个阶段是 2004 年之后，官方有明确的法律规则并且积极推动调解。

---

① Hrsg.，Maihofer，Werner，Sprenger，Gerhard und Brugger，Winfried. Mediation und Beziehungsgewalt. Bd. 44. Baden-Baden，p. 65 (2008).

20 世纪末期，法国已经有相当数量的民间调解。比如巴黎商会在 1995 年就设立了巴黎调解仲裁中心（Paris Mediation and Arbitration Centre）作为其下属机构。按照巴黎调解仲裁中心的统计数据，其处理的案件中超过 60％都是通过调解或者协商解决的。①

法国的调解立法比德国的早，在 1995 年 2 月，修正后的法国民事诉讼法第 131 条明确规定在任何类型的诉讼中都可以适用调解方式来解决纠纷。不过该法条并未实质性地推动调解在法国的发展，1995 年民事诉讼法修正后到 2004 年之间，调解在法国并未取得较大发展，即使个别地区广泛运用调解，也仅仅是因为个别法院或者法官的大力推动。②法国最高法院在 2004 年判决了一个重要案件，明确当事人约定通过调解或者谈判的方式解决纠纷的合同有效，因此当事人在提起诉讼之前必须先进行调解和谈判。换句话说，如果当事人在合同中约定了调解，法院可以将其视为诉讼的前置条件。法国政府部门也大力提倡调解。作者在搜索法国调解服务人员信息的过程中发现，很多法国的调解执业者是在 2004 年前后开始从事调解工作的。比如法国调解员 David Tudor 就是从事商业经营多年以后从 2003 年开始担任调解员的。③ 2005 年 11 月，在法国经济与财政部的发起下，法国的 55 家大型企业签订了法国公司间调解宪章，约定在签约公司间发生的经济纠纷，优先采用调解方式解决。④ 2006 年，很多法国律师都加入了法律行业调解宪章。根据 2005 年的数据，巴黎调解仲裁中心通过调解处理的案件中，39％的案件标的额超过 100 万欧元，中心的调解成功率在 71％。

法国调解立法比德国的要早，其政府对调解的发展也大力支持，因此法国调解比德国调解发展要更迅速。但是同美国的相比，德国、法国等欧洲国家的调解发展仍然较落后，具体表现在美国调解的职业化和商业化程度明显要高很多。

---

① http：//www. twobirds. com/en/news/articles/2007/mediation-in-france.

② Klaus Hopt and Felix Steffek. Mediation：Principles and Regulation in Comparative Pespective. Oxford Scholarship，January 2013. Chapter 8.

③ https：//www. mediate. com/mediator/details. cfm? id=26415.

④ Paule Drouault-Gardrat，Marion Barbier，Mediation in France，available at：http：//www. twobirds. com/ en/ news/articles/2007/mediation-in-france.

3. 荷兰调解的发展

荷兰调解的发展大致可以分为三个阶段：第一阶段是从 20 世纪七八十年代到九十年代中叶，荷兰民间开始学习美国调解；第二个阶段是 20 世纪 90 年代中叶到 2005 年，这一阶段荷兰民间调解日趋发达，最终成立了两个全国性的调解组织，并制定了调解的相关标准；第三个阶段是 2004 年之后，这一阶段荷兰政府经过政策考虑，明确地接受了调解作为合法有效的纠纷积极机制，并在法院大力推行。

在美国调解逐渐兴起的 20 世纪七八十年代，荷兰就是最早开始学习美国调解的欧洲国家。荷兰调解的发展在欧洲国家最早，发达程度相对于法国的、德国的来说也较高，形成这种情况的两个重要原因是：首先，荷兰并非严格意义上的大陆法系国家，而是以大陆法为主，也存在大量的普通法；其次，荷兰是国际法和海洋法的重镇，容易接触和接受国外（美国）的法律实践。同美国一样，在 20 世纪七八十年代，荷兰也爆发了诉讼爆炸的现象。当时的荷兰法院诉讼程式化严重、诉讼拖延、诉讼费用高昂，导致人们对法院诉讼不满，逐渐开始追求其他高效低价的纠纷解决模式。因此，在了解到美国调解的发展和实践之后，荷兰的一些学者和法律执业者开始关注并提倡调解。荷兰鹿特丹伊拉斯谟大学教授彼得·霍夫奈格从 1974 年开始研究作为纠纷解决机制的调解，注重将调解实践与法学理论结合，强调心理学可以适用于调解领域。① 1989 年，在学者和律师的努力下，荷兰成立了“家庭法律师和离婚调解员协会”，该协会成为荷兰最早的全国性的民间调解组织。

经过长期积累，荷兰民间调解力量逐渐壮大，1993 年以律师和学者为倡导者，荷兰成立了荷兰调解协会（Netherlands Mediation Institute），这是荷兰首个全国性的综合调解组织。② 荷兰调解协会的成立标志着荷兰调解进入第二个发展阶段，开始全面发展并且逐渐形成全国性标准。荷兰调解协会采用会员制，确定了系列调解员培训课程体系和注册标准，规定

① 娜嘉·亚历山大主编．全球调解趋势：2 版．王福华，等译．北京：中国法制出版社，2011：261.

② Annie Roo & Rob Jagtenberg. Mediation in Netherlands：Past，Present，Future，section2. available at：https：//www. ejcl. org/64/art64-8. html (last accessed on August 10，2018).

了协会会员必须每年完成职业继续教育，才可每年注册并被授予会员证书。荷兰调解协会还起草了自己的调解规则和调解员行为守则。2002 年，荷兰调解员协会成立，该协会的宗旨是推进调解员职业化和调解制度化，主张调解员应当成为独立的职业，调解员成为专业人员的职业选择。[①] 该两个协会的建立，让调解在荷兰逐渐成为专门的纠纷解决机制，也让调解逐渐专业化、制度化和职业化，同时逐渐引起了荷兰政府和法院的注意。由于民间的不断呼吁以及调解的不断发展壮大，荷兰政府和法院开始重视调解。

官方明确表示采纳和支持调解，是荷兰调解发展的第三阶段。2004 年，荷兰司法部部长公开发表了《调解与司法管理》的政府官方政策声明，申明政府支持调解，并提供财政资助。该项声明，标志着荷兰政府官方正式采纳调解作为一种合法有效的纠纷解决机制。[②] 在这之前，荷兰司法部于 2002 年编写并向议会提交了《多元纠纷解决：2000—2002ADR 政策文件》，评估了荷兰社会的好讼趋势以及提出必须采用包括调解在内的多元化的纠纷解决机制。[③] 2000—2003 年之间，荷兰启动了两项试验性的调解项目：法院鼓励调解项目和法律援助计划框架内的调解项目，在法院系统试验调解解决纠纷的效果并收集相关数据。[④] 在这段时间，荷兰政府和荷兰法院虽然倾向于调解，但是仍然抱着“摸着石头过河”的心态，需获得进一步数据以决定官方是否最终支持调解。而随着实验项目的实施，官方得出结论，调解在社会满意度和履行率方面都有良好表现，因此才最终出台 2004 年的政策声明，采纳和支持调解。此后，荷兰各大法学院也纷纷开设调解和纠纷解决方面的课程，荷兰调解逐渐规范化和科学化。

---

① 娜嘉·亚历山大主编．全球调解趋势：2 版．王福华，等译．北京：中国法制出版社，2011：262.

② Annie Roo & Rob Jagtenberg. Mediation in Netherlands：Past，Present，Future，section 3. available at：https：//www. ejcl. org/64/art64-8. html (last accessed on August 10，2018).

③ Annie Roo & Rob Jagtenberg. Mediation in Netherlands：Past，Present，Future，section 2. available at：https：//www. ejcl. org/64/art64-8. html (last accessed on August 10，2018).

④ Annie Roo & Rob Jagtenberg. Mediation in Netherlands：Past，Present，Future，section 4. available at：https：//www. ejcl. org/64/art64-8. html (last accessed on August 10，2018).

第二节 西方调解的理论与实践

以美国调解为代表的现代西方调解非常重视调解的方法和技巧，但是这不代表现代西方调解不重视理论研究，发达的调解方法和技巧背后恰恰需要对应的理念和原则作为支撑，才能够做到理论与实践相统一，构建较为科学的纠纷解决机制体系。

一、西方调解的理论

1. 西方调解的理念

调解理念是各国对调解的根本价值判断和价值选择，是对调解作为一种社会现象和一种纠纷解决工具的根本性质的把握。现代西方调解遵循的理念有调解优先、着眼未来、调解中立和调解共赢。调解优先是指在多种纠纷解决机制中，调解优先适用，甚至是在运用其他机制解决纠纷的过程中将调解作为工作方法优先适用。着眼未来是指调解关注的是遵照当事人的意愿解决问题，而不从法律上分辨是非对错，不对当事人进行法律和道德上的评判，所以调解着眼于未来，而不是过去。调解中立是强调调解员的立场应当中立于双方当事人的立场，无论从实质上还是从形式上都应当保持不偏不倚，不带自己的立场和利益。调解共赢是指调解员应当引导双方尊重和维护双方共同的利益，调解不是简单的你输我赢的零和游戏，而是通过调解交流发现解决问题的契机，“做大蛋糕”最终实现共赢。

（1）调解优先

西方各国都接受调解优先是现代调解的基本理念之一。这里的调解优先适用主要是相较于诉讼而言的，尤其在美国，调解优先就更加体现了调解的优势和效果。随着社会经济的发展，西方国家通过诉讼解决社会纠纷的机制的弊端逐渐显现。高昂的诉讼成本让普通民众无法承受，从 20 世纪七八十年代开始，美国开始了司法改革运动。在美国政府和民间的合力推动之下，美国社会逐渐开始形成非诉讼的纠纷解决机制体系，调解就是非常重要的机制之一。在以大陆法系特点为主兼具英美法系特点的荷兰，一方面也面临国内诉讼爆炸问题，另一方面受到美国调解实践的启发，也逐渐从民间转变到政府官方推动调解优先。

调解优先表现在无论纠纷未进入诉讼程序抑或已经进入诉讼程序，只要当事人愿意，就可以优先适用调解。调解优先理念首先表现为全体社会对调解的认可和偏好。在美国，调解为民众、政府和司法机关所接受，民众在遭遇社会纠纷时首先考虑调解的解决方式；美国政府在处理民间纠纷时，除了严格执法之外也鼓励当事人通过调解方式解决问题；美国司法机关从最初的排斥调解发展为坚定地支持调解。在美国，法院在特定情况下甚至会强制当事人进行调解，无论当事人是否自愿。在2009年美国次贷危机之后，佛罗里达州第十一巡回法院要求凡是涉及要求强制拍卖房产偿还按揭贷款的案件，如果涉案房产是当事人的法定居所（Homestead）①，那么案件必须先经过调解才能进入审理程序。该法院首席法官乔·布朗于2010年3月发布法院行政命令，确立"居住房屋按揭案件调解项目"②（Residential Mortgage Foreclosure Mediation Program，"RMFM"）。该项目下，法院受理的所有涉及法定居所的按揭拍卖案件都必须强制调解，法院指令公益组织柯林斯社会正义中心（Collins Center）为该项目的调解组织。该调解项目取得了巨大成功，被佛罗里达州最高法院在全州范围内推广。

调解优先的理念还体现在调解适用的案件范围上。与诉讼只能解决法律争议不同，调解既可以用来解决法律争议，也可以用来解决非法律争议，比如情感纠纷和单位内部同事之间的不构成权利义务关系的纠纷。《美国调解经典案例评析》一书的第七章记载了一个大楼住户之间纠纷如何解决的过程。该纠纷中双方都是一栋居民楼的租户，因为误会产生了矛盾。但是他们的矛盾都是些邻里之间的家长里短，如果诉诸诉讼，肯定不能解决问题。该案中她们在大楼管理者的推荐下来到社区调解中心，通过调解圆满地解决了矛盾。本章作者曾于2012年访问美国波士顿的剑桥社区中心和调

---

① 法定居所制度是美国法极具特色的法律制度。一个公民无论其有多少套居所，均可以依法律程序宣布其中一套为法定居所。法定居所享有其他房产所不享有的特殊宪法保护，具体有免部分房产税，不被债权人（除非是购买房产时的按揭贷款银行）强制拍卖等。

② The Eleventh Judicial Circuit Court Miami-Dade County. Florida，Administrative Order，NO. 10-03 A1 (March 17，2010).

解集团，一为公益调解组织，一为私营调解公司。在两个机构的业务范围中，有一项重要的业务是对大型机构的员工进行培训，帮助他们认识、分析和处理在工作中与同事或者上下级发生的分歧。这些分歧不一定是权利义务上的分歧，因此不能通过诉讼方式解决，但是分歧的存在影响到员工之间的关系，进而影响公司的运营。因此，很多公司愿意聘请专业机构来专门处理问题。调解集团的合伙人布罗洛夫先生表示，这块业务在调解集团业务中所占比例比较大，而且收费费率不菲。从这些情况，我们可以看出，在美国等国家，调解是优先于诉讼等方式适用的。

调解优先还表现在调解解决的纠纷的深度超过诉讼。诉讼与调解处理争议的方式不同：诉讼处理纠纷的结果是非黑即白的，而调解处理纠纷的结果则可以是居中的、无关谁对谁错的。一般来说，诉讼和调解的纠纷都是双方的主张在法律上有合理的依据的纠纷，因此当事人有动力选择用调解来解决问题，从法律上来讲绝对会败诉的当事人不可能进行诉讼或者调解（赖账的除外，在美国的法律体系和信用体系下恶意赖账的情形不常见）。在很多案件中涉及的法律本身其实并不明确，如果庭审，由于法院不能拒绝审判，因而即使法律不明确法官也必须作出明确的判决。万一法官对法律、社会、科技等的发展趋势理解有误，法官的判决会产生错误的、违背潮流的法律。① 在这种情况下，法官更倾向于调解。这也是为什么美国司法界现在更倾向于调解结案的原因。

调解优先的理念不仅在美国得以确立，在西方主要国家也逐渐被接受。最为典型的就是前文提到的 2008 年欧盟关于在民商事领域适用调解的指令。该指令充分地肯定了调解作为一种独立类型的纠纷解决机制在民商事领域的巨大作用和优势。按照该指令，欧盟各成员国就必须立法确认调解制度的合法性，并为调解确定相关规则。欧盟指令从立场上倾向于优先适用调解来解决社会矛盾，指令欧盟各国的民事司法中都必须充分适用调解。从德国和法国的立法来看，在欧盟指令出台后的短短数年，两国就相继立法或者修法完成了指令的要求，而从实践来看，调解在两国民商事领域得到了广泛应用。在荷兰，2004 年司法部部长公开发表的政府官方政策声明，

① 廖永安，覃斌武，罗伯特·史密斯．美国调解经典案例评析．湘潭：湘潭大学出版社，2013：第八章．

政府提供财政资助支持调解，在民商事案件立案之后、庭审之前优先适用调解解决纠纷。

（2）着眼未来

着眼未来是指调解关注的是遵照当事人的意愿解决问题，而不从法律上分辨是非对错。西方调解的根本策略是挖掘当事人立场背后的利益，然后根据当事人的利益需求形成符合双方利益（主要利益和核心利益）的方案，最终解决问题。因此，要通过调解解决纠纷，就必须顺应当事人的需求。当事人想要什么，想实现什么才是解决问题的关键；当事人过去做过什么，合不合理、合不合法最终只能是促进问题解决的砝码。着眼未来是强调调解形成符合当事人意愿的解决争议的方案，只关注未来怎么才能使当事人从争议中解脱出来，重新走上生活、工作、经营的正轨。美国经验强调挖掘当事人立场背后的利益，这个经验被其他西方国家所接收。在德国学者 Haft 和 von Schlieffen 看来，调解的关键一环就是在调解中收集和整理当事人的利益；而在寻找可以实现当事人利益的方案中，自然应当朝前看——着眼未来，而不是判断谁对谁错。① 在澳大利亚学者 Boulle 看来，调解可以分为多种类型，在传统的利益基础型调解（又称辅助式调解）中，调解的目的在于满足当事人的需求，而不是在权利义务的基础上谈判。②

通过调解，双方可能选择一种折中的方案解决问题，在维护合作关系的情况下保证经济利益。

调解完全不理会法律规定的权利义务关系可能难以为中国读者所接受，发生这种情况与美国等西方国家的法治环境、社会环境相关。首先如果当事人坚持要分辨是非，完全可以走诉讼和仲裁的途径；其次英美法系国家诉讼成本高昂（多数大陆法系国家诉讼成本也很高昂），直接调解妥协获得部分赔偿不失为明智之举；最后在发达的商业社会，人们会比较务实地单纯从经济角度考虑问题。凡是涉及金钱纠纷的案子，人们关注的是怎么获得赔偿，而不关注谁对谁错。这样的理念在美国这样一个商业社会已经为

---

① Haft，Fritjof und von Schlieffen，Katharina. Handbuch Mediation-Verhandlungstechnik Strategien Einsatzgebiete. Bd. 2. München，p. 482（2009）.

② Laurence Boulle. Mediation：Principles，process，practice（2nd ed）. Chatswood：LexisNexis Butterworths，p. 43（2005）.

法律界和商界所接受。美国萨福克大学法学院教授、前任院长罗伯特·史密斯认为：调解要向前看，是要解决问题；不要向后看，调解不判断谁对谁错的问题。法律问题是很重要，但是相对于解决争议来说就不是那么重要了；调解不研究谁对谁错的问题，只要当事人自愿，他们就可以以自己同意的方式解决争议。[①] 总而言之，法律的规定并不一定与当事人的需求一致，在出现这种情况的时候，当事人宁愿不按照法律（强行法除外）规定来解决争议。德国也非常强调调解本质上来说不是追究已经发生事实的责任的过程，而是面向未来寻找解决方案的过程。[②]

（3）调解中立

调解中立应该是调解员应当遵守的基本规则，但是本章将调解中立作为西方调解的重要理念之一，这是因为调解中立是调解的基本要求，并非一般的规则。对调解中立的违反不仅是对规则的违反，而且是对调解基石的背离。

一般理解认为，调解中立就是调解员要做到保持中立、不偏不倚，在立场上和利益上与双方当事人都没有冲突或者偏向。但是从规则的层面上来讲，何为立场上不冲突，何为利益上无偏向，是很难界定的。但是如果把调解中立视为调解的基本理念，作为调解的根本，那么就可以向调解员提出职业道德上的要求。在美国等西方国家，国家对于职业道德的规制是较宽泛的和低要求的，但是职业组织内部的要求是非常严格的，甚至是苛刻的。在美国没有统一的、全面的调解员利益冲突审查标准，对什么是利益冲突也看法各异。在美国，调解是一种高度自治的职业，从美方众多专家介绍的情况来看，绝大多数的调解机构和调解员都恪守了职业道德，在利益冲突审查方面体现了自律的职业精神。而我国人民调解则明显呈现出一种“调解员比当事人还着急达成解决方案”的现象，这种现象违背了调解中立的理念。当然，这里的调解中立理念中的调解是指西方的利益导向

① 本书作者认为这里的观点有道理但是也不能走向极端，如果当事人不了解自己法律上的权利义务，那么可能导致当事人的调解意愿不真实。而美国调解之所以可以不太关注法律分析，是因为一些重大案件的当事人一般会请律师，律师的存在可以很大程度上避免当事人在法律上的无知。

② Haft, Fritjof und von Schlieffen, Katharina. Handbuch Mediation-Verhandlungstechnik Strategien Einsatzgebiete. Bd. 2. München, 2009 p. 482.

型调解，而不是宽泛意义上的调解。虽说我国人民调解有这样一种现象，但并不代表它不能实现调解化解纠纷的功能。

西方国家的调解研究者注意到了调解员在有的情况下会带有自己的立场，甚至一定程度上有实体的干预权。在美国、澳大利亚、荷兰等国，研究者将这种情况称为“调停”，将其与典型意义下的调解区分开来。[①] 一方面，“调停在许多方面与调解类似，二者的主要区别在于，调停虽有类似调解的过程，但其中立第三人能够向当事人提供法律信息，并且/或者提出解决纠纷的建议”[②]。但是另一方面，调停和调解“二者在实践中的界限已经非常模糊”[③]。因此，在是否区分调解和调停的问题上，关键在于怎样看待调解。本书所称的西方调解是指利益导向型调解，和调停有较大区别。从这个意义上讲，调解中立要求调解员本身不能带有立场。

（4）调解共赢

调解共赢是指调解员在调解过程中应该引导当事人挖掘利益增长点，而不是局限在对既有利益的争夺上。社会大众往往不自觉地将纠纷解决理解为零和游戏，这样的普遍现象不但有经济、社会的现实基础，也是心理学规律的体现。面临纠纷的时候，人们往往存在“基本归因谬误”，容易将纠纷的解决过程视为“零和游戏”，虚构为“固定馅饼”[④]。有人认为纠纷解决就是经济学上的零和博弈，一方受益必然使另一方受损。事实上，很多纠纷的解决并不一定会导致一方利益受损而一方获利的情况。西方国家的调解实践表明调解共赢的策略是可行的，调解中可以出现利益的增量，而且当事人可以分享这个增量的利益。

在调解中相当大比例的案件并不是一方得利一方受损的情况。具体来说有两种情况：首先双方放弃对争议之上的利益的争夺，通过挖掘今后的合作机会来获取更大的利益；其次是当事人最开始可以只主张金钱赔偿，然而调解员可以促成当事人获取非金钱的利益。按照常规的理解，所谓利

---

① Laurence Boulle. Mediation：Principles，process，practice (2nd ed). Chatswood：LexisNexis Butterworths，pp. 45-46 (2005).

②③ 娜嘉·亚历山大主编．全球调解趋势：2 版．王福华，等译．北京：中国法制出版社，2011：2.

④ 具体关于这方面的论述，可以参考本书的姐妹篇《社会心理学在调解中的运用》第二章和第四章的相关内容。

益就是金钱和财物。虽然我们生活中遇到的很大比例的纠纷是因为金钱和财物而起，但即便是商业纠纷，也会掺杂情感、信任、合作关系等因素，这些因素隐藏在双方争夺金钱、财物的表象之下，当事人可能也需要调解员的帮助才能清楚地认识到自己非金钱形态的利益。利益是多种多样的，有金钱的利益，也有非金钱的利益；有过去的利益，也有现在和将来的利益。因此，调解过程中，调解员必须引导当事人透过现象看本质，挖掘当事人的利益所在。

传统的纠纷解决机制将注意力集中在过去的金钱利益上，这是纠纷解决的一大障碍。如果调解员能够引导当事人认识和界定其利益，并且引导当事人一起思考如何能够在获得自己的利益的前提下不损害对方的利益，比如可以通过合作创造其他利益，在蛋糕做大之后，再在当事人之间进行分配，那么每一方分得的利益都比原来要大，调解就可能达到双赢，纠纷自然迎刃而解。美国次贷危机中，很多银行起诉借款人的按揭房产拍卖案件通过调解，银行与借款人达成和解，签订新的借款协议——借款人每月归还一部分欠款（一般略低于市场房租）因而得以继续居住；银行除了每月收回一定款项，还可以获得对方如果违背新的协议则放弃法律上的其他抗辩权的承诺。[①] 总之，这样的调解避免了各自的损失，达成了共赢。

2. 西方调解的原则

现代西方调解的原则主要有调解自愿、调解中立和调解保密原则。[②] 所谓调解自愿是指调解必须基于当事人的同意，当事人同意调解才能够进行调解。调解中立原则是指调解员必须保持立场的中立，这不仅要求调解员本身不得有利益和预设的立场，还要求调解员既要做到实质上的中立，也要保持形式上的中立。所谓调解保密是指调解员和调解组织必须为当事人保守秘密，表现为调解员在调解过程中获得的信息不得向对方当事人和其他人透露，不得接受法院传唤出庭作证，以及当事人在调解过程中的陈述

---

① The Eleventh Judicial Circuit Court Miami-Dade County. Florida, Administrative Order, NO. 10-03 A1 (March 17, 2010).

② 娜嘉·亚历山大主编．全球调解趋势：2 版．王福华，等译．北京：中国法制出版社，2011：258.

不得用于证明其实体问题上的过错。[①] 值得注意的是，一方面，很多调解原则并非西方调解独有的原则，我国调解一样遵循这些原则；另一方面，在具体遵循这些原则的时候，西方和我国的处理方式还是存在观念和操作上的差异。

（1）调解自愿原则

调解自愿原则是指调解必须基于当事人的同意，当事人同意调解的才能够进行调解。由美国仲裁协会、美国律师协会纠纷解决分会和美国冲突解决协会三方共同制定的《调解员行为示范标准》规定了当事人的自由决定权。在该规则中，当事人“可以在调解的任何阶段自由决定调解的进度和内容，包括调解员选择、流程设计、参与或者退出调解的过程、对结果的设计”[②]。该规则还规定，调解员不得因为“追求更高的调解率、增强调解员自尊心、增加费用，或者出于法院人员、项目管理员、所属部门、媒体或者其他的外部压力”等原因妨碍当事人的自主决定权。这里所说的自主决定权，就是指调解必须自愿。

调解自愿原则是与调解的本质属性相适应的，调解的正当性就在于当事人自己处理自己的事务，是当事人对自己权利义务的处分权的体现，处分权的行使就要求必须是出于当事人自己的真实意愿。正是因为当事人选择调解是行使自己的处分权，所以调解必须自愿，不自愿的调解是违背调解的基本属性的。双方当事人同意调解实质表现在两个层面：首先双方当事人同意对特定纠纷进行调解，其次双方当事人同意由特定的调解机构以及特定的调解员进行调解。

值得注意的是，西方国家的调解不仅在调解技术上做到细致深入，而且其程序规范也做得严谨有序。在确认调解自愿时，西方国家调解组织和调解员有一套标准规程来处理问题。比如说，美国调解组织往往都有规范、详细的同意调解确认书文本，在正式调解之前都会要求当事人认真阅读和签署该文件。调解自愿原则并非美国或者其他西方国家独有的原则，我国调解同样强调调解自愿。我们一定要看到，虽然原则是共通的，但是具体

---

① 参见美国联邦证据规则第 5 章中有关调解保密特权的规定。

② 美国仲裁协会，美国律师协会纠纷解决分会，美国冲突解决协会．调解员行为示范标准，2005：准则 I.

实现这个原则时，我国和西方国家还是存在很大差异的，我们可以学习西方调解的经验。

虽然调解必须自愿，但是对调解自愿原则的理解又不能过于机械，并非所有纠纷以及纠纷解决的全部过程都要自愿。西方的经验表明，在特殊的情况下，可以强制调解。调解自愿并非是指全部调解过程必须要自愿，原则上来说涉及当事人的实体决定权的问题是一定要自愿的，但是其他问题不一定非要当事人完全自愿。最典型的例子，当事人决定实体问题，调解员应当有权威决定程序问题。又比如，即使在实体问题上当事人有决定权，与调解员的建议权也并不冲突。事实上，前文也提到在美国次贷危机中，美国法院往往强制当事人进行调解，而且调解的结果能够解决相当部分的按揭拍卖案件。不仅在美国，在澳大利亚、荷兰、南非等国，无论是学者、法官还是律师都在一定程度上认同强制调解——强制当事人参与调解程序，他们认为强制参与调解而不强制和解并不违背调解自愿原则。这似乎一定程度上与调解自愿原则相互背离，但是即使在西方，调停也慢慢被视为广义的调解的一部分，因此，在西方调解中适当干预调解的进程和结果也并不违背调解自愿原则。调解自愿原则的核心是实体结果的自愿，但是自愿并不意味着调解员不能对当事人施加影响。

（2）调解中立原则

调解中立原则是指调解员必须保持立场的中立，这不仅要求调解员本身不得有利益和预设的立场，还要求调解员既要做到实质上的中立，也要保持形式上的中立。

调解中立作为一个原则，不仅要求调解员在实质上保持中立，还要求在形式上保持中立；不仅涉及调解员是否应当保持中立，还涉及调解员如何保持中立。《调解员行为示范标准》第 2 条规定调解员必须保持中立，“调解员应该以不偏不倚的方式进行调解，并且尽量避免在行为上显现出偏袒的姿态”①。“在任何时候，只要调解人无法以公正的态度进行调解，则应当回避。”②

把中立性作为原则，就是说调解员要努力赢得当事人的信任。如何赢

①② 美国仲裁协会，美国律师协会纠纷解决分会，美国冲突解决协会．调解员行为示范标准，2005：准则Ⅱ．

得当事人的信任，至关重要的一点就是要使当事人相信调解员是中立的。调解员不仅应该在实质上保持中立，而且还要在形式上保持中立。这也是为什么美国调解特别强调开场白的原因。只有赢得了当事人的信任，才能真正开始调解。换句话说，调解员不仅要中立，还必须使当事人相信调解员是中立的。调解员保持中立有两层含义：一是实质中立，二是形式中立。这不仅要求调解员不能与双方有亲属关系、利害关系或者与调解案件的结果有利害关系，还包括要求调解员在形式上保持中立不超越自己的角色。

调解员是第三方协助者，因此调解员在形式上有两个角色，即“第三方”与“协助者”。进而，调解员在形式上保持中立有两层意思。如果调解员实质上是中立的，但是在调解的过程中站在一方的角度与另一方当事人交流，在另一方当事人看来调解员就可能变成了对方的代言人。在这种情况下，调解员就超出了“第三方”这个角色。如果调解员实质上是中立的，但是在调解的过程中过于强调自己的见解和建议，那么当事人也不会把调解员当作协助者。如果调解员不是协助者，即使仍然是“第三方”，那也是和当事人立场可能冲突的“第三方”。总而言之，调解员形式中立，要求调解员在形式上不站在当事人的任何一方的立场上，也不能有自己的立场并要求当事人按照自己的理解解决争议。

在美国政府诉微软公司案中，第一个进行调解的波斯纳法官没有收获任何实质性进展，而第二个进行调解的格林教授则在被告微软公司和大多数原告即美国联邦政府和十个州政府之间达成了一致。① 之所以出现这样的差异，其中一个重要的原因就是波斯纳法官并未保持形式中立，无法取得当事人的信任。波斯纳法官与当事人的通信像收集证据一样，给当事人的感觉是他是对方律师；波斯纳法官在传递各方的和解提议时并未表明“传递提议不代表赞同提议”，使得当事人感觉他是赞同对方方案的。② 格林教授则遵循了调解中立的原则，不仅实质上保持中立，形式上也让当事人感受到了他的中立性。③ 格林教授不向当事人收集证据，避免法律争议，避免重蹈波斯纳法官的覆辙。正因为遵循了调解中立的原则，格林教授逐渐获

---

① United States v. Microsoft Corporation，253 F. 3d 34 (D. C. Cir. 2001).

②③ 廖永安，覃斌武，罗伯特·史密斯．美国调解经典案例评析．湘潭：湘潭大学出版社，2013：第八章．

得了当事人的信任，从而成功调解。

（3）调解保密原则

前面的调解自愿和调解中立原则可以说是中西方共通的调解原则，但是在具体操作上还是存在较大差异的。而调解保密原则在目前看来可以说是西方调解区别于我国调解的一项原则。到目前为止，我国只有有限的调解保密规定，即仅在相关司法解释中规定了诉讼过程中出于和解目的所作的陈述不得之后用作证明对陈述人不利的证据，以及在《人民调解法》中规定调解员不得泄露当事人的隐私。这两个规定的范围是比较窄的，前者仅仅适用于起诉之后的和解过程，而后者仅仅保护隐私——而非调解中的当事人所作的陈述。

调解保密是指调解员和调解组织必须为当事人保守秘密，表现为调解员在调解过程中获得的信息不得向对方当事人和其他人透露、不得接受法院传唤出庭作证，以及当事人在调解过程中的陈述不得用于证明其实体问题上的过错。

美国律师协会（American Bar Association）和美国统一州法委员会制定的《美国统一调解法》示范法花了大量的篇幅来规定调解保密的内容。[①] 按照该示范法的第 4 条规定，当事人在调解过程中的交流陈述被保密特权所保护，作出陈述的一方得要求对方当事人、调解员及调解组织工作人员保密。[②] 按照保密特权，法庭也无权命令调解员出庭作证。而且该示范法在美国常见的针对司法程序的保密特权之外还增加了针对行政程序的保密特权，即按照第 7 条的规定，行政机关也不得命令调解员向其透露调解过程中的当事人陈述内容。[③] 前文提到的《调解员行为示范标准》准则Ⅳ也规定了调解员的保密义务。[④]

西方国家调解保密原则具体表现在以下方面：首先，调解员有义务为当事人保守秘密。当事人在调解的过程中所作的任何陈述，无论是否对该当事人有利，调解员都不得向政府、法庭和其他任何人泄露。美国证据法

---

①② 美国律师协会，美国统一州法委员会．美国统一调解法（2003）．

③ 美国律师协会，美国统一州法委员会．美国统一调解法（2003）：第 7 条．

④ 美国仲裁协会，美国律师协会纠纷解决分会，美国冲突解决协会．调解员行为示范标准，2005：准则Ⅳ．

下的保密特权规则不允许法庭传唤调解员出庭作证。[①] 其次，在单方会谈或者其他场合获得的当事人的有关信息，在未经该当事人允许的情况下，调解员不得向对方当事人泄露。再次，不仅依照保密特权规则，调解员不得作证，即使法庭传唤调解员作证，调解员转述的当事人在调解过程中的陈述（在证明其实体过错时）也不具有相关性。[②] 最后，对方当事人、调解组织的其他当事人也不得就调解中获得的对方信息出庭作证。

不过调解保密原则也是有例外的，按照《美国统一调解法》第5条和第6条a款的规定，当事人可以放弃保密特权，或者在当事人威胁要进行人身伤害、准备犯罪等情况下都不受保密特权的限制。另外，行业调查中，调查机构可以询问当事人在调解中陈述的内容，用来判断调解员是否违反职业守则。

调解保密原则是现代西方调解的关键原则，它的存在是调解工作得以顺利进行的保障。利益导向型调解中的根本策略在于挖掘当事人立场背后的利益，但是既然是背后的利益，当事人往往是不愿意透露的。调解有面对面会谈和背对背会谈，之所以要进行背对背会谈，是因为有些话当着对方当事人的面不好说。正是因为如此，必须给予当事人制度保障，保障特定谈话内容不会被调解员随便泄露给对方当事人，也不会被随便泄露给其他人员或者公众。尤其是在美国的司法背景下，任何人都有普遍的作证义务，只要法庭传召，任何人都必须出庭作证，在这种背景下给予当事人调解保密的制度保障就显得至关重要。

其他主要西方国家，无论是英美法系还是大陆法系国家，基本都从制度上确立了调解保密原则。比如德国法中，按照德国调解法案，在法庭审理程序中进行的司法调解，整个调解的过程都不得以任何形式被记载下来；而法国法则规定，如果形成和解协议且当事人约定要保密，那么泄露相关保密信息可能导致和解协议被法院确认无效。众多民间纠纷解决机构自己的调解规则也明确规定调解保密原则，比如巴黎调解仲裁中心调解规则7.5规定，调解员、当事人必须严格遵守保密规则的规定，不得在后续的法庭诉讼程序中使用任何调解过程中发现的事实、当事人的陈述、和解提议等。

---

① 参见美国联邦证据规则第五章。

② 参见美国联邦证据规则第四章。

二、西方调解的实践

1. 多种调解机构的设立和运作

参与现代西方调解的机构主要有三种：第一种是以美国为代表的民间性或者商业性的调解机构；第二种是各国的全国性调解自治组织；第三种是以各国法院为主导的法院附设或选任机构。一般而言，在英美法系国家，三种机构都比较发达；而在大陆法系国家，则是后两种机构比较发达（但在国际商事纠纷解决中，德国、法国的国际商事仲裁机构也大量运用调解方式解决纠纷）。

美国调解的发达程度首先就表现在众多调解机构的设立和运作上。美国的调解机构主要分两种：公益性的调解机构和商业性的调解机构。绝大多数的社区纠纷解决中心都是公益性的。1979 年建立的剑桥调解中心是一家非营利性机构。剑桥调解中心的宗旨是：给民众提供可以负担的非诉讼纠纷解决服务，宣传调解并促进民众对纠纷和调解的理解。剑桥调解中心的调解员都是兼职调解员，其中有来自大学的教授、退休法官、商业专家以及其他专家。2011 年该中心受理了 700 多件案件，调解成功率在 70%左右。剑桥调解中心的主要业务分为社区纠纷调解、调解员培训和其他公益性活动。剑桥调解中心 2011 年度的总收入约为 60 万美元，其中运营费用为 17 万美元，无须纳税。中心的收入主要来自调解员义务服务、培训项目、调解案件的基本受理费用。剑桥调解中心还可以每年申请政府基金资助，于 2011 年获得了 2 万 5 千美元的政府资助。

因为采用联邦制的原因，美国并没有像荷兰或者法国一样成立全国性的调解协会或者调解员组织，但是客观上，美国律师协会和美国仲裁协会承担起了相应的职能。比如《美国统一调解法》和《调解员行为示范标准》就是由美国律师协会牵头起草并发布的，美国仲裁协会参与并采用了后者作为本机构调解员的行为准则。在荷兰，法律学者和执业律师推动了全国性调解员组织的成立和发展，1993 年荷兰成立了荷兰调解协会，2002 年荷兰成立了荷兰调解员协会。西方国家的全国性调解员组织有如下特点：第一，都是民间自治组织，政府提供政策和少量财政支持；第二，全国性调解员组织一般并不具体开展调解业务，而是负责制定规则、标准、程序，并承担面向大众的宣传职能和面向政府的沟通职能；第三，律师是全国性调解员组织的基本力量，法院系统更多的是配合和支持，但法官一般不亲自加入调解员组织。

英美法系国家的法院附设调解或者法院外包、指派的中小型调解组织比较多，以美国为例，各州都存在大量的以纠纷解决（收费）服务为业务的中小型服务公司。在2009年的美国次贷危机中，佛罗里达州因为是著名的养老目的地，所以成为次贷危机的重灾区。柯林斯中心（Collins Center）等一大批纠纷解决机构成为法院选聘的调解服务机构，调解了数以十万计的拍卖按揭房产还贷案件。在德国、法国等大陆法系国家，法院也采用附设调解或者委托调解的方式，处理的案件数量也相当可观。

2. 调解业务市场日趋广阔

相对而言，英美法系国家的调解业务市场比大陆法系国家要繁荣，这表现在美国调解业务市场的庞大和活跃。美国最早的调解服务公司JAMS公司是商业调解公司的典型，1979年创建于美国马萨诸塞州波士顿的JAMS公司是一家专业的商业调解公司，现有超过280名正式调解员、仲裁员，并有近200名兼职调解员、仲裁员，该公司在美国、加拿大和欧洲等多个国家和地区设有27个代表机构。JAMS公司业务繁忙，每年都有上亿美元的营业收入。JAMS公司的业务范围包括涉及医疗纠纷、工程建设纠纷、不动产纠纷等二十多种不同类型的案件，每年处理上万件调解、仲裁案件。在美国，与JAMS公司差不多规模的调解公司有几十家，而规模小一些的商业调解公司则有数百家。

商业案件的当事人大量使用调解手段解决纠纷，很多金额上亿的大型案件甚至都通过调解来解决，比如2004年影响巨大的Ross公司诉American Express集团诉讼案。Ross公司是一家美国的连锁服装零售商，而被告American Express集团则是一家美国银行，主要经营信用卡业务。原告Ross公司与其他众多原告一起起诉American Express集团商业欺诈和合同违约。法院将案件交由调解机构调解，最终原被告达成调解协议。① 根据赔偿基金官方网站宣布的结果，该宗案件提出有效请求的集团成员超过1 000

① Ross, et al. v. American Express Co. et al., No. 04-5723 (S. D. N. Y., 2004).

万人，案件的整个赔偿金额高达 3.36 亿美元。[①]

其他西方国家的调解业务市场虽然远没有美国调解市场业务量大，但是从 2000 年以后也呈现日趋增长的状态。根据荷兰调解协会的统计，在 1990 年左右通过调解结案的案件数量在不同的领域大概占所有法院立案案件数量的 5%以内，而在 2000 年左右则在多数领域都超过 30%，比如 1999 年在家事法领域调解的案件数量占到 44%。随着荷兰司法部和法院系统的推进，调解的市场逐年加大。根据荷兰调解协会的统计数据，2011 年全荷兰的调解案件数量超过五万件，其中家事法案件 17 058 件。[②] 根据前文的描述，作为大陆法系国家，德国、法国的调解业务数量要小于英美法系国家，但是在欧盟推进调解解决纠纷的政策——2008 欧盟指令之后，调解业务数量在德、法等国有明显的增长。另外，无论是德国国际商会下设仲裁机构还是巴黎商会仲裁协会的数据都表明，有很多国际性仲裁案件其实是通过调解结案的，比如根据德国国际商会统计，其调解结案的案件平均标的额在 1 700 万美元。

3. 较为完善的调解职业规制

英美法系国家和大陆法系国家在调解职业规制上存在较大区别，英美法系国家往往是由民间自治组织对调解员进行规制，而大陆法系国家中政府则成为规制调解员的主体。即便存在差异，但是大多数西方国家都有相当程度的调解职业规制，无论是民间自治的还是政府主导的。

从美国范围来讲，基本上还没有官方机构确认调解成为和律师、医生一样的专门职业。但是从事实上来讲，政府部门的介入和自治性群体机构的成立已经使得美国调解具有了专门职业的特点：调解员有基本的任职条件、需要专门的技能和知识、有一定的职业道德要求，调解员行业有行业内部的自治性群体机构。美国调解的专业化的特点还表现在，在各种类型的调解案件中，对于不同类型的案件已经进行了很大程度上的细分，尤其是有很多类型的案件由于案件自身的特点已经具备了专门针对这类案件的

① 见 Ross 案案卷中当事人向法庭提交的调解协议条款，http：//www.ccfsettlement.com/documents/mdl _ 1409 _ settlement _ agreement _ 1384141.pdf.

② http：//mediationblog.kluwerarbitration.com/2012/05/01/referral-to-mediation-and-private-mediation-market-in-the-netherlands-data-and-developments/.

调解机构和调解程序。比如美国联邦环境保护局设立了专门部门来开展环境保护协商。从 20 世纪 90 年代初开始，医疗纠纷调解逐渐成为一类专门的调解，医疗纠纷调解由具有法律和医疗背景的调解员主持，在美国取得了良好的效果。美国各州目前都还没有调解员职业资格考试，但是部分州对调解员有一定的学习和经验要求，比如马萨诸塞州要求调解员必须接受 40 小时的专业培训。政府会授权具有相应资质的高等教育机构或者社会培训机构对调解员进行培训和颁发结业证。

荷兰没有政府立法或者规则来规制调解职业，但是两个全国性的调解组织：荷兰调解协会和荷兰调解员协会陆续制定了一些自治规则。1995 年，荷兰调解协会制定了荷兰调解协会调解规则，2002 年引入了荷兰调解员永久教育（Permanent Education）项目，规定调解协会的会员每年都必须完成 12 个继续教育学分。①

荷兰、澳大利亚、南非等国的调解员规制与美国、英国调解规制较为类似。首先，规制主体都是全国性的民间自治（学术）团体；其次，民间团体往往通过会员资格要求、制定示范法等软性方式规制调解；再次，对于调解员培训的课时要求以及其他资格要求比较灵活、放松；最后，即便不成为调解组织的成员或会员，也不影响任何人实际上从事调解工作。而德国、法国等大陆法系国家的调解规制中，政府起主导作用，因此呈现如下特点：首先，政府部门是调解职业规制的主体；其次，调解规则和调解标准往往由成文法或者成文行政法规来规制；再次，政府主导调解员培训和资格认证，课程相对于英美法系国家要更严格、更正规；最后，在政府主导的调解业务中（比如政府设立的调解项目或者法院委托调解）对调解员有较严格的资格要求。

4. 高水平的现代西方调解科研与教学

根据 2013 年版的美国新闻教育版的资料，在争议解决方面排名第一的法学院是位于加利福尼亚的派普丹大学法学院。派普丹大学法学院专门设立了 Straus 争议解决（课程）中心，有全职教授 9 人，来自世界各地的兼

---

① Annie Roo & Rob Jagtenberg，Encouraging mediation in the Netherlands，ADR Bulletin，Issue 3，Article 2（2003），available at https：//paperity. org/p/81809650/en. couraging-mediation-in-the-netherlands（last accessed on August 15，2018）.

职教授和访问学者 47 人。[①] 该中心承担法学院 38 门关于争议解决的课程，诊所式调解课程和争议解决实习课程是其中最为核心的课程。[②] 按照该法学院的要求，诊所式调解课程要求学生每周接受两个小时的课堂教学，然后去法院担任实习调解员，调解两个左右的案件，一个学期下来至少要调解 24 宗案件。值得一提的是，修读这门课程的学生不用参加期末考试，而是根据学生在 24 宗案件的综合表现来评分。[③] 哥伦比亚大学法学院专门建立了争议解决（课程）中心，该中心承担哥伦比亚大学法学院的多门争议解决课程，其中就有调解课程，包括诊所式调解、非诉讼争议解决等课程。根据其官方网站的介绍，诊所式调解课程要求学员修满 24 学时，课程的内容包括理论讲授、旁听调解员调解案件以及学生亲自担任调解员等。[④] 其中由学生担任调解员来进行调解的案件来自纽约市周边地区的民事法庭、小额诉讼法庭、联邦政府公平就业机会局（Equal Employment Opportunity Commission）等。通过对该课程的学习，学生要培养根据案情的具体情况采用合适手段进行调解的能力，理解调解过程中的政策和职业道德问题，体会作为当事人的代理人在调解中所扮演的角色，掌握解决争议的基本技巧，比如谈判、和解、合法表述诉求等。

调解（以及仲裁、协商等）逐渐成为美国法学院的重要课程。从 20 世纪 90 年代初期开始，美国法学院竞相开设争议解决或者 ADR 课程，“从 1992 年到 2002 年，美国法学院开设的争议解决类课程数量急剧增加”[⑤]。根据美国律师协会（ABA，American Bar Association）2004 年公布的调查数据，在 2002 年，美国全部 150 所被 ABA 认可的法学院中有 140 所教授争议解决类课程，其中 120 所既有 ADR 课程，又有调解和协商课程。[⑥]

---

① http：//law. pepperdine. edu/straus/about/faculty/.

② http：//law. pepperdine. edu/straus/academics/curriculum/.

③ http：//law. pepperdine. edu/straus/academics/mediation-clinic/.

④ http：//www. law. columbia. edu/center _ program/adr/mediation.

⑤ Bobbi McAdoo，Sharon Press，and Chelsea Griffin. It's Time to Get It Right：Problem-Solving in the First-Year Curriculum，39 WASH. U. J. L. & Pol'y 39 (2012).

⑥ John Lande & Jean Sternlight. The Potential Contribution of ADR to an Integrated Curriculum：Preparing Law Students for Real World Lawyering，25 OHIO ST. J. ON DISP. RESOL. 247，266-77 n. 101 (2010).

美国调解的研究深入还表现在调解技术与其他学科的融合上，比如美国法学院的课堂经常应用到心理学。而调解实践部门也很重视应用多种学科的原理进行调解，位于波士顿布鲁克林的调解集团就在应用心理学调解方面独具特色。调解集团的业务有一项有特色的地方在于它有专业的心理学分析师，在处理各类案件的时候经常采用心理学方法帮助分析和调解纠纷。霍洛罗夫夫人和威兹曼博士是调解集团的专业分析师，两人都有心理学教育背景和多年的心理医疗或者咨询经验。霍洛罗夫夫人还受过专业的社工培训并长年担任志愿社工。根据霍洛罗夫夫人的介绍，一般来说对于调解集团受理的婚姻家庭纠纷，她或者威兹曼博士都会运用心理学的方法协助调解员分析和解决问题。在公司或者其他机构进行培训的时候，基本的心理学知识以及相关技巧是常见的培训内容。在调解集团的业务中，涉及心理学应用的占到了30%以上。

荷兰的调解研究也较为发达，荷兰调解协会1997年创办了调解杂志(Journal of Mediation)，后来又创办了ADR信息通报（ADR New Letters)，每年出版8期，其读者包括荷兰调解协会的会员以及法官、律师、学者等。莱顿大学、马斯特和里特大学等荷兰高校也都相继开设了调解、ADR等课程，讲授调解的理论，也进行调解技能培训。澳大利亚的调解科研和教学也相对领先，邦德大学、悉尼大学、墨尔本大学的法学院均开设了调解、谈判、多元化纠纷解决的课程，其中邦德大学法学院作为澳大利亚最好的法学院，在纠纷解决方面开设了15门课程，娜嘉·亚历山大就是（原单位昆士兰大学）邦德大学法学院的教授，其《全球调解趋势》一书系统地总结了世界主要国家的调解发展趋势，自出版起就在调解学术界引起很大的反响。澳大利亚天主教大学教授劳伦斯·布勒从事调解实务20多年，在美国调解-调停二分法的基础上提出了调解的四种模式：争议解决型、辅助型、治疗型和评价型的调解模式，引起了国际关注。[①]大陆法系的德国，虽然其调解实践的时间较短，发展状况也不如英美法系国家，但是德国调解的科研教学已经起步，初步获得了一些成绩。虽然德国大学的法学院不愿意开

① 娜嘉·亚历山大主编．全球调解趋势：2版．王福华，等译．北京：中国法制出版社，2011：39. 另布勒教授的科研情况参见 http：//www. acu. edu. au/about _ acu/ faculties， _ institutes _ and _ centres/law _ and _ business/school _ of _ law/meet _ our _ staff/laurence _ boulle.

设调解课程，但是大学的其他学院（比如社会学系、心理学系）面向研究生专门开设了调解培训、教育和认证的课程；德国也有私人机构提供数百学时的调解技能培训课程等。

现代西方调解肇始于美国，在西方各国中，美国调解的实践最为发达、美国调解的研究也最为深入。受到美国影响，世界主要西方国家包括英国、德国、法国、澳大利亚、荷兰等都开始重视和推进调解工作。现代西方调解从理论上可以分为利益导向型调解（即辅助性调解）和实体导向型调解（即评估性调解），后者有时又被称为调停。现代西方调解的主要理念有：调解优先、着眼未来、调解中立和调解共赢；现代西方调解的原则有：调解自愿、调解中立和调解保密原则。现代西方调解实践的发达主要表现在：多种调解机构的设立和运作、调解业务市场日趋广阔、较为完善的调解职业规制、高水平的现代西方调解科研与教学。

第三章　我国传统调解制度的发展概况

我国传统调解文化历史悠久，底蕴深厚。早在远古时期，我国古代社会的人们在日常生产生活的过程中，为了解决各种纠纷和矛盾，促进社会的和谐与稳定，往往通过第三人，以斡旋或者劝说的方式进行调处，从而化解彼此矛盾，并且有效地避免将来再次发生类似矛盾与纠纷。我国传统调解当中蕴含着古代中国人民高超的调解技巧与智慧，它不仅对当时和后世的中国产生重要影响，而且传播至域外生根发芽，对域外相关国家调解制度的建构与发展起到了重要的推动作用。

第一节　我国传统调解的历史阶段与影响因素

我国传统调解的历史阶段与影响因素是我们了解中国传统调解文化与制度的基本前提。我们可以时间为主线，将我国传统调解划分为三个主要阶段：萌芽阶段、发展阶段和成熟阶段。而我国传统调解的影响因素则包括地理环境、经济基础、社会结构和政治体制等几个主要方面。以下对此分别予以说明。

一、我国传统调解的历史阶段

我国传统调解的主要历史阶段大致可依时间顺序划分为萌芽阶段、发展阶段和成熟阶段。萌芽阶段是指中国传统调解开始产生并逐渐成形的时期，它从尧舜禹时期开始直至春秋战国末期；发展阶段则指传统调解在成形之后不断成长并逐渐走向成熟的阶段，它始于秦朝，终于唐朝；成熟阶段是指传统调解经过长期发展之后，各项制度已趋完善的阶段，它从宋朝开始，一直延续到明清。

（一）萌芽阶段

我国传统调解的萌芽阶段指的是我国传统调解开始产生并逐渐成形的时期。根据现有资料记载，这一阶段最早可以追溯到尧舜禹时期，中间经历奴隶制社会的夏商周，一直到春秋战国末期。尧舜禹是古代传说中的部落首领，大约生活在公元前4000～公元前3000年，距离今天约6 000～5 000年。《史记》中曾经记载了舜帝调解历山、雷泽和黄河沿岸居民纠纷的故事。

> 舜耕历山，历山之人皆让畔；渔雷泽，雷泽上人皆让居；陶河滨，河滨器皆不苦窳［yǔ］。一年而所居成聚，二年成邑，三年成都。[①]

按照现代调解学的观点来看，舜解决矛盾的这种方式可以说是典型的、榜样式的“调解”，即以身作则，率先垂范，通过自身的实践，以崇高的道德来感化当事人。这种调解手段并非一般人所能运用，它往往出现在一些有很高道德水准同时拥有大智慧的人身上。

在我国传统调解的萌芽阶段时期，社会结构的主要形式以远古部落联盟为主，没有所谓阶级、国家和法律。社会的控制管理主要通过传统和风俗，部落联盟内部人们之间纠纷的解决主要方式为协商和调解。

值得指出的是，到奴隶制社会的西周时期，调解有了明显进步。尤其需要注意的是，这时出现了专门负责调解事务的官员——“调人”。这一官员的职责在于专门解决普通民众的纠纷，促进社会和谐。它标志着我国历史上有明确而具体记载的调解制度始于西周。

春秋时期著名的儒家先贤孔子极力主张通过调解来解决人们之间的纠纷。他曾说过一句名言：“听讼，吾犹人也，必也使无讼乎！”[②] 意思是说，如果让我来审理案件，我的目标在于通过我的审理使得将来不再有诉讼发生。

---

① 史记·五帝本纪．

② 论语·颜渊．

（二）发展阶段

我国传统调解的第二阶段为发展阶段，它始于秦朝，终于唐朝，中间经历两汉、三国、南北朝和魏晋等。在这一阶段，儒家思想逐渐占据统治地位，礼治和道德教化开始成为中国传统调解的指导思想。如前所述，春秋末期著名思想家孔子创立的儒家学说是孔子进行调解实践的指导思想，孔子终其一生追求“克己复礼”，周游列国，推广其思想学说。因为，在他看来，只有尊崇礼治，强调道德教化才是国家治理的王道，虽然见效较慢，但却能持久。只不过，这一思想在出现之初并未得到各国君主的足够重视，直到秦朝灭亡，汉朝建立之后的西汉中叶才开始确立起统治地位，并且在此之后，成为中国传统调解最重要的思想基础。

秦朝虽然奉行“以法治国”，但其县以下的基层组织仍然通过调解方式解决大量纠纷。西汉建立之初吸收和借鉴了秦朝的法律制度，同时吸收了秦朝在政治架构和基层组织设置上的经验，在其乡诉讼中也大量运用调解手段。西汉初期采取“黄老思想”①，奉行无为而治，这为西汉民间调解的盛行提供了前提条件。西汉中叶以后，以董仲舒为代表的儒家学者提出“罢黜百家，独尊儒术”的口号，得到君主的赏识，使得儒家思想跻身封建社会的占统治地位的正统思想，这为调解的大范围推广和应用奠定了政治和思想基础。

唐代对调解的运用也非常广泛，尤其是在县以下的基层诉讼中。对于乡里所发生的诉讼纷争，首先由基层的里正、村正和坊正进行调解，他们有权处理地方上的民事案件和轻微刑事案件。此外，当时的州县官员在审理案件时也经常进行调解。比如当时有名的一个地方县令韦景骏，他在审理一件母子相讼的案件时痛哭流涕，最后给了他们一本《孝经》，让做儿子的好好学习怎样孝敬父母的大道理。于是那母子俩很感动，儿子也很惭愧，请求回家悔过自新，后来就成了一个大孝子。韦景骏通过亲身经历来说理

① “黄老思想”是中国战国时的哲学、政治思想流派，它尊传说中的黄帝和老子为创始人，故得此名。在社会政治领域，黄老之学强调“道生法”，认为君主应“无为而治”。道家重视成败存亡的历史经验，主张清虚自守、卑弱自持，所以它适应了农民战争后的政治形势，满足了恢复生产、稳定封建秩序的需要。

劝导，有效化解了母子相讼这一民间纠纷。[①]

（三）成熟阶段

我国传统调解的成熟阶段从宋朝开始，一直延续到明清。

这一时期是我国传统调解制度发展的关键时期，调解发展迅速，日渐成熟完善。作为化解纠纷的重要手段，调解在法律中得以明确规定，官方对此予以大力推广，并在各类诉讼中广泛运用。而在这一阶段中，宋朝是最具代表性的朝代，有必要对此予以重点讲述。

宋朝的商品经济非常发达，资本主义的萌芽开始出现，对内和对外的经济交往都非常多。经济的发达必然导致彼此经济利益矛盾和冲突的增加，也由此使得诉讼成倍增长。而商品经济的发展却要求争讼的解决要有效率，不能久拖不决。这些都直接促进了调解的迅速发展。除了经济上的因素外，宋朝调解的成熟还与当时的选官制度及社会风气有关。由于科举制度的发达，宋代地方官员及司法官员大多是读书人，深受当时程朱理学的影响。传统儒家思想深入人心，其中关于和谐及无讼的理念对司法官员影响很深。宋朝的地方官都以劝解息讼为从政之要务，在面对民众的纷争时，加强教化，尽量不通过法律手段来解决。

元朝的调解制度有了迅速发展，调解被明确规定在法律当中要求官员们遵守适用。元代的《通制条格》中有专门的“理民”条，对调解作出了专门规定。[②]

明朝的调解制度极为发达，乡诉讼是此时的一大特色。[③]早在洪武五年，朱元璋下令在各省设立申明亭，其功能主要是申明教化。此后，在洪武三十年，明朝又颁布了《教民榜文》，对乡诉讼作了详细规定，《教民榜文》张挂于申明亭，申明亭是进行乡诉讼的场所。明中后期，各地推行“乡约”制度，每半月一次集合本里人，宣讲圣谕，调处半月来的纠纷，由约吏记录，如当事人同意和解，记入“和簿”，不同意者可起诉至官府。[④]除了基层的乡诉讼外，州县衙门在受理当事人陈告的过程中，也尽量地运

---

① 新唐书·循吏列传.

② 通制条格·卷十六·田令.

③ 那思陆．中国审判制度史．上海：上海三联书店，2009：189.

④ 张晋藩．中国法律的传统与近代转型．北京：法律出版社，1997：283.

用调解手段。

清代统治者对于调处息讼非常重视，历任皇帝在其发布的各种“圣谕”中，都对调处息讼作了宣扬。从顺治的《圣谕六条》到康熙的《圣谕十六条》，再到雍正的《圣谕广训》，都是如此。地方州县官也常常发布各种劝民息讼的告示。不过，清律并未规定调处息讼是必经的法律程序，对于调处息讼适用的条件、范围和程序等事项，清律并没有作出明确的规定。尽管如此，清朝在司法实践中，对于民事案件及轻微刑事案件，多予调处和息。不仅如此，清末制定的《大清民事诉讼律草案》中也出现了以调解结案的规定。

二、我国传统调解的影响因素

我国传统调解的影响因素可从地理环境、经济基础、社会结构和政治体制等几个主要方面来分析。其中，地理环境是指一定社会所处的地理位置以及与此相联系的各种自然条件的总和；经济基础则指以社会核心生产力为基础的经济结构的总和；社会结构一般指的是一个国家和地区经济、政治、社会等各个领域多方面的机构状况；政治体制指的是一个国家的政府组织结构和管理体制。

（一）地理环境

地理环境是指一定社会所处的地理位置以及与此相联系的各种自然条件的总和，包括气候、土地、河流、湖泊、山脉、矿藏以及动植物资源等。我国所具有的独特地理环境是影响我国传统调解的重要因素之一。

我国位于东亚大陆，地处欧亚大陆东侧。东南部濒临世界最大的海洋——太平洋，西北部则深入欧亚大陆中心，是典型的大陆-海岸型国家。中华民族所生活的东亚大陆，周边有许多天然的地理屏障：东边是茫茫无际的太平洋，在航海技术尚不发达的中国古代，这被视为畏途；西南部为青藏高原，这是世界屋脊，是难以跨越的天然屏障；北临漫漫戈壁，远远望去，尽是一片荒凉景象；西北部则为浩瀚的沙漠和雪山，千里黄沙令人望而却步。这样的地理环境使得中国对外的交通不太发达，呈现出与外部世界相对隔绝的状态。除了地域辽阔之外，由于地形、地貌的复杂多样，中国气候的种类也非常丰富。中国的气候带类型多样，虽然大部分区域属温带，但也有相当数量的亚热带、热带和亚寒带区域。这么一种完备的气候带，奠定了中国农业经济多样化的地理基础。

由上可见，我国的独特地理环境使得我国传统调解文化不太容易中断，具有延续性特征；与此同时，我国地理环境的多样性和相对封闭性也会对我国传统调解产生相应的影响，也会使得我国传统调解文化具有一定的保守性，不太容易随时间而发生变化。

（二）经济基础

经济基础是指以社会核心生产力为基础的经济结构的总和。在整个人类社会实践活动中，最为重要的还是人类的经济活动。在特定的自然条件下，不同国家和民族发展出适合本民族特点的物质生产方式，而正是这种物质生产方式为本民族文化奠定了经济基础。我国传统调解文化深受我国社会经济基础的影响与作用。

农牧经济与游牧经济是长期作用于我国传统文化的两种重要经济类型；与此相应，分别产生了历史悠久的农耕文明和游牧文明，它们共同成为中华文明的有机组成部分。但就我国历史整体而言，以家庭为单位、农业与个体手工业相结合的自给自足的小农经济是我国古代社会的经济基础。

在小农经济模式下，农民在土地上精耕细作、不断改进农具和耕作技术，这种经济模式具有很强的内部稳定性、保守性和排他性。在中国这样以小农经济为经济基础的农耕社会中，人们大都被固定在他所从事耕作的土地上，靠天吃饭，“日出而作，日落而息”，过着稳定而自足的生活。人们安土重迁，彼此之间都存在着或近或远的各种血缘、亲缘或地缘关系，彼此之间的生活方式和交往习惯都非常熟悉。传统农业崇尚经验，年纪较大的人往往阅历丰富，能够解决农业生产中的实际问题，所以他们往往成为民间纠纷的调解人和仲裁者，从而逐渐成为具有崇高权威的乡村长老。由于人与人之间都是一种长期共处的熟人关系，这使得中国传统调解在实际运行过程中，非常重视情理、重视和谐，彼此相互忍让，大量地通过非诉讼方式来解决日常纠纷。

（三）社会结构

影响我国传统文化的另一重要因素是社会结构，它一般指的是一个国家和地区经济、政治、社会等各个领域多方面的机构状况。在阶级社会，阶级结构是理解其他群体的地位和作用的基础，阶级关系决定着整体社会和各个社会群体的发展方向。

就我国历史总体而言，对我国古代社会结构影响最为深远的，还属从西周开始确立的宗法等级制度。宗法，是指一种以血缘关系为基础，标榜尊崇共同祖先，维系亲情，而在宗族内部区分尊卑长幼，并规定继承秩序以及不同地位的宗族成员各自不同的权利和义务的法则。[①] 它孕育于商代，定型于西周。宗法伦理原则的核心是“亲亲”与“尊尊”。“亲亲”指的是要亲近应该亲近的人，“尊尊”指的是要尊重应该尊重的人。血缘亲情是这两者间最核心的因素。

宗法制对我国传统社会结构的主要影响表现在：第一，父系、单系、世系原则广泛推行。这意味着女性成员在血缘集团世系排列上的地位被排斥。在世界各国中，我国对此是最为坚决的。第二，家族制度长盛不衰。族权在我国传统社会中长期具有强大的社会影响。它同时与国家政权和地方绅权紧密结合，在很大程度上还承担了地方治理的职能。第三，“家国一体”。这又称“家国同构”，指的是家庭、家族与国家在组织结构方面的同一性，家是国的微缩，国是家的扩大。在家庭或者家族之内，家长或族长地位最尊，权力最大；在一国之内，则君主地位最尊，权力最大。国是大家，君主被视为百姓之父母；家是小国，家长被视为家内的君主。在一国之内，臣子事君以“忠”；在一家之内，子女应以“孝”侍奉父母。

在古代中国宗法制的影响下，传统中华文化对于血缘亲情极端重视。血缘关系成为维系人们日常生活及人情交往活动的关键之所在。在宗法制度影响下，传统中华文化非常重视协调人伦情感，因为人们都生活在一张由血缘关系编织而成的巨大人情关系网中。情感甚至成为人们价值判断的唯一标准。

（四）政治体制

政治体制一般指的是一个国家政府的组织结构和管理体制，在不同的历史时期，不同的国家和地域，政治体制都不尽相同。政治体制对一个国家和民族的文化发展也会产生重要影响。就中国的政治体制对传统调解文

---

① 阴法鲁，许树安．中国古代文化史．北京：北京大学出版社，1989：82.

化的影响来看，其中最值得关注的还是封建君主专制主义中央集权制度，及受其影响下的所谓“双轨政治”的权力结构。①

君主专制指的是国家最高权力在实际上或名义上掌握在君主个人手中，君主终身任职并且实行世袭制度的政权组织形式。君主专制是指决策的方式，它强调君主个人权力至高无上，国家大事由其个人独断。中央集权制度是指一种政治体制，它是指全国的政治、经济和军事等权力集中于中央，地方受命于中央，地方长官只能在允许的范围内行使自己的权力，强调中央对地方的统治。这两者的结合构成了我国古代政治制度的基本特点。二者相辅相成，后者是前者的前提和基础；前者是后者的必然产物。其目的都是从政治制度上保证中央政府的权威和君主个人的权威。皇权的至高无上是君主专制主义中央集权制度的根本特征。概括来说，中国的君主专制萌芽于战国，建立于秦朝，巩固于西汉，完善于隋唐，加强于北宋，发展于元朝，强化于明清，结束于辛亥革命爆发。

所谓的“双轨政治”是由著名学者费孝通先生在20世纪三四十年代所提出来的一种理论。在他看来，传统中国社会的治理是通过两条平行的轨道进行的：一条是自上而下的中央集权的专制体制的轨道，它以皇帝（君主）为中心建立一整套的官僚体系，由官员与知识分子来实施具体的治理，最后可以到达县这一层（“皇权不下县”）；另一条是基层组织自治的轨道，它由乡绅等乡村精英进行治理，绅士阶层是乡村社会的实际“统治阶级”，而宗族是士绅进行乡村治理的组织基础。② 时至今日，“皇（国）权不下县，县下行自治”依然是学界对于传统社会乡村治理方式的最流行的看法。③ 有学者将之概括为非常经典的一句话：“国权不下县，县下惟宗族，宗族皆自治，自治靠伦理，伦理造乡绅。”④ 皇权自上而下，通过中央集权体制对地方乡村产生作用；以地方乡绅为代表的绅权在乡村社会通过与州县衙门进

① 关于“双轨政治”，可参见费孝通．乡土中国．上海：上海人民出版社，2007：275-293；黄杰．“双轨政治”：对当代中国政治形态的一种尝试性解释//太平洋学报，2011（5）.

② 费孝通．乡土中国．上海：上海人民出版社，2007：275-293；黄杰．“双轨政治”：对当代中国政治形态的一种尝试性解释．太平洋学报，2011（5）.

③ 郑卫东．“双轨政治”转型与村治结构创新．复旦学报（社会科学版），2013（1）.

④ 秦晖．传统中华帝国的乡村基层控制：汉唐间的乡村组织//黄宗智主编．中国乡村研究第1辑．北京：商务印书馆，2003：3.

行利益诉求和讨价还价，达成协议，从而实现皇权与绅权的平衡与稳定，这就形成了所谓的“双轨政治”。

传统中国的州县官员具有多重角色，具有非常宽泛的职权。传统中国实行高度集权的政府体制，并无西方近代意义上的行政权、司法权和立法权相分离的分权体制。县官对于县域内的一切社会事务，什么都得包、什么都得管。传统中国的地方司法素来是由行政兼理的，州县官员不仅要承担庞杂的行政职能，还要处理大量的法律纠纷与民间矛盾。不过，古代州县官员在享有诸多权力的同时，还负有诸多的责任，上级政府对他们设置了繁多的考核制度。在此情形下，调解成为州县官员解决民间矛盾与纠纷的首要选择，这既能使大多数争议尽可能在基层得到解决，同时也减轻了州县政府的财政负担。使用调解这样的纠纷解决方式可能是维护整个司法体系运转的高效率、低负担的办法。

第二节　我国传统调解的基本理念与调解依据

我国传统调解的基本理念与调解依据是传统调解文化的重要内容，很能体现我国传统调解独特的文化特质。我国传统调解的基本理念是传统调解在其产生、发展和成熟的过程中，通过不断摸索和实践所形成的一些指引中国传统调解进行的价值取向、思维观念等。

我国传统调解的调解依据则指的是在我国传统调解运行过程中，调解结果所赖以实现的根据。从我国传统调解的实践来看，我国传统调解的依据呈现多元化特征。

一、我国传统调解的基本理念

我国传统调解的基本理念主要包括：息事宁人、追求平衡、和谐为本、教化优先和顺应人情。它们共同作用并指引着我国传统调解的进行，又通过实践而不断得以强化。

（一）息事宁人

“息事宁人”就是平息争端，大事化小，小事化了，从而使事情得以结束。这是我国古代调解中的重要理念之一。因为，对调解者来说，他们介入纠纷调解最重要的目的就在于平息争端，防止矛盾激化、影响社会安宁。明断是非固然重要，但与息事宁人相比较，它并非主要目的。“息事宁人”的理念不仅体现在民事纠纷的民间调解中，也同样体现在官方对民事案件及轻微刑事案件的处理过程当中。

由于调解人习惯采用息事宁人的做法以解决争端，它从表面上往往给人一种“和稀泥”或者“各打五十大板”的印象。其实，如果从社会治理的角度看，任何一个政权都会尽最大能力去化解社会纠纷，绝不会听之任之，否则，纠纷一旦激化，必将导致社会不稳，并破坏社会安定，从而威胁政权的存续。在传统中国，长期以来所形成的封建君主专制政体为了有效地治理这个庞大的帝国，出于效率和诉讼成本的考虑，从中央到地方的各级政府都尽可能地采取各种手段迅速有效地化解纠纷，了却事端。

“息事宁人”在法律方面的表现就是轻视诉讼的地位与作用，主张“无讼”。它对于事实真相究竟如何并不太重视，强调的是如何把事情压下和摆平。历朝历代，无论是官方还是民间皆以“息事宁人”作为处理民事纠纷和轻微刑事纠纷的基本态度，纠纷本身的是非对错与解决纠纷的方式手段则不是考虑的重点。

“息事宁人”可以较快地平息纠纷、化解矛盾，但是在追求这一目标的过程中，调处人会忽视对事实真相的挖掘与当事人是非对错的判定，采取的手段也不一定合乎公平的要求。“息事宁人”的做法虽能取得短暂地平息纷争的效果，但它可能不辨是非对错或者漠视正当的诉讼程序，从长远来看，它有可能助长刁横无理之人的嚣张气焰，矛盾有可能在将来再次发生。

（二）追求平衡

所谓追求平衡指的是，在我国传统调解中，调处人全面考量争端各方当事人之间的具体情况、特定需求和彼此利益，制定出能够适当兼顾各方主体利益的解决方案，供各方选择使用。在这一过程中，调解人可能会采取劝说或者引导的方式，寻求当事各方都能接受的方案；当事各方相互妥协，放弃自己的某些当前利益，着眼于长远利益，从而使得纠纷平息，并恢复当事人各方主体间正常的人际关系。

一般来说，为了实现平衡，调解人会着力寻找一个双方当事人都能接受的平衡点，然后以此为基础，双方在利益上各有进退，相互妥协，这才能实现纠纷的解决。调解人通过自己的调解活动力图使各方明白，除了当前利益之外，还存在某种更为长远、更为重要的利益，只有通过彼此的妥协和退让，这种重大利益才能得以实现。从我国传统调处的实践来看，人们一直将追求平衡当作我国传统调解的基本理念。

（三）和谐为本

和谐是指由于人的主观能动性和积极参与，事物内部矛盾呈现良好的对立统一状态，因此使事物能协调地生存与发展。和谐包括人自身的和谐，人与人的和谐，人与社会的和谐及人与自然的和谐。① 和谐一直是我国传统文化的核心理念。

人际关系的和谐首重家庭关系的和谐。如前所述，“仁”是儒家思想的核心，儒家关于“仁”的学说主张“仁者爱人”，以“中庸”为路径，以“礼”为行为规范，通过“恕”道来推行人伦教化。在家庭内部，必须做到父慈子孝、夫正妻贤、兄友弟恭，方可实现家庭和谐。除此之外，孟子还将几种最典型的社会关系概括为五伦：“父子有亲，君臣有义，夫妇有别，长幼有序，朋友有信”②。无论哪种社会关系，人与人的相处过程中都必须秉持一个基本的交往原则：己欲立而立人，己欲达而达人；己所不欲，勿施于人。③ 这是说，自己希望成功和实现的东西，也希望他人成功和实现；自己不愿承受的事也不要强加在别人身上，在你要求别人做什么时，首先自己本身也愿意这样做，自己做不到，便不能要求别人去做到。只有做到了上述内容，整个社会人际关系之间的和谐自然才能得以实现。

（四）教化优先

教化在我国传统调解文化中一般指的是儒家所提倡的政教风化或者教育感化。历朝历代都对此给予高度重视，并且采用多种手段进行教育感化，以减少纠纷和争端的出现。这些手段包括无形和有形的各种手段，不仅有皇帝的劝谕和地方各级官员的宣讲引导及身体力行，还有立功德牌坊、设

---

① 关于和谐价值取向，可参见刘军平．中国传统诉讼之“情判”研究．北京：中国政法大学出版社，2011：142-151.

② 孟子·滕文公上．

③ 论语·颜渊．

立申明亭及发布教民榜文等各种形式。这些手段和形式通过将深刻的道理和重要的做人准则，贯穿于官员的日常政务和百姓的平凡生活，从而起到潜移默化、达事明理的效果。从稳定社会秩序这一角度来说，推行教化不仅直接化解了民间纠纷，还间接地起到维护政权稳定的作用，因而颇受推崇。

教化具有不同于政治、司法或者行政的独特之处。具体来说，它包括：第一，作用的非强制性。教化通常以教育和说服劝导为主。第二，手段的综合性。教化并不是简单的说教，而是综合运用多种社会因素，其手段包括皇帝的劝谕与宣讲、里甲老人的教导和家族亲邻的劝说等；不仅如此，在教育感化的同时，还辅之以法律惩处，这样就更能实现教化的预期目标。第三，效果的长久性。教化的作用时间长，见效慢，但它作用于人的价值观念等核心意识形态，一旦开始产生影响，其效果将逐渐加强，并日益稳固长久。

（五）顺应人情

顺应人情指的是在我国传统调解中，要依据情或情理进行调处，讲究以情待人、以情感人、以情服人。此处所指的“人情”包含亲情、友情、爱情、同学情、同乡情和师生情等各种类型，以及在长期的生活实践中为人们所认同的各种人之常情。概括来说，它包括人际关系赖以存在的各种情感。

如前所述，早在夏商周时期，由于家国一体及血缘关系的至关重要，在人们日常纠纷解决中，亲情伦理的色彩极为浓厚。自汉朝中叶开始，法律儒家化运动使儒家学说逐渐成为政治生活中占据统治地位的指导思想，儒家思想对亲情血缘关系极端重视，司法实践受其影响颇深。唐律“一准乎礼”，其制定和实施标志着中国法律儒家化的最终形成，也标志着情对司法实践的作用最终得到承认。此后，宋元以至明清的各朝法律基本沿袭唐律的精神。

二、我国传统调解的调解依据

我国传统调解的调解依据主要包括：风俗习惯、家法族规、乡规民约、行帮规章、国家法律和天理人情。不过，在不同的调解类型或者实际案例中，调解所运用的依据各有侧重。

（一）风俗习惯

风俗习惯指的是一定社会文化区域内历代相传并由当地人们共同遵守的行为规范，它对社会成员具有很强的制约作用。风俗习惯产自民间并由普通民众在长期的生活、劳作、交往和利益冲突中自发创造，它普遍适用于当地民众，遵循特定的风俗习惯已内化于当地民众的日常生产与生活之中。我国有句俗语："百里不同风，千里不同俗"，这句话恰当地反映了风俗因地而异的特点。风俗是一种社会传统，某些流行的时尚、习俗，经过长久的变迁后，其中不适宜的部分，也会随着历史条件的变化而改变，所谓"移风易俗"正是这一含义。

我国传统的风俗习惯涉及方方面面，尤以民事领域的风俗习惯在我国传统调解中应用较广。这些习惯和俗例往往成为调解依据的首要选择。如《元史》所载胡祗遹"息骨肉讼"之例，称"祗遹选郡子弟，择师教之，亲为讲论，期变其俗，久之，治效以最称"[①]。这是说胡祗遹在日常为官时，注重观察并改善风俗，取得了良好效果。在民间百姓发生争讼时，这些良好风俗习惯往往被用来感化教谕民众，使得纠纷得以解决。

（二）家法族规

家法族规指的是家族之内用以维护家族正常秩序的行为规范，其目的在于约束家人族众。对于家庭宗族内部的争端来说，它往往是重要的调解依据。

最迟在殷周时期，就出现了调整家庭关系的"宗法"，此时家法族规的主要还是一种宗族法，比较粗略。汉晋时期，家法族规得以发展，表现为家长制定用以约束家人的"家约""家训"等。唐宋开始，中国的家法族规进入规范化和法律化时期，日益发达完善。宋元以后，家法族规步入成熟期。

家法族规的制定方式多种多样，可由家长或族长制定，或由族人共同订立，也可聘请族外之人订立。家法族规在制定后，一般由族长公布实施。有的家族为了加强家法的权威性，还呈送官府批准后再施行。

---

① 元史·卷一百七十　胡祗遹传.

一般来说，家法族规的主要内容涉及祭祀、婚姻、财产、赈济和教育等多个方面。如浦江郑氏订立的家法族规，在明初辑成《郑氏规范》168条，要求族人忠孝两全，乐于助人，男女有别，不得奢侈淫逸；如果违反的话，要以责罚、鞭挞、削名、重箠和告官等手段予以惩处。

（三）乡规民约

乡规民约指的是由乡村居民们在共同商量讨论后所共同制定的，每个乡村居民都必须遵守和执行的行为规范。它虽与家法族规有一定联系，但却因有严格区别而独立存在。

历史上最早的乡规民约可能是北宋吕大钧于公元11世纪中叶所制定的《吕氏乡约》。该乡约以通俗的语言规定了处理乡邻之间关系的基本准则。南宋时期的理学大师朱熹对《吕氏乡约》作了一些有益删减，修成《增损吕氏乡约》。明朝最高统治者朱元璋极力推动乡规民约的发展，颁布了“圣谕六条”。此后，乡规民约日渐成熟完善，在部分地区甚至盛极一时。其中，明代中后期王守仁所制定的《南赣乡约》影响很大。明清时期的乡规民约对维护当时既有的乡村社会秩序、维系国家与乡村社会的良性互动关系，以及保持乡村社会的稳定，起到了重要的作用。

乡规民约的文本可举明朝吕坤《乡甲约》中的《会规》做一说明[①]：

> 凡一约之人，或寺庙或公馆，或大家亭房，可容百人处所，上面立圣谕木牌一面，傍设约正、约副、约讲、约史四坐，将约众分左右二班。如所在宽敞，作板凳数条，约众论齿序坐亦可。每月初二十六日，一竿时候取齐。击鼓三声，约中择少年读书者四人为约赞，唱排班。……至日应举善恶者，亦不许给假。毕，总揖圣谕而退。仍将格叶未完事件叮咛申戒，下会定完。如约正副讲史一人有事不到，三人代之行事。

（四）行帮规章

行帮规章是我国古代行会规章和帮会规则的统称。

行会是我国古代城市商品经济中的工商业组织，它包括手工业行会和商业行会。行会的出现是因为商品经济得到一定发展后，同业之间矛盾日

① 朱铭实．中国历代乡约．北京：中国社会出版社，2005：145.

趋增加，为协调同业关系，保护各自利益，而由同业人员组成一定的联合组织。应该指出的是，我国古代的行会还包括会馆，这是在我国明清时期都市中由同乡或同业组成的团体。基于求利求财、避免冲突的天性，行会在日常争端过程中大量运用调解，从某种程度上说，行会本身就是为调解矛盾纠纷而存在的。为了有效地调解纠纷，各种行会都根据自身实际制定了相应的章程。

帮会是旧社会民间秘密组织（如青帮、洪帮、哥老会等）的总称。从清初以来，我国先后出现了天地会、哥老会、洪门和青帮等秘密组织。这些秘密组织为了自身的生存与发展，也纷纷制定了严明的帮规，用以约束帮会会众及解决内外之间的矛盾与纠纷。

如：

> 青帮立有十大帮规：一不准欺师灭祖，二不准藐视前人，三不准扒灰捣拢，四不准奸盗邪淫，五不准江湖乱道，六不准引法代跳，七不准绞乱帮规，八不准以卑为尊，九不准开闸放水，十不准欺软凌弱。
>
> 洪门的纪律则主要是三十六誓，包括："洪家兄弟以忠孝为先，不可伤碍父母"，"不得恃强欺弱，争亲占戚"，"不可恣辱洪门内之妻女"，"和睦乡里、伯叔、兄弟、姊妹一切等亲，不得忤逆"等。[①]

（五）国家法律

国家法律是指由国家制定或认可的各种行为规范，它具有国家强制力，必须为全社会共同遵守。国家制定法是我国传统调解的另一重要依据。无论是官方调解还是民间调解，都以国家法律作为重要的调解依据。不过，与前述我国传统调解的其他依据相比较，作为调解依据的国家法律主要指的是民事法律规定，尤其是涉及所谓"户婚田土"之类的婚姻、土地及财产之类的法律规定。这些规定无论是数量还是范围都很有限。不过，这并不代表国家法律在传统调解中无足轻重，相反，作为调解依据的国家法律其实非常重要。一方面，它是其他调解依据在解决纠纷时必须参照的重要标准，"情理法"的结合是调解成功的重要表征；另一方面，国家法律是调解顺利进行的重要保障，尤其在"官批民调"中，官府将案件批示给民间

---

① 周育民上编，邵雍下编．中国帮会史．武汉：武汉大学出版社，2012：210-211.

进行调处后，民间必须将调解结果向官府禀报，这实际上也能促使我国传统调解取得良好效果。

（六）天理人情

天理人情是我国传统调解中最值得重视的依据之一，它的应用极其广泛。

通俗来说，天理人情意指天然的道理和人之常情。“天理人情”一词常与“国法”相提，是我国传统诉讼及调解中最常用的几个名词。①

由于国家法律从本质上应当符合一般的自然法则和社会规律，并顺应人情，因而“天理人情”与“国法”应当是统一的，我国传统诉讼及调解也以“情理法”的融合为最高目标。

以下举例说明：

> 兄弟饮乳②
>
> 韩思彦，字英远，邓州南阳人。……巡察剑南，益州高赀兄弟相讼，累年不决，思彦敕厨宰饮以乳。二人寤，啮肩相泣曰：“吾乃夷獠，不识孝义，公将以兄弟共乳而生邪！”乃请辍讼。

这篇文字的大意是：韩思彦，字英远，邓州南阳人。他任监察御史并巡视剑南时，益州有一大户人家兄弟俩彼此告状打官司，多年也断不了案。韩思彦为了解决这个案子，下令厨子给他们喝奶。兄弟俩顿时大悟，痛苦地咬着对方的肩头哭泣：“我们是未开化的民族，不知道孝敬仁义，你要让我们明白兄弟俩是共吃一个母亲的奶长大的啊！”二人立刻息讼撤案。

这是唐朝名吏韩思彦调解兄弟纠纷的一个案例。司法官以人之常情为依据调解纠纷并使之息讼。这里的人情指的是兄弟亲情，不过这种亲情是通过“喝奶”这一特殊手段来唤起的。

第三节　我国传统调解的主要类型

根据调解的主体不同，我国传统调解可划分为民间调解和官府调解两

---

① 在笔者看来，天理人情是非常含糊复杂的概念，其内涵并不太容易确定，由于篇幅所限，本节也不拟展开进行详细辨析，只作最普通和常用的界定。

② 新唐书·卷一百一十二　韩思彦传．

种基本类型，在这两种基本类型之外，还有一种官府和民间相结合的调解类型——“官批民调”。本节将对这三种类型的调解分别予以介绍。

一、民间调解

民间调解是我国传统调解中最为重要的类型之一，我国古代大部分的调解都是在民间进行的。具体说来，民间调解又可细分为宗族调解、邻里亲友调解（或称自行调解）和乡里调解（或称乡治调解）三种主要种类。①

（一）宗族调解

宗族调解是指家族成员之间发生纠纷时，由家长或者族长依据家法族规进行调解的一种家族或者宗族内部的解纷方式。宗族调解是中国古代民间调解中最为普遍的解纷方式之一。它以宗族首领为调解的主要主体，当家族或宗族成员之间发生纠纷时，首先由家长或族长进行说服教育，根据事情本身的是非曲直进行调处。以户婚田土为主的民事纠纷以及一些轻微的口角殴斗，往往由族长会同族中、房中耆老乡绅一起处理，处理方式以调解为主。官府对于宗族调解的结果一般都予以认可，有的朝代甚至将宗族调解入律，写入法典之中。

宗族不仅是传统社会的基层组织，还往往与国家基层政权相融合，族长或房长虽非国家任命的官员，却通常由族内辈分较高且有学识的德高望重人士担任。他们在宗族日常管理当中，不仅可以决定宗内公共事务，还享有一定的由国家授予的行政权力，对于族内的纠纷和矛盾具有相当的处置权。基于宗族的特殊属性，它极为广泛地运用调解来解决族内各种矛盾。这种调解方式往往以朝廷的各种圣谕和儒家经义为依据，以化解矛盾为目标，以血缘亲情和族长、房长的权威为手段，实现社会的和谐。许多宗族在其宗谱或者族谱中对此都有详细规定，如清代的一些宗谱②：

族中有口角小忿及田土差役账目等项必须先经投族众剖决是非，

---

① 这种划分标准可参见刘敏．论传统调解制度及其创造性转化——种法文化学分析．社会科学研究，1999（1）；梁凤荣．论我国古代传统的司法调解制度．河南大学学报（社会科学版），2001（4）；陆娓．明清乡里调解制度研究．南京：南京师范大学，2007.

② 这些宗谱转引自胡谦．清代民事纠纷的民间调处研究．北京：中国政法大学，2007，特此鸣谢。

不得径往府县，诳告滋蔓。[①]

各支如有田土、钱债细故争执，不得遽行兴讼，先应禀达族长支长，相约谒祠理讲，毋得偏袒。如理讲不服，始可到官告理。[②]

（二）邻里亲友调解

邻里亲友调解，是指在纠纷发生以后，由亲友、邻居、有威望的长辈或贤良人士等出面说和、劝导的调解方式。这种调解方式在民间极为常见。邻里亲友调解与宗族调解的最大差异在于调解者的身份不同，前者的主持人一般是异姓的亲属或者邻居朋友，后者的主持人一般是同姓族人。

具体来说，邻里亲友调解的主体主要包括三种人：邻里、异姓亲属、朋友。

先说邻里。邻里又可以细分为两类人员：第一类是“族邻”，即属于同一宗族的邻居；第二类是“街邻（地邻）”，即我们通常所说的“邻居”，指的是比邻而居的普通人。俗话说，远亲不如近邻，由于中国传统的乡土社会特质，中国农民一般都是聚村而居，人口流动很少，彼此之间非常熟悉，这就为邻里介入调解提供了可能性；同时由于乡村的相对孤立与隔绝，为了维持这么一种乡土秩序，又必须尽量减少或者化解村落里的各种纠纷。

次看异姓亲属。与同姓亲属相比较，尽管异姓亲属与当事人关系似乎稍远，但从生活实际来看，很多异姓亲属与当事人却更为亲昵，联系更为密切，这使得他们在调解纠纷时具有天然的优势，当事人易于听从他们的意见和建议。不过，这也有可能使异姓亲属作为调解人时不易于保持中立态度。这是需要注意的。这里的“亲”当中比较重要的是姻亲。据中国传统观点，婚姻乃结两姓之好，姻亲之间往往具有较近关系，这使得他们容易受邀参与纠纷调处。

再看朋友。朋友一般是指当事人双方都认识的、与当事人无亲属关系的其他熟人，这些熟人与当事各方有一定的交情，却与当事人双方没有利益的冲突，因而他们参与调解能保持较好的中间立场和公正态度，这也有助于矛盾的解决。在传统调解档案文书中，多用“亲友”一词泛指朋友介

---

① 江西南昌：魏氏宗谱·卷十一.

② 严氏族谱·卷十二　族规.

入的调解。

（三）乡里调解

关于乡里调解，学界没有一个统一明确的概念。本节认为，乡里调解是由县以下乡里等基层组织作为调解人，来调处基层民事纠纷和某些轻微刑事案件的一种调解方式。这些主体具有一个共同特点，那就是都具有一定的行政管理职权，这种职权的行使都得到了官方的默许甚或鼓励。乡里调解同其他调解形式一起共同为纠纷化解提供支持。

有关乡里调解的明确记载始于秦代。秦朝县以下的基层组织有乡，乡设三老、啬夫和游徼。三老即所谓农老、工老和商老，皆由乡里德高望重者充任，专司道德教化，调处民间争讼。汉承秦制，在基层组织的设置上也吸收了秦朝的经验。西汉时期，乡设啬夫，职司听讼。东汉时期，则略有不同，大乡设秩一人，小乡设啬夫一人，秩与啬夫均职司听讼。乡诉讼并非严格的司法审判，较多地运用调解手段。

唐代县以下官员在听讼时大量采用调解。乡里的诉讼纷争，先由基层的里正、村正、坊正调解，他们有权处理地方上的轻微刑事案件和民事案件。元代的《通制条格》中有“理民”条，对调解作了专门规定，凡是涉及户婚田土之类的民事案件，若非严重违法，都可以由基层官员通过调解来解决纠纷，以免妨碍农务。

明清时期的乡里调解制度最为成熟完善。明初的乡里调解为里长、里老调解制。如前文所述，明朝朱元璋在洪武三十年（1397 年），颁布了《教民榜文》并张挂于进行乡诉讼的场所——申明亭。明中后期，各地推行“乡约”制度，本里人每半月一次集合，宣讲圣谕，调处半月来的纠纷，约吏记录，如当事人同意和解，记入“和簿”，不同意者可起诉至官府。[①] 至清代，乡约与保甲配合，形成了一套独特的乡里调解系统。

二、官府调解

官府调解是指官府长官主持的对民事案件或轻微刑事案件的调解，是一种诉讼内的调解。一般来说，在中国古代，官府调解的主体主要是指地

① 张晋藩．中国法律的传统与近代转型．北京：法律出版社，1997：283.

方州县司法机关及其官员，适用调解的案件对象大多为涉及“户婚、田土、钱债”之类的民事案件和一些情节轻微的刑事案件。

在中国古代，县作为国家行政区的名称及设置最早出现在春秋时期。秦朝开始实行郡县制。从西汉平帝开始，开始出现州的设置。此后，州县的设置一直沿袭到明清。州县作为地方基层行政单位，其地位十分重要，州县官员被称为父母官，执掌一州县境内政令，中国历代对于州县官员的选任都非常重视。州县官员的职权极大。仅以清代知县为例做一说明，虽然其品秩不高，一般是正七品，但知县在所辖区域之内居于最高地位，地方政事，无论大小，均由其处理。不仅如此，由于中国古代行政与司法不分，行政兼理司法，因而，知县还是一县之内的最高司法长官。

此外，州县官员在司法过程中还有一些相关的司法辅助人员协助其办理诉讼、推进司法，包括属官、幕友、胥吏和差役。以清代为例，清代的幕友具有很高的地位。他们利用自己所学的各类知识及实践能力来辅佐官员，颇受尊敬。幕友除了协助官员处理纠纷外，还有一个重要作用就是约束胥吏。胥吏指的是州县衙门中办理文书及其他事务的小吏，胥吏可以获得官府所默认的各种陋规（规费），在实践中胥吏往往僭越职责而随时揽权。差役又称衙役，是指设于州县衙门之内实际处理本地区行政及司法事务的人员，他们没有官品，在州县衙门中地位最低。差役往往被称为衙蠹，不仅可以免除徭役，而且可以索取各种陋规（规费）。

通过以上介绍，我们可以看出，州县官员在整个州县官府当中处于核心地位，他们负责处理整个州县衙门的所有政务，包括司法事务。州县衙门的其他组成人员包括属官、幕友、胥吏和差役等作为司法辅助人员，协助州县主官处理和解决各种案件，这其中自然包括通常适用调解的民事案件和轻微刑事案件。此处所指民事案件多为州县自理词讼案件，大多涉及“户婚、田土、钱债”等民事纠纷，往往被官方视为“民间细故”，州县对于此类案件的处理具有全权，所以为了有效化解纠纷、解决讼累，州县主官在各类司法辅助人员的协助下通常采取调解的方式来处理。这种调解既有可能由州县官员亲自调处，也有可能发回地方，由当地绅耆或者乡邻亲友进行调处。

三、官批民调

官批民调介于官府调解和民间调解之间，是指官府在审理案件过程中，如认为情节轻微，不值传讯，或因案件有关亲族伦理关系，不便公开传讯，便着令乡保、族长或者差役等加以调处，然后报官府确认。这是一种具有半官方性质的调解，由于它介于官府的正式审断同民间的非正式调处之间，由官府和民间共同完成，故有的学者将此种调解称为“第三领域”①。

如前所述，我国传统调解既包括民间调解也包括官府调解，但这并不是绝对的。在很多情形下，当事人可能会直接将诉状递至官府，也有可能经过民间调解但仍不满意，于是继续向官府起诉；不仅如此，随着社会经济的向前发展，人们之间各种利益冲突也层出不穷，在这些情形下，官府的讼累成倍增加，于是逐渐出现了介于民间调解和官府调解之间的中间领域——官批民调。若官府批示乡保、族长调解成功，则由乡保、族长请求销案，州县官员对此予以批准并对调解结果予以确认；若调解不成，则说明案情复杂，那就会由官府对相关当事人及人证等进行进一步提讯，如确有必要，才由官府进行进一步审断和判决。

官批民调可细分为以下两种方式。②

官批民调的第一种方式是在官府受案后，如认为案件事关亲族伦理关系，不便公开传讯，于是批示将案件交付乡保、族长进行调解的一种调解模式。在这种调解模式下，乡保或族长接到批示后，便召集双方当事人进行调解，由于他们对双方当事人的争讼情况往往比较了解，故而成为官批民调的首选主持人。如果调解成功，他们必须将调解意见向官府报告，并请求销案。如果调解不成功，也须向官府说明理由及事实。应当指出的是，虽然官府并不直接参与调解，但各级司法机关尤其是州县司法官员往往会提出一些指导性调解原则。

官批民调的第二种方式是在官府受案后，批示将案件交付官府的差役协同乡保、族长共同进行调解的一种调解模式。在实践中，官批民调虽然多数是批示由乡里的乡保、族长等进行调解，但为了更好地查明案件事实，

---

① 黄宗智．清代的法律、社会与文化：民法的表达与实践．上海：上海书店出版社，2007：9.

② 荀颖．清代州县诉讼内调解模式探析．重庆：西南政法大学，2009.

有时官府还会批示由官府的差役协同乡保、族长共同参与勘明事实，调解纠纷。差役作为州县官员的属下，由他们直接参与纠纷事实的调查取证及调处，更能贯彻州县官员的调解立场，保证调解不致偏离轨道。

第四节　我国传统调解的案件种类和运作程序

我国传统调解的案件种类主要涉及“户婚田土”类的民事案件和一小部分的轻微刑事案件。“户婚田土”类民事案件主要以私权利益为标的，其内容多为土地、继承、婚姻、借贷等纠纷，故习惯上被称为“田宅户婚钱债”案件。

我国传统调解的运作程序则指的是在中国传统调解过程中，为了有效地化解各种民间矛盾和纠纷而形成的若干分阶段且相互连贯并顺次进行的主要步骤，及由此产生的相关主体之间关系的总和。

一、我国传统调解的案件种类

如前所述，我国传统调解的案件种类主要包括几乎全部的民事案件和一部分的刑事案件。民事案件涉及土地、继承、婚姻等案件，但值得注意的是，有关差役、赋税、水利等纠纷也属于民事案件之列，这些案件多发生在州县基层，因此也常被称为“ 民间细故”。传统调解所涉及的各种案例，可划分为田宅山林、钱债契约、农业生产、婚姻家庭、商业交通和轻微刑案六种主要种类。

（一）田宅山林

在我国传统社会，农田住宅和山林坟地等与普通民众关系最为密切，在他们的日常生活中具有至关重要的地位。具体来说，这些又可细分为如下几种纠纷类型。

1. 买卖纠纷

田宅山林的买卖纠纷指的是民众在田宅山林等土地产业买卖过程中因价钱、管理、占有使用等事项而产生的纠纷。

土地产业买卖过程中产生纠纷的主要原因在于：（1）盗卖。盗卖指的是卖方没有土地产业的所有权而私自将田宅山林等产业卖出，被发觉后，在盗卖方、买受方和实际所有人之间产生纠纷。比较常见的情形有子孙盗卖父祖土地产业、承租人私自盗卖所居住田宅或者耕种土地山林等。(2) 重复买卖或一产多卖。由此可产生的多个所有权人之间必然产生纠纷。(3) 产业出卖后要求回赎。土地买卖有所谓活卖与绝卖之分。前者指卖主在出卖时保留将来的回赎权，后者则指一次性出卖土地，不保留回赎权。卖主在卖出土地后，土地价格不断上涨，卖主于是与买主不断要求弥补价格差，买卖双方往往会因此发生纠纷。(4) 产业买卖中未考虑亲邻的优先买卖权。在田宅等土地买卖中，历来有所谓亲邻优先购买权，待亲邻放弃时，卖方方可将田宅卖给亲邻以外的他人。① (5) 其他。有的买卖双方会采取欺诈手段，弄虚作假，事后被发现时非常容易产生纠纷。

2. 租佃纠纷

租佃指的是土地、山林、水域占有者（主要是地主）把占有物出租给他人使用而获取物质和金钱利益。在我国古代社会，租佃现象非常常见，租佃田地过程中也非常容易发生纠纷。纠纷原因往往集中在：(1) 承租人不按期缴纳租金；(2) 承租人将田地转租他人；(3) 出租人擅自提高租金或者不按约定、提前收回出租田地并转租他人；(4) 承租人退佃时，出租人不予退还原有押租银；等等。

3. 典当纠纷

典当是指当户将其动产、财产权利作为当物质押或者将其房地产作为当物抵押给典当行，交付一定比例费用，取得当金，并在约定期限内支付当金利息、偿还当金、赎回当物的行为。对古代中国人来说，为了维持农业、手工业的再生产和解决生活急需，典当是以抵押物品形式贷得资金的最重要手段，也正因为如此，在典当过程中矛盾和纠纷也非常容易出现。对此类纠纷，调解被广泛运用。

（二）钱债契约

随着商品经济的逐渐发展以及人们日常生活中的紧急需要的增加，普通民众往往需要向他人借贷金钱，如果有不能按时还钱或者故意拖欠的情

① 胡谦．清代民事纠纷的民间调处研究．北京：中国政法大学，2007.

形，人们之间的纠纷不可避免。与此同时，为了生产生活和商业交易的需要，人们之间还需要签订各种契约，总会有某种特殊原因导致当事人不能按照契约规定及时履行，这也会使当事人之间产生矛盾。这些矛盾发生之后如不及时解决就会产生严重的社会问题，从而影响社会的稳定和谐。对此，历代统治者也大多以调解手段介入。

（三）农业生产

我国古代以自然经济为经济基础，农业是经济的命脉，农业生产可以说是农民的根本，也是国家赖以维系发展的前提，因而历代政府都对此给予高度重视，尤其重视排查解决农业生产中出现的各种矛盾与纠纷。具体来说，我国古代的农业生产包括水利灌溉、菜园经营、经济作物种植和雇佣关系等事项。

1. 水利灌溉

我国地域辽阔，有不少区域（如西北）水资源缺乏，因而比较重视水利工程的修建和管理。但这没能从根本上改变该地区缺水的境况。即使在水资源较丰富的地域，也因为水资源的大量浪费或者水利工程的不完善而导致缺水问题。为了生产和生存，人们不惜一切代价争水，经常表现为对陂渠、堰塘等水利设施使用以及用水份额分配有不同意见，因而各种纠纷层出不穷，严重影响正常生产生活秩序。

农田水利纠纷的处理过程一般来说具有如下特点：首先，由水利纠纷所在地的基层乡里组织或者乡绅耆老等进行调解；其次，如果调解不成，双方诉讼到州县官府，由官府批示再次调解，调解不成则由官府判决；最后，当事人不服，可向上级官府申诉直至向中央部门申诉。在这一过程中，州县衙门承担重任，在调解或者裁判过程中以习惯法为主要依据，兼顾风土人情。

2. 经济作物种植与菜园经营

我国传统社会农民的生活以自给自足为特色，他们不仅要从事基础的农业生产，还要经营菜园或者种植一些经济作物；在保证日常供应的同时，还可以适当买卖，从中获取一定利润，以维持生计。

3. 雇佣关系

我国古代雇佣关系是我国封建社会雇主和雇工在生产劳动中的经济关

系。雇佣关系早自春秋时期已个别出现。到了两汉，许多行业如农工商建筑运输等都有雇佣关系，不过还不常见。雇佣关系在唐宋时期有所发展，农业、手工业中都有不少。最突出的是到明清两代，雇佣关系遍及生产生活各个领域，但是在农业生产中并未成为最主要的劳动形式。尽管如此，明清时期因雇工而产生的纠纷也不少见。

（四）婚姻家庭

在我国这样一个具有悠久文化传统的国家，婚姻与家庭具有特别重要的地位。在我国传统文化观念中，婚姻被赋予了特别神圣而庄严的意蕴。家庭是指基于婚姻关系、血缘关系或收养关系而产生的由亲属所构成的社会生活单位。我国古代家庭成员众多，彼此间关系的处理非常重要。具体来说，涉及婚姻家庭的主要纠纷类型包括：婚姻缔结与解除、继承、人伦等。

1. 婚姻缔结与解除

如前所述，婚姻在我国古代社会具有特别重要的地位和作用，不过，婚姻的缔结与解除也是最容易产生矛盾和纠纷的，这主要集中在男女结婚不合要件、强行嫁娶及彩礼支付与返还等方面。

清朝名吏袁枚曾经审理过一件“石女”的案子：尤氏是一石女（也称为石芯子，民间一般用这个词来称呼先天无法进行性行为的女性），可尤氏父亲却仍以欺骗手段将女儿许配给庞飞吉，一直到同房之时才被新郎发现。新郎执意退婚，以免无后，可尤氏父亲不肯。双方诉至公堂，如仅以法律来论，法律并未规定这种情形可以退婚，但若不退婚的话，却又对男方不公平，且不利于惩处故意欺骗的女方父亲。司法官以调解手段解决这一案件，尤氏可不退婚，但应允许男方另纳小妾，以生后代。还责令尤氏父亲将所得茶礼聘金全部归还女婿作为纳妾之资。①

2. 继承

我国传统社会是一个宗法社会，极其重视继承问题。不过要指出的是，我国传统社会的继承与现代继承法中所指的财产转移不太一样，它指的是“生者对死者生前所处的社会地位及其伴随的权利义务的承袭”，是身份继

---

① 金人叹，吴果迟．断案精华——大清拍案惊奇（上下册）．福州：海峡文艺出版社，2003：83-84.

承和财产继承的统一体。在宗法制度影响下，身份继承是财产继承的前提和基础。身份继承又包括了宗祧继承和官爵继承，两者有着千丝万缕的联系。

身份继承以嫡长子继承为主要原则，即继承时以嫡长子为先，如无嫡长子，则在直系子孙中依次确立继承人。有关财产继承方面的制度，在夏商西周时是附属于身份继承的。唐朝五代时期，宗祧继承和财产继承已经分开了。宋朝时关于继承的法律制度达到封建社会的顶峰，最为完善。明朝时，身份继承和财产继承又开始结合，嫡长子继承和共同继承并存。清朝沿袭明制，身份继承分宗祧继承和封爵继承，适用嫡长子继承原则。不过这时出现了兼祧，即允许独子一人享有同宗两家的继承权。财产继承则规定诸子均分。

3. 人伦

人伦是传统儒家学说的重要概念，它指的是我国传统社会人与人之间的关系及其处理规范，特指尊卑长幼之间的等级关系。一般认为，人有五伦：父子、君臣、夫妇、兄弟、朋友。这五伦的处理规范为：父子有亲，君臣有义，夫妇有别，长幼有序，朋友有信。在婚姻家庭中涉及父子、兄弟和夫妇这三种主要关系。在这几对关系中总有不少矛盾存在，如不孝、不友、乱伦等。不过，由于这些矛盾是在一家之内，大多以调解处理。

（五）商业交通

我国传统社会虽以自然经济为主，但手工业一直在发展，尤其从唐宋以后，商业得到更迅速的发展，伴随着手工业和商业的发展，交通运输业也不断完善。出现了许多从事手工业、商业和交通运输业的人群，他们在从事相同行业的过程中往往组成相应的行会组织甚至帮会组织。随着手工业、商业和交通运输业的繁荣发展，各个不同主体之间往往会产生激烈的竞争和对立，这就会产生矛盾和纠纷。在明清时期，这种矛盾和纠纷甚至还成为当时社会纠纷的重要组成部分。具体来说，这些纠纷包括：价格纠纷、经营场所和范围纠纷、承办官府差务纠纷、争夺势力范围纠纷、获取保护费纠纷以及内部成员之间的纠纷等。

（六）轻微刑案

如果按照现代法律体系来划分的话，我国传统调解的案件种类既包括民事案件也包括一些轻微刑事案件和一些特殊类型的案件。以上所介绍的几类多为民事案件，但我国传统社会经调解的刑事案件其实也不在少数。应当指出的是，作为调解客体的轻微刑事案件大多集中在一些矛盾并非不可调和的案件类型上，比如奸罪、盗窃、斗殴或者伤害类案件。

二、我国传统调解的运作程序

具体来说，我国传统调解的一般程序包括如下几个方面：启动、调查、会商与协定。这些主要程序前后连贯、有机衔接，共同促成了中国传统调解的顺利完成并取得良好效果。

（一）启动

我国传统调解的启动指的是调解的开启和发动。我国传统调解的启动可分为官方启动、当事人启动和他人启动三种类型。

1. 官方启动

我国传统调解的官方启动指的是民间争讼诉至官府后由官府主动进行调解，包括两种情形：案件尚未受理之前的调解启动和案件受理之后的调解启动。

案件受理之前，官府基于和谐及无讼的价值取向，一般都会先进行调解，在这种情形下，司法官一般都是以儒家精神和理念进行道德感化，促使当事各方和解。除了司法官亲自进行调解之外，有时司法官认为由民间自行调处可能更为恰当，于是批示将此纠纷发回民间由宗族或乡保进行调处，调处完毕后再将结果报官府备案，此即所谓官批民调。

案件受理之前，虽然经过官府调解，当事人仍执意进入诉讼程序的，官府受理案件开始审判程序。但在这一过程中，司法官仍可根据实际情况，随时启动调解程序。经过努力，实在无法调解的，则可最终付之审判。

2. 当事人启动

我国传统调解的当事人启动指的是发生纠纷的当事人双方中的一方或者双方有调解意愿并主动邀请调解人介入纠纷的解决。受到邀请的调解人可能是街邻、宗族、会首等民间人士，也可能是官府等负有国家机构职能者。由当事人启动的调解情形所占比例不少，这种情况在古代官方判牍或者档案中有不少记载，如清代巴县档案关于纠纷调解的记载中出现了很多

"投""投鸣""投经""邀请"等字眼，充分说明了清代调解的盛行在相当程度是与当事人自行启动有关的。

3. 他人启动

我国传统调解的他人启动指的是由当事人以外的其他民间人士，如亲邻、朋友或者地方乡约等在纠纷发生后主动介入并启动调解。出于维护本地治安或者行帮秩序的需要，即使当事人各方无调解的明确意愿，相关人士也会在纠纷发生后及时介入并启动调解。在巴县档案文书中最常见的字眼是"不忍参商""邀集两造理剖""不忍坐视，再三理处"等，这些都说明了当时民间对于调解的高度重视。

（二）调查

在我国传统调解的运作中，一旦调解被启动，接下来就必须对涉讼事实和相关的证据进行调查。虽说我国传统调解以实现和谐及无讼为价值取向，因而在某种程度上对于事实真相的挖掘和认定并不像诉讼那么严格，调解人也不一定能够全身心地投入调解过程当中，但是，为了使调解能顺畅进行，往往需要做相当艰苦的调查工作。

值得注意的是，我国传统调解有时会采用一些特殊的方式进行。不过，采用特殊方式进行的调解并无一定之规，一般是调解人根据案件的实际情况，选用他认为最恰当的方式进行调解，而这种方式在常人看来往往是十分出人意料甚至匪夷所思的，如"读孝经""兄弟饮乳""兄弟同狱""命兄杖弟"等。可是调解效果却异常良好，因为它最大限度地体现了传统调解中人们的智慧，对于今天的调解也颇具借鉴意义。

应当明确的是，司法官作为调解人进行调查时可能并不一定亲自动手，而是批示由乡里组织或者衙役人员进行调查。

（三）会商

调解一旦启动并经过调查后，调解人已对纠纷的解决方案心里有数，这时就要通过会议商讨来寻找解决纠纷的最终办法。会商主要是由调解人召集各方进行会谈，既有单方会谈也有双方会谈，都是在调解人的主持下进行的。

单方会谈指的是由调解人与当事人的某一方进行商谈，了解争端发生的原因、过程与解决办法，同时传递另一方当事人的看法和意见。在时机成熟时，调解人会主持各方当事人进行双方会谈，澄清争端的某些难以明了的地方，并寻求可能的解决争端办法。在实践中，单方会谈与双方会谈可能会反复进行。需要指出的是，由于历史记录的简陋，并无更多详细资料可供佐证。但是，在我国传统调解中，会商是一个极其重要的程序和环节。

（四）协定

在我国传统调解的运作中，经过启动、调查和会商等几项程序后，紧接下来的就是协定。我国传统调解中的协定指的是调解人把事实真相基本调查清楚并通过与当事各方的会谈后，已经对纠纷如何解决形成了自己的初步看法，当事各方也对纠纷的解决有了一定的基本方案，这时就需要在调解人的主持下，召集当事各方进行协商以形成最终的解决方案。

协定的地点并无明确规定，比较随意，可能在纠纷发生的场所、当事人一方家里，也有可能在田间地头或者调解人所刻意选择的特定地点。总而言之，对协定的地点并无明确规定，只要有利于调解的顺畅进行就可以。不过，对于某些特殊类型的调解，如行会调解，地点多选择在会所或者会馆；宗族调解的地点则多选择在祠堂等地。

协定过程中调解人的语言运用及沟通技巧非常关键。民间调处多由本地亲邻等人士主持进行的重要原因在于，这些调解人都处于本乡本土，对于乡土民情有全面了解，在语言方面也易于沟通。在官批民调这种调解类型中，司法官受案后还是要批示地方乡里进行调查、调处，也正是因为乡约及亲邻进行调解具有天然的优势，而司法官多为外地人士，并不一定对当地风土人情有较多了解。

协定的手段多以劝谕、妥协为主。俗话说：清官难断家务事，调解所涉纠纷多与家庭及财产等有关，难以用非黑即白的方式来解决，往往是各自让步，因而协定的具体内容大多需要反复修改才能达成一致。

以上对我国传统调解运作的相关程序作了介绍，下面拟通过一则经典案例对调解的一般程序进行全面分析①：

息叔侄讼：

① 刘军平．中国传统情理审判中的调处和息．湘潭大学学报（哲学社会科学版），2014（6）．

单县乡绅张某，与其侄等构讼六年。藩宪委予至曹府提讯，先谕绅以“你做令十年，归，乃与侄讼，诸多违碍”，继斥其侄“汝等俱生监，何不知礼律，讼其伯，自讨死”。两造先各有畏心。

查侄父本绅胞弟，绅以出为叔后，侄降为功服。绅无子，先抚养次侄为子，教读完娶，以不才归宗。绅又抚其第三侄，更不肖，仍归宗。绅后有妾子二人。侄谓是他人儿，买两媒婆诡闹于街。一婆云：“汝何能？但能为某绅买他儿，得衣食！”一答云：“与你何干！”又以他故纵健役，带悍妇多人闹绅，并扛控于上，又贴匿名帖于城。绅故不与人交，侄结书院师及诸名人为关说。闻委予，则一夜行数百里之书信以健骡递至，乃于次日彻底讯结。

两造证多显宦子弟，皆跪而挢舌。予闻张氏邑名族，绅与弟素友爱，远宦十年，以其数万金产托弟经理。比归，弟出入簿，绅不一阅。今乃如是，是可化也。

又次日，设多座于书院，命绅及诸证两傍坐，令其三侄跪，听训法言巽语几千言。侄痛苦认罪，呼伯求救。绅亦长跪，认教子侄不谨，且亦有不善处事过。众证亦跪认不能和解，求免究辩。哭声满屋，观者如堵墙，皆感服。予乃为清理一切，重责听嘱扰闹扛控之健役，令其三侄百叩伯前，具悔过结。请于上司，上司亦服之。①

此案调解的基本程序可以分析如下：

第一，启动。当事人双方为叔侄关系，彼此缠讼已达 6 年，却依然未能解决。司法官认为这是家庭内部矛盾，还是以调解方式解决为好。不过，为了使双方有敬畏之心，主持调解的司法官将双方当事人各自教训一通，“各打五十大板”。这是传统调解中的惯用做法。州县官员不仅要进行教化，还凭借其国家公权力代表的身份给当事各方带来心理压力，为随后的调解奠定基础。

第二，调查。我国传统调解的客体一般为州县自理的“户婚田土”类民事案件和轻微刑事案件。只有了解案情事实及相关证据，才能在随后的调处中掌握更大的主动权，同时有针对性地采用恰当的调处手段来解决纠

---

① 陈重业主编．折狱龟鉴补．北京：北京大学出版社，2006：98－100.

纷。在本案中，司法官花了大量时间和精力对案件事实作了勘察和分析，做到心中有数。司法官通过调查发现，张乡绅先后将两个侄子立为后嗣，却因这两个侄子要么不才要么不肖而勒令他们归宗。众侄儿心有不甘，故意买通他人传播谣言，说张乡绅之妾后来所生之子不是亲生之子，矛盾因此越闹越大。但司法官仔细分析案情后，认为本案仍有调处余地。不仅因此案事涉家族内部关系，而且张乡绅素来友爱其弟，将家产委托其弟代管却极其信任，从不干涉。由此可见，兄弟之情和叔侄之情都有利于案件通过调处方式和平解决。

第三，会商与协定。经过当堂训谕，当事人已对诉讼心存畏惧，乐于接受调处；经过调查，案件调处人对于案件事实和相关证据也有了充分的把握。调解人随后选择合适的时间和地点，采用恰当的手段进行调处。由本案来看，张乡绅侄儿听说本案司法官接受本省布政使的指派进行审理之后，马上结交书院的老师及许多名人为之说情，有人甚至连夜加急数百里递交求情信；与之相反，张乡绅却没有与任何人说起此事，亦无从说情。基于这种情形，本案司法官决定尽快审结此案，以免横生事端。调处时间定于受案之后的第三天，调处地点定于书院，张乡绅及各证人端坐两旁，司法官命令侄儿们跪在地上，听候训示。司法官以事实调查为基础，用合乎儒家礼法的言论及谦逊和婉的言辞对侄儿进行了严厉批评。这实际上是司法官凭借自身的威权对当事人进行儒家伦理的宣讲，终于使其认识到自己的错误，众侄儿痛哭流涕，并向伯父（张乡绅）求救。见此情形，张乡绅也长跪于地，反省自己教育子侄不够严谨，处事也有不妥之处，请求原谅子侄。其他各乡邻及证人等也纷纷上场，为之说情，希望从宽解决。这种气氛下已是作出调处决定的最佳时机。本案司法官当场重责相关闹事之人，并命令侄儿向伯父叩头请饶，具结悔过。待案件调处成功之后，司法官向上司报告，上司看后也对这样一桩多年积案得以解决深感叹服。

第四章　我国现代调解的制度沿革、理念与原则

我国传统调解制度经过发展、演变，形成了人民调解、法院调解、行政调解和仲裁调解等现代调解制度。随着改革开放的不断深入，在市场经济体制下，诸多社会利益关系被重新调整，各种矛盾纠纷不断涌现。在国家、社会建立健全各种矛盾纠纷化解机制的过程中，行业调解、商业调解等新型调解不断涌现，与人民调解、仲裁调解、行政调解等一起形成了多元调解之局面。为了满足新时代人民群众多元化解纠纷的现实需要，我们认为，现代调解的发展既要汲取传统调解制度的精华，又要顺应时代的需要不断革新。现代调解制度必须打破以调解主体为标准进行分类的局面，秉承现代调解之理念，丰富调解原则的内容，不断充实完善各种调解制度，以便在社会治理现代化的过程中发挥多元调解的功能。

第一节　我国现代调解制度的历史沿革

我国调解制度历史悠久，是中华民族的优良传统之一。在古代，我国形成了“乡里调解”、“宗族调解”和“邻里亲友调解”等多种民间调解方式。新民主主义革命时期，人民调解、法院调解、行政调解逐渐形成，并在中华人民共和国成立后，进一步发展完善。伴随着仲裁制度的发展，仲裁调解日益形成。制度是历史的产物。人民调解、法院调解、行政调解和仲裁调解都有自己产生、发展和演变的过程，对这些调解的历史沿革进行梳理，有助于更好地探寻各种调解制度的发展路径。

一、人民调解制度的历史沿革

作为一种常规性纠纷解决机制，现代人民调解制度的萌芽始于共产党革命根据地建立之后的革命战争时期。自1931年至1949年的数十年，被认为是人民调解制度的形成期。[①] 共产党在根据地通过废除保甲制、进行土地革命、塑造新人等方式，削弱传统调解赖以存在的社会基础，培育由基层社会自发产生的新型社会权威，调解过程也成为贯彻党的路线政策方针、动员团结群众、注入革命话语的过程。调解的目标不仅是解决纠纷，而且还承担了政治功能。在政治斗争与武装革命的时代背景下，人民调解成为共产党进行社会治理而寻求的一种结构性替代物并逐渐成形。[②]

从制度文本的表达来看，1954年政务院颁布的《人民调解委员会暂行组织通则》（以下简称《通则》）第一次在全国范围内统一确立了人民调解组织的性质、名称、设置和工作原则等，具有里程碑式的意义，标志着人民调解制度在中华人民共和国正式确立。《通则》明确将人民调解委员会定性为在政府和法院指导下的“群众性的调解组织”，调解范围为“一般民事纠纷与轻微刑事案件”。从其形成过程不难发现，“人民调解”中的“人民”一词，是中国共产党所塑造的法律新传统。[③]

作为中国共产党走“群众路线”取得革命胜利的重要经验，人民调解于1982年被写入了国家根本大法《宪法》，为村（居）民委员会设立人民调解委员会提供了最高法律依据。1989年，国务院在1954年《通则》的基础上修改制定了《人民调解委员会组织条例》（以下简称《条例》）。与《通则》相比，《条例》将人民调解委员会界定为“村民委员会和居民委员会下设的调解民间纠纷的群众性组织”，其职责范围限缩为“调解民间纠纷”，规定企事业单位可根据需要设立人民调解委员会。

2002年9月，司法部制定的《人民调解工作若干规定》作为下位部门

---

① 陆思礼．毛泽东与调解：共产主义中国的政治和纠纷解决//强世功编．调解、法制与现代性：中国调解制度研究．北京：中国法制出版社，2001：145.

② 曾令健．政府推动型人民调解的意涵变迁（1931—2010）——法学研究的历史社会学进路．厦门大学法律评论，2016（1）.

③ 强世功．权力的组织网络与法律的治理化——马锡五审判方式与中国法律的新传统．北大法律评论，2000（2）.

规章突破了上位行政法规的限定，将人民调解的组织形式扩展为“村居两委”、乡镇街道、企事业单位、区域性行业性组织四类主体设立的人民调解委员会。其中，“村居两委”和企事业单位的人民调解委员会根据需要，可以自然村、小区（楼院）、车间等为单位，设立调解小组，从而形成全覆盖的人民调解工作网络。

2002年9月，中央办公厅、国务院办公厅转发了最高人民法院、司法部《关于进一步加强新时期人民调解工作的意见》的通知，提出要适应新形势下化解民间纠纷及维护社会稳定的需要，“巩固、健全、发展多种形式的人民调解组织”。此后，国家出台一系列规范性文件，如最高人民法院《关于人民法院民事调解工作若干问题的规定》（2004年），最高人民法院、司法部《关于进一步加强新形势下人民调解工作的意见》（2007年），最高人民法院《关于建立健全诉讼与非诉讼相衔接的矛盾纠纷解决机制的若干意见》（2009年）等，这些文件试图通过丰富人民调解的组织形式、扩展工作范围、提升调解协议效力、建立司法确认程序等方式使其重新焕发生机。

2010年颁行的《人民调解法》总结了人民调解的立法经验和制度实践，被誉为人民调解制度发展变迁的一座重要里程碑。这部法律坚持了人民调解的群众性、民间性、自治性的组织属性，进一步明确了人民调解协议具有法律约束力，并将实践中探索的“诉调对接”机制——人民调解协议司法确认制度写入法律。同时，为乡镇、街道以及社会团体或者其他组织根据需要设立人民调解委员会预留了制度空间。[①] 从2000年至2010年这十年的立法进程来看，人民调解制度似乎又迎来了发展的春天，呈现全面复苏的迹象，有学者把这“十年复兴”称为人民调解发展的“黄金时代”[②]。但整体而言，《人民调解法》是改革开放四十年来人民调解制度的汇编，“保守有余，创新不足”，并不会使人民调解发生“根本性的变革”[③]，人民调解的纠纷解决实效仍不乐观。

2011年，中央综治委牵头出台了《关于深入推进矛盾纠纷大调解工作的指导意见》，强化了政府对人民调解的推动。此后，2015年十八届中央全

---

① 范愉．《中华人民共和国人民调解法》评析．法学家，2011（2）.

② 王禄生．审视与评析：人民调解的十年复兴——新制度主义视角．时代法学，2012（1）.

③ 吴俊．人民调解制度的再完善．学习与探索，2012（1）.

面深化改革领导小组第十七次会议审议通过的《关于完善矛盾纠纷多元化解机制的意见》和2016年最高人民法院出台的《关于人民法院进一步深化多元化纠纷解决机制改革的意见》都强调了人民调解在多元化纠纷解决机制中的地位。2016年，司法部牵头制定了《关于推进行业性、专业性人民调解工作的指导意见》，试图适应社会矛盾化解的迫切需要，将以医疗卫生、道路交通、劳动关系、物业管理等领域为重点的行业性、专业性人民调解建设向纵深推进。这意味着，传统人民调解已经难以应付转型时期的复杂纠纷形态，必须由新的调解组织进行功能替代。实践中，这些新型调解组织在严格意义上早已超出了人民调解的组织形式和组织特征，但由于缺乏法律上的组织依据，为获得合法性的构建基础，其又不得不借人民调解的外壳呈现，最典型的运作形式包括以下几类。

一是政府购买服务的“调解工作室”。2003年以来，上海出现以首席调解员命名的个人调解工作室。其中最有影响力的是“李琴人民调解工作室”和“杨伯寿人民调解工作室”。从组织属性上讲，二者均不是群众性自治组织，也不是政府的下属机构，更不受政府的指导，而是非营利性的民间社团，具有较强的工作自主性，街道以“政府购买服务”的方式与“调解工作室平台”签约，交由其化解具有较强专业性的社会矛盾纠纷，其运作经费主要来源于“政府购买服务”。

二是商事调解。随着市场交往日益频繁，各类民间商事调解组织涌现，在投资、金融、证券期货、保险、电子商务、知识产权、国际贸易等领域提供商事调解服务。例如中国国际贸易促进委员会调解中心、上海经贸商事调解中心等独立第三方商事调解机构，遵循国际通行的调解规则，以专业化、职业化的模式运行，聘请资深专家和法律人士担任调解员，经费来自调解收费和捐赠，为国际、国内商事纠纷提供快捷、高效、经济、灵活的服务。

三是行业性、专业性调解。行业性、专业性调解以行业组织为依托，是针对特定类型纠纷设立的。随着中央“放管服”改革的推行，行业协会正在向自治性组织转化，这些行业性、专业性调解组织基本都有行业代表、专家等特定主体参与，由行政主管部门或法院负责建立并推动，形成诉调对接、民间机制与行政机制的互动衔接。例如，2016年，湖南省知识产权纠纷人民调解委员会由湖南省知识产权协会作为独立的第三方平台发起设立，并经司法行政部门备案，其调解员分别为来自知识产权行政机关、高校、中介机构、企业等不同性质部门的知识产权专家，专门解决知识产权领域纠纷，形成诉调对接、民间机制与行政机制的互动衔接。

四是法院附设调解。目前，我国很多基层法院都附设人民调解窗口或人民调解工作室、诉调对接中心，聘请特邀调解员或特邀调解组织，在立案前委派调解或者立案后委托调解。[①] 此类调解组织的产生、调解人员的选任、调解运作的模式均与传统人民调解不同，但仍被纳入人民调解的框架之中。

五是律师调解。在域外法治发达国家如美国、英国、日本等，律师已经成为调解市场发展的中坚力量。近年来，律师调解开始在我国受到重视。2006 年，山东省青岛市成立首家律师主导型的社会调解组织，该律师调解中心由律师担任调解员，主持涉外商事纠纷的调解、促进诉前和诉中和解。2017 年 9 月 30 日，最高人民法院、司法部联合印发了《关于开展律师调解试点工作的意见》，通过在法院、公共法律服务中心（站）、律师协会、律师事务所设立的调解工作室或调解中心，由律师作为中立调解人促成当事人协商解决纠纷。律师调解正成为发展我国社会调解的新力量。

显而易见，上述调解类型无论从组织形式还是从运作理念上都已经超出了人民调解所能涵盖的制度范畴，属于专业化、职业化、市场化的社会调解，与人民调解无偿服务的公共产品属性相去甚远。有学者从社会学视角把上述各种新型调解组织类型解读为“人民调解的社会化和再组织”[②]。实际上，这种现象与其说是人民调解的“社会化和再组织”，不如说是调解的“社会化”；与其说是国家与社会之间的权力转移，不如说是国家把重点支持对象从传统调解转移到新型社会调解。

以“人民的名义”将实践中所涌现的各种新型调解组织类型都戴上“人民调解”的帽子，这种概念泛化掩盖了商事调解、行业调解、专业调解等多元调解方式的制度特色，造成了这些非官方调解的法律定位不清，使

---

① 毋爱斌．法院附设型人民调解及其运作——以“人民调解工作室”为中心的考察．当代法学，2012（2）．

② 熊易寒．人民调解的社会化与再组织对上海市杨伯寿工作室的个案分析．社会，2006（6）．

得调解立法滞后于新型调解实践，并严重制约了多元调解形式的协调发展，不易于纠纷解决的国际交流与合作。

总之，在当前乃至今后很长一段时间内人民调解都不能也不应该摆脱“政府推动型”的依赖，作为过渡，应该构建政府推动型的人民调解与市场引导型的商事调解、行业调解并驾齐驱的多元调解机制。这并不是僵化、固守人民调解历史形成的组织属性，更为现实的原因是目前我国社会组织的治理能力和机制仍不完善，而“村居两委”调解的功能和地位都较为“羸弱”。实践证明，凡是党政力量高度重视的地方，人民调解的作用就发挥得好，凡是党政力量不重视的地方，人民调解就会陷入组织瘫痪，形同虚设。一个由“党委领导、政府负责、社会协同、公众参与”组成的纠纷解决组织在当下显然比一般性的人民调解组织更能“说话算数”，党政权力支持调解可以利用其他调解组织所不具备的权力资源优势促成调解。① 当然，从长远来看，随着社会自治尤其是基层自治的日益完善，社会自我调节、自我发育、自我管理能力的增强，社会自治型人民调解必然是时代的潮流，人民调解将会更多地演变成为新型的社区调解，与商事调解、行业调解等其他社会调解类型，共同构筑国家和社会共同参与纠纷解决的“第三领域”②。

二、法院调解制度的历史沿革

我国现行《中华人民共和国民事诉讼法》所规定的法院调解制度发轫于新民主主义革命时期，是对新民主主义革命时期以来司法工作成功经验的总结。著名的“马锡五审判方式”便是这一时期法院调解的典型。“马锡五审判方式”强调的是依靠群众、调查研究，实行审判与调解相结合，并将调解作为审理和解决民事纠纷的主要方式。在这一时期的法院调解中，有些地区提出过“调解为主、审判为辅”的八字方针，突出调解的重要性。边区民事审判坚持调审结合且高度重视调解的要因是，在边区法制建设尚

---

① 桑本谦．官方主持下的调解——对陵县乡镇司法调解中心的法理学思考//谢晖，陈金钊主编．民间法（第一卷）．济南：山东人民出版社，2002：316-330.

② 宋明．人民调解的现代定位：纠纷解决机制中的“第三领域”．法制与社会发展，2008(3).

且贫弱的情形下，以调解方式结案更能够满足边区化解纠纷的实际需要。①

中华人民共和国成立后，我国民事审判工作继承和发扬了根据地人民司法工作的优良传统，仍然把调解作为审理民事案件的基本方法。1956 年，最高人民法院就调解工作提出了“调查研究、就地解决、调解为主”十二字方针；之后，又将十二字方针发展为“依靠群众、调查研究、调解为主、就地解决”的十六字方针。十六字方针的核心思想有三：一是要有充分的群众观点，人民法院处理民事案件必须相信群众，这是党的群众路线在民事审判工作中的体现。二是要进行调查研究，运用调查研究之方法弄清案件事实。三是人民法院尽量以说服教育的方法调解解决民事纠纷。1982 年颁布的《民事诉讼法（试行）》在总结我国民事审判工作经验的基础上，改变了“调解为主”的提法，确立了“着重调解”之原则，即人民法院审理民事案件，应当着重调解，调解无效的，应当及时判决。“着重调解”的好处被归纳为三个方面：一是调解省事、省时，有利于生产、有利于工作；二是当事人可以增强团结；三是比较彻底地解决纠纷，简化诉讼程序。

随着市场经济发展和人们观念的更新，科学地表述调解与判决的关系非常必要，针对调解制度在实务中遇到的挑战和质疑，1991 年《中华人民共和国民事诉讼法》（以下简称《民事诉讼法》）把调解前移至总则中，并由“一节”变为“一章”。鉴于 1982 年试行法中的“着重调解”原则仍突出调解较判决更为优越的地位，加之“着重调解”这一提法缺乏科学性，《民事诉讼法》将“着重调解”原则改为“自愿、合法调解”原则，即人民法院审理民事案件，应当根据自愿和合法的原则进行调解，调解不成的应当即时判决。调解自愿、合法原则强调调解的自愿性与合法性。

时任全国人大常委会副委员长、全国人大法律委员会主任委员王汉斌在修改《民事诉讼法（试行）》草案的说明中指出，人民法院的主要职责是进行审判，在审理民事案件过程中应重视调解。但在梳理调审关系时，王汉斌委员总结并强调了以下几点：第一，调解应当遵循自愿原则，不得强迫达成调解协议；第二，应当在事实清楚的基础上进行调解；第三，调解未达成协议的或者调解书送达前一方反悔的，人民法院应当及时判决，防止

① 李喜莲主编．陕甘宁边区司法便民理念与民事诉讼制度研究．湘潭：湘潭大学出版社，2012：189－193.

那种违背当事人意愿，强行调解等不适当的做法。[①] 至此，法院调解正式以法律的方式融入民事审判程序之中。正如法国学者勒内·达维德所说："在法的问题上其实并无真理可言，每一个国家依照各自的传统自定制度与规范是适当的。"[②]

我国法院调解制度的发展历程，是对调解本质的一个认识过程，也是对调解与判决这两种解决民事纠纷方式在我国民事审判工作中的相互关系进行正确理解的过程。通说认为，"法院调解有两层含义：一是审判人员为解决纠纷，对当事人进行调解（对当事人讲解法律政策，进行思想疏导工作），这一诉讼活动的过程称为法院调解；二是法院调解既是人民法院审理民事案件的一种诉讼活动，也是人民法院解决民事纠纷的一种结案方式"[③]。理论界有学者认为民事审判实行调审结合存在诸多弊端，故而主张取消法院调解。[④] 诚然，在民事审判中，有的法院存在为片面追求调解成功率而变相进行强制调解、以拖压调等现象，但是，这种情形在废除以调撤率作为法院考核指标的情形下，强制调解将不再是主流。大量实践数据表明，法院调解无论在理论上还是在实践中，其作用都是不能低估的。

三、行政调解制度的历史沿革

我国现行行政调解制度发轫于革命根据地时期，当时的边区政府积极倡导和推行民事纠纷的调解工作，颁布了大量的调解法规，行政调解得到高度重视。边区政府在给各专员、县长、高等分庭庭长、县司法处处长的《关于普及调解、总结判例、清理监所指示信》中写道："各级政府尤其是乡政府、区政府，不仅应接受人民调解的请求，而且要去找寻（派人去调解、指定双方当事人的邻友调解、工作人员下乡，遇到事就应调解）或调来调解。……不过县府调解，还不如区乡，一则老百姓免多走路，二则区

---

① 王汉斌.《关于中华人民共和国民事诉讼法（试行）》（修改草案）的说明．中华人民共和国国务院公报，1991 (13).

② 勒内·达维德．当代主要法律体系．漆竹生，译．上海：上海译文出版社，1984：2.

③ 柴发邦主编．民事诉讼法学新编．北京：法律出版社，1996：246.

④ 李浩．论调解不宜作为民事审判权的运作方式．法律科学，1996 (4)；张晋红．法院调解的立法价值探究——兼评法院调解的两种改良观点．法学研究，1998 (5).

乡政府知道情况要多，所以区乡政府更要把调解看作是自己的一件主要工作。”侯欣一教授根据《陕甘宁边区民刑事案件调解条例》内容，将边区的调解划分为民间调解、社会团体调解、政府调解和司法调解四种全民型调解。其中，政府调解是由各级政府的工作人员所主持的调解，与现在的行政调解相对应。为了落实政府调解，边区政府特在民政厅内设第三科，县政府内设第一科，区乡一级则设立调解委员会，具体负责调解工作。当时，在政府专门设立调解部门的必要性上，边区内部也存有反对的声音，其理由是政府资源有限，无暇开展调解，管一科的调解除了无权判决之外与司法处工作重复，可能造成纠纷的长期拖延。但边区政府坚持主张政府调解确有必要。[①] 从数据上看，政府调解在化解社会矛盾纠纷方面收效显著，以1944年为例，延安县经区一级政府调处的纠纷达 1 900 件；富县区一级政府调处的纠纷达 1 000 件；1945 年，曲子县天子区前 8 个月共发案 21 件，其中由区政府调处 19 件，仅有 2 件转至司法处。[②]

中华人民共和国成立后，制度化的行政调解运用于劳动纠纷和婚姻家庭纠纷领域。1949 年，中华全国总工会就颁布了《关于劳资关系暂行处理办法》，根据该办法第 27 条，如果劳资双方发生的纠纷无法由“该业工会与同业公会”所派出的代表协商解决，则任何一方当事人都可以申请由当地的劳动局进行调解。这种调解就是针对劳动纠纷的行政调解。1950 年，中央人民政府颁布《婚姻法》，其中第 17 条明确规定，人民政府和司法机关的调解是夫妻离婚的必经程序。1950 年 11 月，劳动部公布《关于劳动争议解决程序的规定》，对劳动争议调解程序进一步加以明确。其后，中国进一步建立了合同纠纷行政调解制度，包括各级经济委员会、工商行政管理部门、基本建设委员会以及各级业务主管部门都有权对合同纠纷进行调解，这种“多头调解”的模式在 1983 年《经济合同仲裁条例》颁行之后得到了改变，合同纠纷的调解由国家和地方各级工商行政管理部门设立的经济合同仲裁委员会统一开展。1997 年 11 月 3 日，《合同争议行政调解办法》经国家工商行政管理局局务会议审议通过并开始施行，该部门规章是迄今唯一一部

① 侯欣一．从司法为民到人民司法：陕甘宁边区大众化司法制度研究．北京：中国政法大学出版社，2007：280－282.

② 杨永华，方克勤．陕甘宁边区法制史稿（诉讼狱政篇）．北京：法律出版社，1987：217.

适用于全国的行政调解专门立法。[①] 地方对行政调解也有零星的尝试，例如1996 年 1 月 24 日发布的《新疆维吾尔自治区著作权纠纷行政调解办法》（新权字〔1996〕3 号）便是自治区版权局受理辖区内著作权纠纷行政调解的规范性文件。

随着计划经济体制向市场经济体制转型，我国早已告别了无法可依的时代，从改革开放到中央提出构建大调解工作体系之前，行政调解规范出现在大量的法律、行政法规和部门规章当中，例如《商业经济纠纷调解试行办法》（商业部发布于 1989 年 11 月 23 日），《民间纠纷处理办法》（司法部于 1990 年 4 月 19 日公布），《婚姻法》（第九届全国人大常委会于 2001 年 4 月 28 日修正），《医疗事故处理条例》（国务院常务会议于 2002 年 2 月 20 日通过），《农村土地承包法》（第九届全国人大常委会于 2002 年 8 月 29 日通过），《道路交通安全法》（第十届全国人大常委会于 2003 年 10 月 28 日通过），《电力争议调解暂行办法》（国家电力监管委员会主席办公会议于 2005 年 3 月 28 日通过），《治安管理处罚法》（第十届全国人大常委会于 2005 年 8 月 28 日通过）等。从上述文件的制定发布主体来看，它们之间的效力位阶是不尽相同的，有的是针对某一行业领域纠纷进行行政调解的规范，如《医疗事故处理条例》和《电力争议调解暂行办法》；有的则将适用范围扩展到一般民事纠纷与民间纠纷，如《民间纠纷处理办法》；有的可以适用于全国范围，有的则仅仅适用于农村地区。与此同时，各地也制定了不少规范性文件，如《北京市工商行政管理机关合同争议行政调解程序》（暂行）等。

这一时期行政调解制度实践的鲜明特色是各主体、各领域以及各具体机制之间发展的不平衡。行政调解主体主要是各级行政机关，但并非所有的行政机关都承担调解纠纷的职责，一些职能部门因其工作的特殊性，并不开展纠纷解决领域所称的行政调解工作，如外交部门、国防部门、国家安全部门等。而依法负有行政调解职责的行政主体开展调解工作的情形也是千差万别的。例如，县、市、区、乡镇的基层人民政府履行了绝大多数纠纷的行政调解职责，而国务院、省级政府及其各职能部门的调解相形之

① 现已被 2017 年 10 月 27 日发布和实施的《国家工商行政管理总局关于废止和修改部分规章的决定》所废止。

下则少之又少。但在行政职能部门中，司法行政、民政、公安、工商行政、环境保护、卫生、农林业等行政部门由于其所负责管理的领域较多接触具体的社会成员活动，因而在行政调解工作方面作用较为集中和显著，其中公安行政调解领域，交警调解和治安调解又占了绝大多数的比例。

2006 年 10 月，党的十六届六中全会通过的《中共中央关于构建社会主义和谐社会若干重大问题的决定》明确指出要“实现人民调解、行政调解、司法调解有机结合”，中共中央办公厅、国务院办公厅发布《关于预防和化解行政争议、健全行政争议解决机制的意见》特别提出要注重运用调解手段化解行政争议。同年 11 月，“大调解工作体系”概念首次被提出，行政调解方开始作为三大调解之一为国家所大力倡导，并进一步规范起来。于是，不少部门和地方开始针对专门类型的纠纷如何运用行政调解来解决制定明确规范，如公安部于 2007 年 12 月 8 日通过《公安机关治安调解工作规范》；河北省劳动和社会保障厅于 2006 年发布《关于成立劳动保障纠纷行政调解机构建立行政调解工作规则的通知》，于 2007 年发布《关于规范劳动保障纠纷行政调解工作的通知》，于 2008 年发布《关于进一步加强行政调解工作的实施意见》，石家庄市劳动和社会保障局也于 2007 年制定了《行政调解组织及工作规则》。自此，行政调解在新的历史时期翻开崭新的一页。

四、仲裁调解制度的历史沿革

如前文所述，在新民主主义革命时期，基于共产主义的群众路线思想，对敌我矛盾的区别对待，对群众在民事纠纷解决中的主体地位的重视，人民调解制度应运而生，发挥着纠纷解决的重要作用。中华人民共和国成立后，人民调解上升为宪法规定，发展遍及城乡基层。诉讼调解以“马锡五审判方式”为典型，并于 1964 年发展为“依靠群众、调查研究、调解为主、就地解决”的十六字方针，进而为 1982 年颁布的《民事诉讼法（试行）》确定为“着重进行调解”原则。这种在诉讼内外重视调解的悠久传统和浓烈氛围，为调解与新兴的仲裁制度的结合提供了深厚的文化根基并造成了强烈影响。20 世纪 50 年代初，中国国际贸易促进委员会设立仲裁部时，其第一任主席南汉宸即提出我国仲裁制度除学习苏联的经验外，也要重视在解放区处理民事纠纷的经验，在仲裁制度中借鉴“马锡五审判方式”对民事纠纷解决重视调解的做法。1953 年，仲裁部即运用调解的方式，成功解决了中国粮油出口公司向芬兰公司出口大米生虫、导致芬兰公司索赔 30 万卢布的货物买卖合同纠纷案。①

1995 年施行的《仲裁法》（2017 年修正）虽未尽完善，但在理念和内容上不仅体现了仲裁制度的现代性要求，而且其对仲调结合纠纷解决方式的规定，更是体现了自身的特色和先进性。② 在仲裁法律制度实施的过程中，国务院法制办自始即从我国仲裁制度的社会主义政治属性出发，坚持仲裁事业的公益性和非营利性，并在总结仲裁工作经验的基础上，提出了“推行仲裁法律制度是根本，融入市场经济是关键”的指导思想，明确了仲裁机构办理案件的“三率”原则，即“快速结案率、和解调解率、自动履行率”，以及将“仲裁活动从相互对抗变为磋商”的指导性意见。2002 年 11 月 4 日，卢云华司长在大连国际仲裁及调解与实务讨论会闭幕式上做了主题为《充分发挥中国特色仲裁调解制度的优势》的讲话，强调指出我国仲裁事业的社会主义性质和仲裁机构的社会责任，并阐明了仲裁调解对于纠纷解决的良好效果及其在中国仲裁制度中的重要法律地位，进而提出要“加强仲裁调解规范化、制度化、定型化建设”③。仲裁融入市场经济、变对抗为磋商、坚持“三率”原则，其核心都是要强化调解在中国仲裁中的法律地位。仲裁调解的“三化”，则是对仲裁调解的法制化要求。

现代仲裁调解制度具有以下特点：一是制度立意的高度性，将仲裁调解定位于维护社会主义市场经济，建设社会主义和谐社会的基本目标，“公正、和谐、高效”是其基本理念；二是调解意志的当事人自主性，即是否选择调解和达成协议，均决定于当事人的自主意志；三是调解范围的广泛性，调解纠纷的主体范围并不局限于商业群体，而是延伸至社会的各个群体和阶层，只要是“可处分权利的争议”的当事人即可；四是调解阶段的贯穿性，立案前、仲裁立案后组庭前可申请调解组织调解，组庭后至裁决

① 董有淦．仲裁与调解相结合的创举．中国对外贸易商务月刊，2002（5）．

② 《仲裁法》第 51 条规定：“仲裁庭在作出裁决前，可以先行调解。当事人自愿调解的，仲裁庭应当调解。调解不成的，应当及时作出裁决。”“调解达成协议的，仲裁庭应当制作调解书或者根据协议的结果制作裁决书。调解书与裁决书具有同等法律效力。”这和国际上通常实行仲调分离的做法是不同的。

③ 卢云华．中国仲裁十年．上海：百家出版社，2006：118－125．

前的各个阶段均可进行仲裁庭调解；五是与其他调解的衔接性，仲裁调解可通过仲裁确认机制与人民调解、行政调解、行业调解、律师调解等诸多调解实行对接联动；六是调解与仲裁的结合性，在仲裁程序中，调解可以随时根据当事人的意愿或仲裁庭的决定终止，调解程序结束后，仲裁程序即随之恢复，仲裁委员会调解组织调解、其他组织调解、仲裁过程中的调解以及裁决后执行中的调解所达成的协议，可通过裁决书的形式予以确认；七是调解方式的灵活多样性，调解只要严格遵守当事人自愿自决原则，可以不拘泥于某些机械的形式，并且可以借助外部力量，一切以是否有利于纠纷“公正、和谐、高效”的解决为标准。①

回溯历史，我们不难发现现代调解制度在各个历史时期有着不同的呈现形式。现代所称的人民调解、法院调解、行政调解、仲裁调解虽然难以与古代传统意义上的调解、调处一一对应，但我们依然可以比较准确地厘清各种调解制度的历史根源与发展脉络，把握各种调解制度的政治定位、作用及具体程序设计。在当下社会分工日益精细化的背景下，新型的调解制度（如行业调解、商事调解）不断涌现，我们应当顺应社会发展形势的变化，坚持社会调解的差异化发展，构建相互补充、相互衔接的调解网络体系，形成“多层次、宽领域、全覆盖”和“横到边、纵到底”的、不留死角的组织网络体系。我们在坚持人民调解公益属性的同时，应当支持和鼓励商事调解、行业调解的市场化运作。行业调解是指依法成立的行业组织设立的调解组织，对与其行业相关的民事纠纷进行调解的活动。行业调解一定程度上依赖行业自律，且与行业性、专业性纠纷有关。行业内部自我修复、自我矫正机制的存在是行业调解化解纠纷的优势所在。纯公益性的、不收费的人民调解，难以支撑行业调解专业化发展的需求。此外，具有现代气息的商业调解是随着市场经济的发展而不断成长起来的，是市场化的产物。商事调解的主要功能是解决商业性纠纷。商事调解应自觉接受市场的调节，提供专业化、高端性的调解服务，才能在多元调解体系中寻求自己的发展机遇。为了推动我国多元调解制度的不断发展，除法院调解和仲裁调解之外，我们认为，有必要制定一部统一的《调解法》来调整和

① 张立平．中国特色仲裁调解制度：内涵、依据与优势．中国仲裁与司法论坛暨年会论文，2010.

规范其他相关调解制度，这不仅是形势所需，亦符合建构中国特色社会主义法律体系的要求。

第二节　现代调解的理念[①]

“诉讼爆炸”作为当今世界范围内的普遍司法现象，寻求诉讼外的替代性纠纷解决方式已然成为西方国家“接近正义”[②]运动的第三波浪潮。我国正处于社会转型关键期，社会矛盾化解压力前所未有，建立诉讼与非诉讼相衔接的多元化纠纷解决机制，已成为司法供给侧改革的重点，誉为“东方经验”[③]的调解是多元化纠纷解决机制中最为重要的一环。然而，我国的人民调解程序以及相关联的调解制度在我国所遭遇的误解亦重，不少学者从“诉讼中心主义”思维出发，为调解贴上了“和稀泥”“二流司法”“法治对立物”等诸多负面标签，反对调解尤其是诉讼调解的声音仍然存在。这种认识理念的存在，某种程度上阻滞了现代调解的形成与发展。值此全面深化多元化纠纷解决机制改革的时代背景下，我国的现代调解更应与世界调解前进趋势步伐一致，用适宜国情发展的新型理念，助力现代调解迈入新征程。

一、从利益对抗体到利益共同体

调解作为纠纷解决的方式之一，目的在于更好地认知和平衡当事人之间的利益关系。罗斯科·庞德认为，利益的核心内容是“请求、需求或需要”[④]。事实上，庞德把利益看成是主观方面的东西。[⑤]这与我国汉字“利”的含义在一定程度上相同。“利”字的构成是左“禾”右“刀”，原本指用

---

① 本节部分内容已在《人民法院报》公开发表，参见廖永安．当代调解的新理念与新思维．人民法院报，2017-06-16（2）.

② 高陈．接近正义：美国纽约州法院司法改革项目研究．北京：中国政法大学出版社，2015：85-86.

③ “东方经验”中古代调解的哲学基础是儒家教义，费孝通先生在《乡土中国》中曾谈到20世纪上半叶的乡村调解实质是一种教育过程。王人博，程燎原．权利论．桂林：广西师范大学出版社，2014：457-462.

④ 罗斯科·庞德．法理学：第3卷．廖德宇，译．北京：法律出版社，2007：18.

⑤ 这与英文 Interest 的原意有关，Interest 从“兴趣、爱好”的原意中引申出利益含义。

刀收割稻谷，关心吃即为利；后延伸指人追逐私利，指人们的主观愿望。“利益是主客体之间的一种关系，表现为需要和满足这种需要的措施。”①

通常，纠纷源自当事人之间的利益失衡。纠纷的产生宣示着当事人间利益对抗的开始，纠纷的解决是对当事人间利益进行平衡的结果。“对抗”有三层意思：一是对立起来相持不下；二是抵抗；三是在哲学上表现为剧烈外部冲突的斗争形式。② “对抗”一词在不同语境中有不同的含义。在社会学语境中，“对抗”可被理解为不同主体由于认知、情感、意愿或行为的冲突而产生的一种对立关系。从社会心理学角度而言，对抗事件或者对抗关系的产生同个体的心理失衡和冲突有直接关系。③ 我国物权法中的“登记对抗主义”则指抵押登记为抵押权对抗善意第三人的要件。④ 言而总之，利益对抗体强调对象间的一种没有缓和余地、竞相拉锯的关系。近些年来，我国民事诉讼体制逐渐由职权主义模式向当事人主义模式转变，其核心理念就是要充分利用双方当事人的当庭对抗和诉讼竞技来发现案件真实。以民事诉讼制度的脊梁——证据制度为例，其举证、质证、认证等程序的进行都是建立在法官中立、当事人对立的基础之上的。诉讼通过形成当事人之间的利益对抗体，并利用对抗关系，去充分发现过去的案件事实。诉讼中的利益对抗，往往会使当事人陷入“零和游戏”的困境，增加了诉讼成本，造成了诉讼迟延，不利于交易关系的维持和市场贸易的增长。

2014 年，习近平主席在打造“一带一路”倡议的中阿会议中指出，中国与阿拉伯国家应坚持共商、共建、共享原则，打造双边的利益共同体和命运共同体。⑤ 在此次会议中，利益共同体的目标得到较好的阐释，即搁置

---

① 罗斯科·庞德．法理学：第 3 卷．廖德宇，译．北京：法律出版社，2007：13；孙国华，朱景文主编．法理学：2 版．北京：中国人民大学出版社，2004：61.

② 石斌主编．警务战术学．北京：中国人民公安大学出版社，2014：28.

③ https：//baike. baidu. com/ item/%E5%AF%B9%E6%8A%97/ 5951619? fr＝aladdin#reference- [3] -8058954-wrap. [2018－07－13].

④ 江必新，等．最高人民法院指导性案例裁判规则理解与适用（物权卷）．北京：中国法制出版社，2016：257.

⑤ 2014 年 6 月 5 日，习近平在中国－阿拉伯国家合作论坛第六届部长级会议开幕式时发表《弘扬丝路精神，深化中阿合作》的讲话，当中提到中国与阿拉伯国家因为丝绸之路相知相交，是共建“一带一路”的天然合作伙伴，中阿双方应该坚持共商、共建、共享原则，打造中阿利益共同体和命运共同体。杨善民主编．“一带一路”环球行动报告（2015）．北京：社会科学文献出版社，2015：60.

争议、面向未来，继续合作、创造共赢。作为解纷方式，当代调解与诉讼最大的区别是，调解要尽可能“消弭”或弱化当事人间的对抗，引导当事人从对抗的立场中找寻共同的利益。调解的理念是努力挖掘纠纷当事人之间的共同利益，积极寻找当事人继续合作的空间，促进双方利益最大化。实践中，调解员在调解过程中的核心目标是深入纠纷当事人对立的背后，去挖掘他们的共同利益，进而打造双方共赢的空间，并以此实现双方合意以解决纠纷。现代调解的这种理念与民商事法律鼓励交易的精神内涵十分契合，是对未来可期待利益的再生产过程，调解程序的有效运转能够有效促进市场交易的效率。因此，如果说诉讼的理念是形成纠纷当事人之间的“利益对抗体”，那么调解的理念则是打造纠纷当事人之间的“利益共同体”。

二、从静态利益观到动态利益观

静态与动态互为一对矛盾，此处所述的静态与动态多倾向于表述一种思维形态。静态思维指从固定的概念出发，循着固定的思维程序，达到固定的思维成果的一种思维过程和方法。静态思维的特点在于固定性、重复性、被设计性和排他性。[①] 静态利益观展示出人们对于物质利益和精神利益的态度和抉择较为固定和重复，对于个人利益和集体利益、公共利益的关系的态度相对僵化。[②] 静态利益观的特点映射在民事诉讼程序上呈现为民事诉讼以诉讼标的为基础展开，民事诉讼程序所秉持的是一种单一静态利益观。根据民事诉讼的“处分原则”和“辩论原则”，诉讼关注和解决的是当事人诉争之内且主动提出的利益，并且此种利益相对既定和单一。因此，诉讼的结果注定是“非黑即白”的“零和规则”。当事人间的胜负表象非常明显。

动态利益观的内涵是一种追踪事物变化的、运动着兼有调整性的、不断优化的思维活动。辩证逻辑就是动态思维的一种逻辑表现。[③] 此种思维方式要求思维主体依据事物不断变化着的环境条件来改变自己的思维方向和思维程序，对事物进行动态的调控，以达到最优化的思维目标。法学的利益理论具有很强的生命力，任何法规文本的出发点和落脚点都离不开对特

① 丁煌主编．科学方法辞典．延吉：延边大学出版社，1992：436.

② 杨礼宾，成云雷主编．简明廉政文化词典．济南：山东人民出版社，2015：99.

③ 张龙祥主编．中国公共关系大百科全书．北京：中共中央党校出版社，2002：691.

定利益的调整和保护。动态利益观契合了调解关注可期待利益的品格。

现代调解以维护多元动态利益为理念，不仅着眼于物质利益，还着眼于非物质利益；既关注诉争内利益，又关注诉争外利益；要重视眼前利益，更重视未来利益。在当今多元利益诉求交织下的司法纠纷处理情境中，诉讼因受诉讼法理和程序制度的限制，较难满足当事人在现实纠纷中的多元利益诉求。相比而言，现代调解的理念和原则较为灵活和开放，其在解决诉争内利益的同时，可以兼顾诉争外利益、间接利益、长远利益的平衡难题。

三、从切片式思维到综合性思维

切片式思维与片段性思维一脉相承，片段性思维体现出缺乏前瞻性、兼容性、预案性等特征①，在社会矛盾纠纷的处理和解决时常常因其而产生“突如其来”和“意想不到”的剧烈冲突，最终使当事方的关系滑入不可调和的境遇。由此所引申的切片式思维方式也易于将事件切割成一个个孤立、刚性和碎片化的片段。客观地讲，诉讼纠纷解决方式较之于现代调解纠纷处理方式，更容易陷入切片式思维中。现代调解与诉讼在解决纠纷时的重要差别在于两者思维进路不同。诉讼因受诉讼标的理论影响，在解决纠纷时须对案件运用切片式思维方式，将纠纷切成若干个事实碎片，运用三段论规则对过往纠纷予以“非黑即白”的裁断。具体而言，诉讼是将当事人所争议的民事权利义务关系从纠纷所涉及的整体事实及其所关涉的其他社会连带关系中抽离出来，在诉讼标的范畴的视野之下寻求纠纷解决的结果。根据司法实践中惯用的诉讼标的实体法理论，诉讼标的决定了当事人权利义务争议范畴和法官裁量范围都必须限定在实体法的框架内。因此，诉讼审理中需要拆分纠纷当事人争议的法律关系，并尽可能将各种法律关系套进诉讼标的内。只有契合诉讼标的理论的法律关系才有可诉性和裁量性。在此标准下，民事诉讼以切片式思维为指引，法官只能就每一个独立的争议法律关系作出裁决，否则即构成诉讼突袭。而现代调解在“合意主义”的指引下，采用的是一种综合性思维，其将若干个相互关联的争议综合起

① 朱奇．战略思维方法．北京：世界图书出版公司北京公司，2012：334.

来加以考虑，针对不同法律关系间的利益平衡点加以思考、利用。

基于人类社会的历史是一个由各种复杂因素相互作用、密切交织而形成的有着内在联系的统一运动过程，任何一种历史事务、历史现象如果隔断它与其他历史现象的联系单独加以研究，都不可能达到认识它的目的。[①]正如文化史学研究强调整体性思维一样，调解秉承综合性思维亦是各种复杂因素相互作用所致。面对纠纷内容的复杂性，调解员需要综合考虑纠纷所涉及的问题和利益。调解员在化解矛盾纠纷的过程中运用综合性思维主要表现为：将纠纷解决置于经济、法律、道德、习惯、心理、社会等多维视野之中，综合考察纠纷性质、纠纷起因、矛盾程度等因素，注重思维视角的多维性、方案选择的多样性、手段运用的灵活性、利益调整的全面性等，以实现真正的案结事了。调解员只有坚持综合性思维，才能发挥调解的功能，彰显现代调解的活力。

四、从向后看思维到向前看思维

"向后看"思维的着眼点在于旧时、旧事、旧思想和旧关系。现代调解异于诉讼的另一特征是，调解秉持于着眼未来、向前看的思维，而诉讼则采用关注过去、向后看思维。以民事诉讼证据制度为例，诉讼程序中法官通过证据来发现过去的案件事实，诉讼实质是力争回溯历史事实的过程，探求的是过去已发生的客观案件事实。因此无论是职权主义模式，还是当事人主义模式，其目的都是通过证据去发现法律真实，然后根据过去的案件事实作出法律权利义务的判断，具有明显的向后看思维。现代调解则不然。无论是具有悠久历史的人民调解，还是日渐兴起的行政调解、行业调解、商事调解等，都潜藏着着眼于未来的向前看思维。以熟人社会中的民间纠纷为例，俗语云，"远亲不如近邻"，而"近邻"二字中就蕴含着诸多未来利益。和睦的邻里关系更有利于涉事各方的远期发展关系，有利于社会关系的和谐。因此针对邻里纠纷的化解，往往不能只拘泥于对既定利益争端的化解，还应关注对邻里之间未来关系的维护。商事调解中则更是如此，因其与商事活动密切相关，故而必须遵守商事规律。商事规律的本质

① 李振宏．当代史学平议．北京：社会科学文献出版社，2015：463.

在于设法获取利益，举凡商业交易皆旨在追求利益的最大化，而利益最大化又有赖于未来长远利益与可期待利益的最终实现。

如同弗莱彻分析侵权法问题的起点不是损失而是风险一样，他所主张的侵权法经济学理论正是一种向前看的思维，关注特定案件可能产生的社会效果，关注判决对日后类似行为产生的影响。[①] 现代军事思维也历经了从历史反思型转变为以向未来导向型发展为重点的过程，摒弃了以历史为指导现实的参照系，改为注重未来可能出现的技术对战争理论的支撑，以未来的需求作为指导现实的参照系。[②] 质言之，现代社会中人们的思维模式已经意识到向前看思维的意义和重要性，并在各个领域将这一点进行贯彻实施。具体到商事调解中，根据商事调解的向前看思维要求，纠纷化解不应止步于眼前纠纷的化解和当前利益的恢复，而应着眼于未来，采取“做大蛋糕”而非“切分蛋糕”的方式寻找纠纷双方新的利益增长点，促成新的合作方案，使纠纷消弭于互利共赢的长期合作之中。

总而言之，民事诉讼是利用纠纷当事人之间的“利益对抗体”来寻求案件真实，以化解“单一静态利益”为理念指引，进行诉讼模式、诉讼结构和诉讼程序的构造。而现代调解则是以打造纠纷当事人之间的“利益共同体”来助力未来可期待利益，以综合考虑“多元动态利益”为指向，促进双方当事人共赢而实现纠纷解决效果的最优化。诉讼与调解的纠纷处理方式之间，无优劣之分，二者皆有各自的适用空间和功能优势，都是构建现代法治社会的重要组成部分。全面深化司法改革，要在不断完善诉讼制度的同时，不忽视现代调解的形塑与发展。而只有破除旧理念的束缚，调解的未来发展才有更为坚实的思想理论基础，调解的制度设计才能更加科学可行。

第三节　现代调解的原则

调解的基本原则，是指贯穿调解始终并能反映调解客观规律的准则。

① 陈皓．侵权法的矫正正义论．哈尔滨：黑龙江大学出版社，2014：117.

② 高小燕主编．军事信息文化新探．北京：国防大学出版社，2014：64.

根据调解的主体及案件性质，现代调解可以分为法院调解、行政调解、仲裁调解、人民调解、行业性调解、律师调解、商业调解等多种形式。在实践中，各种调解方式虽然在调解员的选派、调解的依据、案件类型、调解协议的效力等方面存在差异，但因调解尊重当事人合意来解决纠纷之共性，故而各种调解所遵循的基本原则亦具有诸多共性。具体而言，各种调解均应遵循以下基本原则。

一、自愿原则

民事实体法的自愿原则是民事主体进行民事交易的必备条件[①]，民事程序法上的自愿原则则是纠纷各方处理民事争议的前提要素。当事人自愿是调解的基础和前提，是指在调解过程中，调解程序的启动和调解方案的最终达成都取决于当事人的意愿。[②] 调解作为一种重要的合意性纠纷解决方式，理应将尊重当事人意思自治作为其首要指导理念，并贯穿于各种调解类型的全过程。相关立法对调解自愿原则亦有规定。《民事诉讼法》第 93 条规定："人民法院审理民事案件，根据当事人自愿的原则，在事实清楚的基础上，分清是非，进行调解。"该法第 96 条亦规定："调解达成协议，必须双方自愿，不得强迫。调解协议的内容不得违反法律规定。"《人民调解法》第 3 条规定："人民调解委员会调解民间纠纷，应当遵循下列原则：（一）在当事人自愿、平等的基础上进行调解……"第 23 条规定："当事人在人民调解活动中享有下列权利：（一）选择或者接受人民调解员；（二）接受调解、拒绝调解或者要求终止调解；（三）要求调解公开进行或者不公开进行；（四）自主表达意愿、自愿达成调解协议。"由此可见，当事人自愿原则乃开展调解工作的规范性要求，其作为调解的一项基本原则贯彻在调解程序

① 自愿原则是我国民事实体法的基本原则之一，它是指公民、法人等任何民事主体在市场交易和民事活动中都必须遵守自愿协商的原则，都有权按照自己的真实意愿独立自主地选择、决定交易对象和交易条件，建立和变更民事法律关系，不能将自己的意志强加给对方或任何第三方。《民法通则》第 5 条规定："民事活动应当遵循自愿……的原则。"《合同法》第 4 条规定："当事人依法享有自愿订立合同的权利，任何单位和个人不得非法干预。"

② 值得注意的是，在当前推行多元化纠纷改革的过程中，一些法院正在进行调解前置程序的改革试点工作。其中，对一些特定的案件强制先行调解是否违背调解自愿原则成为理论界和实务界争论的话题。我们认为，从合理分配解纷资源而言，对于适合调解的案件，在调解程序的启动上可以强制，但无论何种案件，在调解协议的达成上必须尊重当事人的意愿。

始终。

自愿原则的内涵主要体现在以下两个方面：一是在调解程序的启动上尊重当事人的意愿。调解必须基于双方当事人的意思自治，当存在任意一方当事人不愿意接受调解的纠纷处理方式，或者不愿意接受某一组织或个人进行调解，又如不同意调解方式的情境时，调解员均不能对涉事主体强行进行调解处理。二是在调解协议的达成上充分尊重当事人的意愿。当事人有权利选择接受调解员提出的调解方案，也可以自行提出调解计划；当事人在调解协议的形式方面有自主选择达成书面协议还是口头协议的自由；调解协议制作完成后，此时当事人还拥有最终决定签订调解协议或拒绝签订调解协议的权利。任何调解主体都不应该违背当事人意愿，强迫其接受和履行调解协议。可见，自愿原则就是司法自治的体现，是对当事人自由意志的尊重。①

值得注意的是，自愿原则在我国司法实践中有两种特殊情形：其一，出于某些特定目，我国相关法律对于特殊类型案件设定庭前强制进行调解程序的义务，如离婚纠纷。此时的庭前强制调解程序的适用取决于婚姻关系自身的特殊性，即婚姻关系的稳定对于维护整体社会稳定具有非常重要意义，因此，庭前调解是离婚纠纷进入审理程序的必经程序。在此种情形下，调解自愿原则并非不能适用于婚姻纠纷，而是婚姻纠纷在调解程序的启动上具有强制性，当事人的自愿原则在一定程度上受到限制。其二，在当前推行多元化纠纷改革的过程中，某些法院正在进行调解前置程序的改革试点工作。其中，对一些适宜调解程序的案件②强制先行调解，这一做法是否违背调解自愿原则成为理论界和实务界争论的话题。我们认为，从合理分配解纷资源而言，对于适宜调解程序，且以调解解决更能维护当事人

① 朱楠主编．商事调解原理与实务．上海：上海交通大学出版社，2014：22.

② 实践中，对于适宜调解的案件，法院在收到当事人起诉状或者口头起诉之后、正式立案之前，对于未经人民调解、行政调解、行业调解等非诉讼纠纷解决方式调处的案件，要积极引导当事人先行就近、就地选择非诉讼调解组织解决纠纷，力争将矛盾纠纷化解在诉前。当事人选择非诉讼调解的，应当暂缓立案；当事人不同意选择非诉讼调解的，或者经非诉讼调解未达成协议，坚持起诉的，经审查符合相关诉讼法规定的受理条件的，应当及时立案。对于事实清楚、权利义务关系明确、争议不大的简单民事案件，在立案后应当及时调解；对于可能影响社会和谐稳定的群体性案件、集团诉讼案件，敏感性强、社会广泛关注的案件，在立案后也要尽可能调解。汤维建．新民事诉讼法适用疑难问题新释新解．北京：中国检察出版社，2013：80.

利益的案件，在一定程度上可以强制适用调解程序，但无论何种案件，在调解协议的达成上都必须尊重当事人的意愿。

二、平等原则

调解作为民事纠纷的解决方式之一，调解员在调解过程中须由始至终关注并保持各方当事人地位平等。其原因在于民事纠纷的本质特点是当事人对私益的权衡取舍，当事人对自身私益在法律规定的范围内拥有自由处分的权利。从根本上讲，当事人地位平等是由民法调整的平等主体之间的财产关系和人身关系的范畴和性质所决定。《民法总则》第4条规定："民事主体在民事活动中的法律地位一律平等。""交换，确立了主体之间的全面平等。"[①] 当事人自由行使处分权的前提要件是其本身具有意思自治的能力，这种自治能力在纠纷处理时取决于其在程序中的地位和力量。诚如"平等"观念出现以后，平等就成为人类社会的永恒追求。调解如同诉讼等民事纠纷解决程序一般，尝试营造出一个与外部社会相对隔离的时空范畴。在调解程序开启后，调解员唯有平等对待双方当事人，才能取得当事人的信任，才能了解纠纷的来龙去脉，才能高质有效地化解各方矛盾纷争。当事人地位平等原则的具体内容有三：一是当事人双方在调解中的地位完全平等；二是双方当事人拥有同等行使权利的机会、便利和手段；三是调解员始终平等对待当事人。

调解员必须坚持并贯彻自愿平等原则。当事人在调解中的平等地位依托于调解员受职业伦理规范的约束和调解程序规范化。调解员为双方当事人搭建沟通的平台，充分尊重双方当事人的意愿，不存在歧视、强迫、偏袒和压制当事人的倾向等，是落实调解平等原则的前提。事实上，当事人在调解中地位平等，主要是作为一种观念而存在的，或者说是一种资格、一种身份。落实到具体的调解程序设置上，其一是调解员在处理调解室布置陈列、调解时间分配、调解语言表达等方面让当事人感受到公平、公正；其二是调解过程应保证当事人地位平等，确保当事人在平等、自愿的基础上充分发表自身意见；其三调解过程中当事人应保有随时可以结束调解的

① 徐武生，靳宝兰主编．民法学．2版．北京：中国人民公安大学出版社，2014：10.

权利。调解员只有确保双方当事人地位平等，并充分尊重各方意思自治，才有可能使纠纷得到彻底解决。

三、诚信原则

诚信原则是市场经济活动赖以持续发展的基本道德规则，它在一定程度上指导市场主体在市场活动中的各项行为。贯穿于市场交易始终的诚信原则要求市场主体进行经济活动时，遵守讲究信用、恪守诺言、诚实不欺，在不损害他人利益和社会利益的前提下追求自己的利益的准则。调解中的诚信原则，是指调解主体、当事人以及其他参与调解的人，必须诚实、善意地参与调解，诚实地为各种调解行为。具体来说，诚信原则涵括以下主要内容。

其一，禁止当事人滥用权利。对于当事人而言，需要约束自身和代理人行为，当事人在选择是否适用调解程序时，应善意为之。身处建设诚信社会的时代背景下，任何市场主体都不能被允许借调解之名义拖延纠纷的解决或滥用调解程序谋取不正当利益。在调解程序中，任何一方当事人不得以欺骗对方为目的实施欺诈性调解行为，且禁止当事人之间采取以强凌弱、威逼要挟等不正当手段达成所谓的调解协议。双方当事人也不得恶意串通，共同实施损害国家利益、社会公共利益或第三人合法权益的欺诈性调解行为。在调解程序中，代理人代理当事人处理案件时，应以当事人为中心，善意地规劝当事人以调解方式解决纠纷，不能为自身利益考虑而恶意规避调解，损害当事人的合法权益。

其二，当事人不得违反真实义务。调解案件当事人应履行真实义务。所谓真实义务，是指当事人在调解中不能提出或者主张已知的不真实事实或自己认为不真实的事实，同时不能在明知事实真相和对方提出的主张与事实相符时，仍然进行争执。调解程序对于认定证据的程度要求低于诉讼审理中的要求，从而导致对案件事实的还原准度也会相应降低。此种情境下，当事人对于事实真相的还原准确性主要来源于当事人对诚信原则的遵守。因此，在对调解案件的事实进行认定时，当事人不得故意为虚伪陈述，不得明知事实真相却故意掩盖，损害对方当事人的利益。双方当事人诚实相待，遵守诚信原则，是更好地发挥调解程序的作用，实现调解从根本上解决纠纷的有力支撑。

其三，禁止纠纷当事人有反悔行为和矛盾举动。诚信原则中“信”的基本含义有二：一是调解当事人在程序过程中应保持其前后行为一致性，要求当事人在调解中对自己的行为负责，严格履行自己已经承诺负担的义务，没有新的特殊情况出现时不得擅自毁约；二是当事人达成调解协议后须善意履行，不能轻易反悔。

其四，调解员应诚实、善意地为调解行为。调解员和当事人一样，应诚实、善意地启动调解程序。原则上，调解员不得与案件有利益关系，若调解员发现自己与调解的纠纷有利害关系，应自行回避。调解员应诚实友善地评价各方当事人的利益，充分尊重当事人的自主权利，禁止调解员采取强迫、威胁、施压、拖延等方法调解，禁止调解员迫使当事人接受调解协议的行为。

四、中立原则

中立指在处于对立的两极之间，不偏向任何一方。中立原则原本是诉讼程序中对法官的程序性要求。诉讼程序中，中立原则包含三层含义：一是法院不得追求自身利益，因为一旦出现与民争利的现象，则法院难以在审判中保持利益中立。二是法院应该与双方当事人保持同等的距离。司法规则应该客观、平等地对待当事人，不允许存在任何形式的歧视与特权。三是法院应该规避案件中政治性因素，“司法如果介入政治，非但对政治一无所获，反而会使司法全盘皆没”①。

中立原则是确保公正的程序性要件。客观而言，任何一种纠纷解决机制，其价值取向都离不开中立公正。调解作为解纷方式之一，其具有经济、彻底、高效之特点已得到理论界和实务界一致认同。但是，调解因其具有非程序性抑或被称为程序灵活性，而在案件的利益平衡、公正方面遭受质疑。随着《人民调解法》出台及法院调解制度的相关规范日益完善，调解程序日益规范化，“在当事人地位平等、表达自由和完全自愿的状况下，调解程序成为一种兼具民主色彩和实用功效的纠纷处理方式的可能性日益倍

① 李建良．宪法理论与实践（一）．台北：学林文化事业有限公司，2003：358.

增。由调解所达成的协议，无论是由当事人在没有外力强制的情况下自由自愿地达成的，还是在调解者运用适当手段下‘被动’达成的，双方的真实意图均认可和接受的协议，其‘公平’就应该得到认可”①。调解员所提出的解决办法或可能达成的和解结果维护了当事人各方利益，或者同当事人自身对调解结果的预期基本吻合后当事人自主地达成调解协议，则表明调解已经实现了个别、具体和实质的正义。为确保调解的结果公正，应当从重视调解程序的公正性入手。具体而言，在调解程序中应注意以下几点：其一，确保调解启动时当事人有自主选择调解员的权利；其二，调解员于调解过程中应着重保持中立态度；其三，设法保证当事人在调解过程中始终有足够的参与权，保证在整个调解程序过程中当事人地位平等。其中，最为重要的是调解员自始至终站在中立立场，即调解员在调解过程中要不偏不倚。② 实践表明，确保调解公正是人民调解持续健康发展的必要前提。正如一位人民调解员所言：“你如果说 100 个案子里面有一个案子是不公正的，那么老百姓肯定会一传十、十传百，就不相信你，讲的话没人听。”③调解的可信度自然大打折扣。

众所周知，调解为纠纷各方当事人提供了一套缓和冲突、化解矛盾的方法，其常态是当事人在中立的第三方的劝说、疏导下，互谅互让，达成调解协议，彻底解决纷争。从调解过程而言，调解员的中立性是确保调解程序公正、公平的必要条件。调解程序中立包括两层含义④：首先，从外部形式上保证调解的中立，调解员和双方当事人以及申请调解的纠纷均不存在法律上的利害关系。调解员不代表任何一方当事人的利益、也不偏向任何一方当事人时，他才可能对双方当事人是公平、公正和不带偏见的。其

① 白德平．浅议矛盾纠纷调解公正性问题．http：//www. jzssfj. gov. cn/newscontent. aspx? id=4328，[2018-07-15].

② 《人民调解法》第 21 条规定：“人民调解员调解民间纠纷，应当坚持原则，明法析理，主持公道。”第 15 条规定，人民调解员有偏袒当事人一方等行为的，所在的人民调解委员会应当予以批评教育、责令改正甚至是罢免或解聘。

③ 叶慧松，江孟飞．人民调解化纠纷，调解公正最重要．[2018-07-15]. http：//www. lsol. com. cn/html/2012/ laobaitantian _ 1211/115491. html.

④ 《中国国际商会调解员办案守则》中对调解员的中立性的规定则是直截了当的，具体内容如下：其一，调解员应独立、公正地调解案件；其二，调解员不得代表任何一方当事人；其三，调解员在调解过程中，不得有偏向一方当人的言行。

次，从调解内容上看，调解员不能过多地干预当事人的自由。调解员不应也不能过多干预当事人主观意志。调解程序启动后，调解员不能直接或间接地对当事人进行评价，调解员亦不能使用其专门知识去影响当事人作出决定。纠纷解决方案的达成取决于当事人的合意，调解员在调解过程中仅起到为双方当事人搭建沟通对话平台、促成双方有效交流、提出调解建议等中介性作用，而不适宜将自己的意志强加给当事人，否则就违背了调解中立的原则，错置了作为中立第三方调解员的功能定位。调解员贯彻落实中立原则，使调解与其他纠纷解决方式（诉讼、仲裁）区别开来，是确保双方当事人自愿达成调解协议的必要前提。唯有调解员保持中立，其主持达成的调解协议才可能是正当的。

尤其是调解员作为掌握双方当事人纠纷事件细节的中枢，其在调解过程中对处理节奏的把握、对双方利益争点的归纳以及双方博弈程序的掌控，就决定了调解员在一定条件下需要发挥类似于法官释明权的作用。在法官行使释明权时需遵守“若依当事人言词之主张或书状之记载，根本无法引起发问或晓谕之线索，则不得逸以为发问或晓谕”①。调解员在适时引导当事人的言行时，同样应该本着“行使释明权的目的在于启发、晓谕当事人作出充分、合理的诉讼行为，法官不能脱离当事人的诉讼行为和诉讼范围进行释明，不得利用释明代替当事人主张、辩论和处分，也要避免主动代替当事人作出攻击、防御行为或作出选择”② 的要求和目的进行，以本初之心更好地服务于调解活动。

五、保密原则

鉴于我国诉讼程序中公开审判的历史渊源和现实国情，民事诉讼纠纷解决中的公开审判制度已经引为惯例。调解尤其是法院调解深受公开审判原则的影响，导致实践中保密原则在调解活动中常被忽视、遗忘。实践表明，在以合意为解纷核心的调解中，若不实行保密原则，当事人难免有所顾忌。当事人最担心的是自己的“坦诚相对”成为之后诉讼中不利于己的证据。基于这种担心，当事人在调解中畏于坦诚相待，亦不

---

① 王甲乙，杨建华，郑健才．民事诉讼法新论：上册．台北：三民书局，1981：280.

② 王松．民事法官释明权：行使、规制与救济．法律适用，2007（10）：45－46.

敢轻易承诺、接受调解员的建议。在缺失当事人真实自由意愿的情形下，调解程序很难深入。① 在法院调解中，因保密原则的松懈常常发生当事人主体性地位受损的情形，法官以判压调、以判促调等强制调解的现象时有发生。②

伴随着调解纠纷解决方式的再次兴起，调解保密原则的重要性也逐渐凸现。有关调解保密原则的法律规范相继出台。2004 年出台的最高人民法院《关于人民法院民事调解工作若干问题的规定》第 7 条规定："当事人申请不公开进行调解的，人民法院应当准许。"该法律规范首次确立了调解保密原则。但是，当时的调解保密原则未能引起实践的重视，诸多调解过程仍以公开为常态，以保密为例外。2009 年出台的《关于建立健全诉讼与非诉讼相衔接的矛盾纠纷解决机制的若干意见》重申了调解保密原则，并将调解过程中获取的信息也纳入了保密的范围之中，丰富了调解保密原则的内容。2015 年，最高人民法院《关于适用〈中华人民共和国民事诉讼法〉的解释》再次强调调解保密原则，其第 146 条规定："人民法院审理民事案件，调解过程不公开，但当事人同意公开的除外。调解协议内容不公开，但为保护国家利益、社会公共利益、他人合法权益，人民法院认为确有必要公开的除外。主持调解以及参与调解的人员，对调解过程以及调解过程中获悉的国家秘密、商业秘密、个人隐私和其他不宜公开的信息，应当保守秘密，但为保护国家利益、社会公共利益、他人合法权益的除外。"

调解是双方当事人互谅互让解决纠纷的方式。为了确保当事人能够真实表达自己的意思，调解员必须创造良好的环境以消除当事人的后顾之忧。因此，调解员遵循保密原则，并让当事人知晓保密原则的内容，是调解正常进行的前提。调解保密原则具有吸引当事人参与调解的制度魅力，也是影响调解成功与否的核心要素，某种程度而言更是调解的生命所在。然而，

---

① 对于司法程序而言，公开原则不是绝对的，在涉及当事人的隐私和恶化纠纷时，公开原则的"取"与"舍"同等重要。周建华．司法调解：合同还是判决?：从中法两国的比较视野出发．北京：中国法制出版社，2012：208-209.

② 肖建华，唐玉富．论法院调解保密原则．法律科学，2011（4）：138-139.

理论界关于调解保密原则的内涵众说纷纭、莫衷一是，历经数载却未有定论。[①] 我们认为，调解保密原则的要义有三。

（1）调解程序不公开。相比较司法审判公开原则而言，调解程序通常采取不公开形式进行。调解过程不公开，是指与纠纷无利害关系的人不能参与调解，亦不得旁听。具体而言，未经允许或法律的明确规定，与调解案件无关的其他人员不得进行旁听，新闻媒体也不得对调解活动进行公开报道。即便是经过允许进入调解会场的旁听的人员也不得随意泄露调解中的涉案信息。上述内容是调解保密原则最基本的要求，其核心目的是保持调解程序的独立性，避免当事人的信息外露。事实表明，当事人只有在相对封闭的场所，即在没有“外人”的环境下参与调解，才能够坦露心声。调解过程不公开，当事人才会并且勇于表达自己的真实想法。调解过程不公开，重在提升当事人对调解程序的信任度，最大程度争取当事人在调解程序中坦诚相见、开诚布公，最终达成合意。

（2）调解内容不公开。调解中，当事人主要通过谈判协商来解决争议，涉及当事人的商业秘密和个人隐私，当事人自然不愿让他人知晓。即使调解的内容无关商业秘密和个人隐私，从心理学上看，当事人对自己的让步通常也不愿意让外人知晓。调解保密原则的实质性要求是，调解员和当事人对其在调解过程中获知的信息负有保密义务。尤其是在背靠背的调解程序中，各方当事人均不知晓对方所主张的案件事实，通常情形下更容易透露出较多案件信息以及自己和他人的相关情况。当一方当事人交代自己的底线以及披露一些不愿让对方当事人知道的案件信息以及个人隐私等时，调解员就须承担相对应的保密义务。这个层面的保密原则在实践中十分重要却很容易被忽视，理论上也尚未进行充分的阐释，需要我们进一步挖掘其深层次内涵。

（3）当事人在调解中陈述的事实不得作为证据。调解保密原则的附随

---

① 关于这一问题的论述，可以参见肖建华，唐玉富．论法院调解保密原则．法律科学，2011（4）；尹力．商事案件调解保密规范解析．东方法学，2008（6）；周建华．司法调解的保密原则．时代法学，2008（5）；余林明．调解保密法律制度研究．广州：暨南大学，2007；汪祖兴．与ADR相关的保密制度探讨．现代法学，2005（3）；陶南颖．美国法院附设调解保密制度简介．人民法院报，2013－09－06（8）．

要求主要体现在调解信息需要在后续一系列程序中保密。如果纠纷调解不成，在后续的诉讼中，调解员有拒绝作证的权利。这一要求的基本内涵是当事人在调解程序中展示的信息在后续的法律程序中不能被认定为对其不利的证据。保密原则的有力执行使得当事人相信自身的权利有保障，不必担心这些信息会在后续的程序中以对其不利的证据形式呈现。如此一来，有利于调解活动的进行和调解协议的达成。调解保密原则的这一要义充分地体现了调解话语空间与诉讼话语空间的相异和断裂，增强了调解程序对诉讼程序的规制。

调解程序保密原则是调解保密原则的直观体现①，调解信息在调解程序中的保密是调解保密原则的核心和精髓，调解信息在诉讼中的保密是调解保密原则的必要延伸。三者有机统一，共同构成了调解保密原则的制度内涵，共同促进调解制度的完善和发展。

① 肖建华，唐玉富．论法院调解保密原则．法律科学，2011（4）．

第五章　我国现代调解制度的主要内容

调解作为一种预防和化解矛盾纠纷的社会治理方式，由来已久。在当前社会经济体制深刻变革，利益格局调整的新形势下，调解工作面临着新的发展机遇和挑战。总体而言，我国现行的调解制度已经形成一定体系，传统以调解主体进行界分的人民调解（或称民间调解）、法院调解（或称诉讼调解）、行政调解和仲裁调解有了一定程度的发展。而且，顺应时代需要，一些新型的调解类型，如行业调解（交通事故调解、医患纠纷调解、金融纠纷调解、物业纠纷调解等）、商事调解等不断涌现。调解与其他解纷方式之间以及各种调解之间的衔接日益密切。为了充分发挥调解制度的解纷功能，有必要对现代调解制度的主要内容进行梳理，具体包括调解的主体、调解的适用范围、调解的程序规则以及调解协议的效力等。

第一节　调解的主体

调解主体是指在调解过程中起组织、指挥、说服、疏导作用的调解组织或调解员。[①] 在我国，各种调解机制已逐步形成，人民调解、法院调解、行政调解、仲裁调解、行业调解和商事调解等调解制度日益完善，调解主体亦呈现出多元化现象。

---

① 一般而言，各种调解制度的调解组织虽然有别，但调解员的任职条件大体相同，故在本节中，若各种调解对调解员未有特别身份、专业要求的，仅论述调解组织。

一、人民调解的主体

人民调解作为一项制度，是我国特有的一种纠纷解决机制，不仅承载着人民群众对和谐和睦的期待，而且自诞生之日起就处在法律的框架之下，是预防和化解矛盾纠纷、维护社会稳定的第一道防线。人民调解的性质是由人民调解委员会的性质决定的。

人民调解的主体是指人民调解委员会和人民调解员。《人民调解法》第7条规定："人民调解委员会是依法设立的调解民间纠纷的群众性组织。"这一规定充分表明了人民调解委员会的性质。人民调解是人民群众自我教育、自我管理、自我服务的一项制度。这一属性及定位是人民调解工作赖以存在的基础，也是长期以来人民调解工作保持强大生命力，深受群众欢迎的根本原因。《人民调解法》第8条规定："村民委员会、居民委员会设立人民调解委员会。企业事业单位根据需要设立人民调解委员会。"值得一提的是，《人民调解法》在附则中为建立新型人民调解委员会预留了空间，即规定了乡镇、街道以及社会团体或者其他组织根据需要可以参照本法有关规定设立人民调解委员会。据统计，截至2015年，全国人民调解委员会总数为798 417个，其中村（居）人民调解委员会675 194个，企（事）业单位人民调解委员会48 036个，乡镇（街道）人民调解委员会42 380个，社会团体和其他组织调委会32 807个。其中，行业性、专业性人民调解组织45 739个。①

（一）村、居（社区）人民调解委员会

农村居民委员会、城市（社区）居民委员会设立的人民调解委员会［以下简称村、居（社区）人民调解委员会］是人民调解委员会最主要的组织形式，是人民调解的主要主体。村、居（社区）人民调解委员会是解决民间纠纷，化解社会矛盾最为便捷的组织。村、居（社区）是除了家庭以外最基本的社会单位。而社会矛盾，尤其是民间矛盾大部分属于家庭、邻里间的纠纷，这类纠纷的解决需要一个与纠纷主体联系密切并对产生纠纷的原因以及纠纷主体的具体情况都十分了解的组织。村、居（社区）人民调解委员会是最接近群众的调解组织，从地缘上讲，与基层群众最为亲近，

---

① 司法部基层工作指导司人民调解处．2015年度全国人民调解工作数据统计．人民调解，2016（4）.

自然成为化解村、居民间矛盾纠纷的主力军。

（二）乡镇、街道人民调解委员会

乡镇、街道设立的人民调解委员会也是人民调解极为重要的组织形式。随着社会经济的发展，民间纠纷的形式和类型也发生了巨大变化。复合型的、涉及多主体的民间纠纷开始增多，许多纠纷还超出了地域的限制。因此，单纯以村民委员会、居民委员会为单位建立人民调解委员会，很难满足这种日益增多和扩大的纠纷解决的需要。于是《人民调解工作若干规定》提出了建立乡镇、街道人民调解委员会，以调解那些村、居（社区）人民调解委员会调解不了的民间纠纷，或涉及两个以上村、居（社区）人民调解委员会的民间纠纷。

（三）企业事业单位人民调解委员会

企业事业单位人民调解委员会是《人民调解工作若干规定》增设的一类调解组织。在我国，社会构成的单位除了传统的行政区划以外，企业事业单位也是一个重要的组成部分。近年来，随着市场经济的不断发展、经济改革的不断深化，社会矛盾也进一步凸显。其中，企业事业单位在改制过程中出现的矛盾尤为明显。如何保障企业改革的顺利进行，维护职工的合法权益、化解职工在生产生活中的各种矛盾，解决企业与周边地区群众之间的矛盾纠纷，也是关系到社会稳定和经济平稳发展的重大问题。因此，在企业事业单位设置人民调解委员会，化解这类矛盾就显得十分必要。实践中，国家的重点企业、地方的骨干企业、重点扶植的民营企业都积极地设置了人民调解委员会，这些人民调解委员会积极参与社会治理，在化解矛盾纠纷中发挥了重要作用。

（四）区域性、行业性人民调解委员会

所谓区域性人民调解委员会是指在特定的行政区域、生产、生活地区建立的人民调解组织。这类人民调解委员会主要以集贸市场、经济开发区、商品集散地、工程工地、流动人口聚居地的人民调解委员会为形式。所谓行业调解[①]，是指行业、社团组织设立的调解组织（如房地产行业调解组

---

① 我们认为，行业性调解应当从人民调解中分离出来而成为一种独立的调解类型，理由是，行业性调相较于人民调解而言，其依赖于行业自律，与人民调解之纯公益性有所区别；而且，行业调解的调解员需要具备与行业相关的、专业性的知识。行业调解只有从人民调解中分离出来，才能获得长足发展的空间。

织、医疗纠纷调解组织、物业纠纷调解组织等）解决与行业、社团相关民事纠纷的活动。行业调解的调解主体是由政府认可或者行业认可的非营利性组织，本质上属于民间自治团体，但因诸般原因，时下我国行业性调解组织尚处于萌芽阶段，而且行业调解不得不借人民调解的外壳呈现，以“人民的名义”运作。2015 年，全国已建立各类行业性、专业性人民调解组织 45 739 个，其中，设立人民调解委员会 24 263 个，设立调解室 21 467个。[①]

二、法院调解的主体

法院调解是指在法官（调解人）的主持下，双方当事人互谅互让、达成协议、化解纠纷的一种方式。顾名思义，法院调解的主体主要是法官。但随着先行调解制度的确立，法院调解的主体有一定的拓展，如委派调解和委托调解的主体大多是特邀调解员。

（一）法官主持调解

长期以来，在民事诉讼中，法院调解既为立法者所倡导，也为法官所青睐。顾名思义，法院调解在本质上是法院依司法权而进行的审判行为。法院调解的主体当然是人民法院，具体为调解行为的主体则是法官。《民事诉讼法》第 94 条规定：“人民法院进行调解，可以由审判员一人主持，也可以由合议庭主持，并尽可能就地进行。”根据《民事诉讼法》之规定，法院调解可以根据不同情况采取不同的组织形式：（1）审判员一人主持调解。基层人民法院和它的派出法庭审理简单的民事案件适用简易程序，实行独任制的审判组织形式，相应地，在调解时也由审判员一人主持调解。（2）合议庭主持调解。一审程序中，除适用简易程序审理的民事案件外，人民法院都应当组成合议庭进行审理。二审程序中，人民法院均应组成合议庭审理民事案件。在调解上述案件时，应当由负责审理的合议庭主持。有时，虽然可以由合议庭授权其中一个审判员进行调解，但是制作调解书时，应当签署全体合议庭成员的名字。

---

① 司法部基层工作指导司人民调解处．2015 年度全国人民调解工作数据统计．人民调解，2016（4）．

值得一提的是，一些人民法院将调解前置于立案阶段，称为“立案调解”[①]。立案调解是指在一审民商事案件立案后，转至相关的民商事审判庭审理前，对法律关系明确、争议不大的案件，在征得双方当事人同意后，由立案法官以合议庭或独任制形式及时主持调解的诉讼活动。在司法实践中，绝大多数法院在立案环节（立案前或立案后、移送业务庭之前）推行过立案调解。调解成功的，由调解法官出具调解书；调解不成功的，由调解法官记录案件主要事实，将案卷移送审判庭。

我国目前并没有关于立案调解的相关法律规定，但结合学界研究和司法实践，我们认为，立案调解与诉前调解不同，立案调解的调解主体也是人民法院，其仍属于诉讼调解，只是将调解的时机前移至立案阶段。立案调解与庭前调解主要区别是，立案调解的主体是立案庭的法官，而非审判庭的法官，其目的是实现调审分离，确保审判不受调解的影响。立案调解和庭前调解的有机结合，为人民群众提供了更多的纠纷解决途径，同时起到案件分流的作用。

（二）接受委托调解的单位或组织主持调解

近年来，司法实践中正进行着非诉讼和诉讼解纷方式的衔接工作，相继出现委派调解、委托调解、特邀调解等新型调解模式。这些新的调解模式突破了以法院为调解主体的限制，积极吸纳新的调解主体。

委托调解是指人民法院对起诉到法院的民事案件，在征得当事人的同意后，委托人民调解委员会等组织或个人进行调解。委托调解是我国法院努力构建多元化纠纷解决机制的结果，是法院借助社会力量调处民事纠纷的新举措。2004 年 11 月 1 日起施行的最高人民法院《关于人民法院民事调解工作若干问题的规定》第 3 条明确规定：“根据民事诉讼法第八十七条[②]的规定，人民法院可以邀请与当事人有特定关系或者与案件有一定联系的企业事业单位、社会团体或者其他组织，和具有专门知识、特定社会经验、与当事人有特定关系并有利于促成调解的个人协助调解工作。经各方当事

---

① 按照“将调解工作贯穿于民事审判工作的全过程，特别要从案件的源头上抓调解”之指导思想，诸多法院推行过立案调解。立案调解的案件主要是法律事实清楚、案件争议不大的案件。调解的前提是征得双方当事人同意。

② 现修正为第 95 条。

人同意，人民法院可以委托前款规定的单位或者个人对案件进行调解，达成调解协议后，人民法院应当依法予以确认。”2009 年 2 月 18 日，最高人民法院发布的《关于进一步加强司法便民工作的若干意见》指出：经当事人同意，人民法院可以将案件委托人民调解委员会、有关行政部门、社会团体或者基层人民组织主持调解，调解达成协议的，由人民法院依法确认。2009 年 7 月 24 日，最高人民法院发布的《关于建立健全诉讼与非诉讼相衔接的矛盾纠纷解决机制的若干意见》第 15 条规定：“经双方当事人同意，或者人民法院认为确有必要的，人民法院可以在立案后将民事案件委托行政机关、人民调解组织、商事调解组织、行业调解组织或者其他具有调解职能的组织协助进行调解。当事人可以协商选定有关机关或者组织，也可商请人民法院确定。调解结束后，有关机关或者组织应当将调解结果告知人民法院。达成调解协议的，当事人可以申请撤诉、申请司法确认，或者由人民法院经过审查后制作调解书。调解不成的，人民法院应当及时审判。”该意见明确指出调解主体为接受委托的调解组织，法院仅根据其于调解结束后提交的调解结果作相应处理。

综上，委托调解的调解主体应当是接受委托的主体，包括人民调解组织等。但是，因相关司法解释和法律规范对委托调解的效力没有作出具体规定，委托调解制度目前仍没有得到较好发展。

三、行政调解的主体

在实践中，行政调解的具体类型多种多样，主要包括治安调解、城市房屋拆迁纠纷调解、土地承包经营纠纷调解、消费者权益争议调解、劳动争议调解等。目前，我国行政调解的主体主要有基层人民政府、主管行政机关和法律、法规授权的组织。

（一）行政机关主持调解

行政机关是按照国家宪法和有关组织法的规定而设立的，代表国家依法行使行政权，组织和管理国家行政事务的国家机关。行政机关利用行政资源调处当事人在公共行政过程中遇到的矛盾纠纷。在行政调解中，行政机关仅充当中间人、调解人之角色，纠纷的解决主要靠当事人的合意，调解协议的达成不具有行政强制性。

1. 基层人民政府的调解。调解民事纠纷和轻微刑事案件一直是中国基层人民政府的一项职责，这项工作主要是由乡镇人民政府和街道办事处的司法助理员负责进行的。1990年颁布的《民间纠纷处理办法》赋予了基层人民政府对各类民间纠纷的调解权。此外，国家还通过法律、行政法规赋予了人民政府和有关行政部门对行政工作中涉及的民事纠纷进行调解的权力。

2. 公安机关的调解。《治安管理处罚法》规定："对于因民间纠纷引起的打架斗殴或者损毁他人财物等违反治安管理行为，情节较轻的，公安机关可以调解处理。"《道路交通安全法》第74条第1款规定："对交通事故损害赔偿的争议，当事人可以请求公安机关交通管理部门调解，也可以直接向人民法院提起民事诉讼。"《道路交通事故处理办法》第30条规定："公安机关处理交通事故，应当在查明交通事故原因、认定交通事故责任、确定交通事故造成的损失情况后，召集当事人和有关人员对损害赔偿进行调解。"公安机关利用其专业知识对特定纠纷予以调解，有利于妥善解决纠纷。

3. 工商行政管理机关的调解。国家规定的合同管理机关，是国家工商行政管理局和地方各级工商行政管理局。1997年施行的《合同争议行政调解办法》规定："工商行政管理机关受理法人、个人合伙、个体工商户、农村承包经营户以及其他经济组织相互之间发生的以实现一定经济目的为内容的合同争议，法律、行政法规另有规定的从其规定。""工商行政管理机关调解合同争议，适用本办法的规定。"法人个人合伙、个体工商户、农村承包经营户以及其他经济组织相互之间的经济纠纷，都可以向工商行政管理机关申请调解。工商行政管理机关"调解合同争议，实行双方自愿原则"。

4. 婚姻登记机关的调解。《婚姻法》规定："男女一方要求离婚的，可由有关部门进行调解或直接向人民法院提出离婚诉讼。"同时，该法规定："男女双方自愿离婚的，准予离婚。双方必须到婚姻登记机关申请离婚。"

5. 卫生行政部门的调解。2002年9月1日起施行的《医疗事故处理条例》第48条第1款规定："已确定为医疗事故的，卫生行政部门应医疗事故争议双方当事人请求，可以进行医疗事故赔偿调解。调解时，应当遵循当事人双方自愿原则，并应当依据本条例的规定计算赔偿数额。"

（二）法律、法规授权的组织主持调解

在我国，法律、法规授权主持行政调解的组织主要有两类：一类是法

律、法规授权的行政机关的内部机构、派出机构及临时机构。这类调解比较常见的有商标评审委员会对商标权属纠纷的调解，公安派出所对治安案件的调解等。另一类是法律、法规授权的企事业单位、社会团体、行业协会、基层群众性自治组织等其他社会公共组织。如《消费者权益保护法》第 39 条规定："消费者和经营者发生消费者权益争议的，可以通过下列途径解决：……（二）请求消费者协会或依法成立的其他调解组织调解。"律师协会经《律师法》授权可以对律师执业活动中发生的纠纷进行调解等。

值得一提的是，有关劳动争议案件的调解主体具有多样性。根据《劳动争议调解仲裁法》的规定，劳动争议的调解包括企业劳动争议调解委员会、基层人民调解组织进行的调解，还包括劳动争议仲裁委员会进行的调解。前者的调解主体当属于民间调解机构如人民调解的调解主体，而后者的调解主体应为劳动争议仲裁委员会。可见，劳动争议案件既可以由民间调解机构进行调解，即人民调解；也可以由劳动争议仲裁委员会进行调解，即行政调解。

四、仲裁调解的主体

《仲裁法》第 51 条规定："仲裁庭在作出裁决前，可以先行调解。当事人自愿调解的，仲裁庭应当调解。调解不成的，应当及时作出裁决。调解达成协议的，仲裁庭应当制作调解书或者根据协议的结果制作裁决书。调解书与裁决书具有同等法律效力。"仲裁调解的调解主体是仲裁委员会。仲裁委员会是独立、公正、高效地解决平等主体（公民之间，法人之间，其他组织之间，以及上述主体相互之间）合同纠纷和其他财产权益纠纷的常设仲裁机构。目前，我国的仲裁委员会分为国内仲裁委员会和涉外仲裁委员会。《仲裁法》规定，我国国内的仲裁调解的调解主体是仲裁机构（民间社团）。涉外仲裁机构（国际经济贸易仲裁委员会和海事仲裁委员会）虽是由国际商会组织设立的，但也属于民间机构。

五、行业调解的主体

行业调解，是指依法成立的行业组织内部设立的调解组织，对与其行业相关的民事纠纷进行调解的活动。行业组织作为行业自律性组织，承担着制定行业规则和标准，维护行业自治与行业权益，协调解决相关纠纷的社会责任。开展行业调解是行业组织承担行业自治职能的重要表现。行业调解的主体是行业组织下设的行业调解组织。行业调解组织由行业组织成员共同发起成立，主要由主任、副主任及其他成员组成。行业调解组织的成员通常是由行业组织选举、推选或者聘任产生的。此外，行业调解委员会根据工作需要可以聘任专职调解员。行业调解由行业调解组织依托各行业协会进行，并接受司法行政主管部门的业务指导。

推进行业调解的重要突破点，在于鼓励支持各行业协会设立行业调解组织，让各行业组织积极参与到社会矛盾纠纷化解和社会治理中来，充分发挥行业调解在多元化调解体系中的独特优势。目前国内较为成熟的行业调解组织有：中国证券业协会证券纠纷调解中心、中国房地产业协会调解中心、北京物业管理行业协会物业纠纷调解中心等。

（一）中国证券业协会证券纠纷调解中心

中国证券业协会于 2012 年设立了中国证券业协会证券纠纷调解中心，目的在于妥善解决证券业务纠纷，保护投资者合法权益，维护证券行业整体利益，促进证券市场规范和谐发展。为此，中国证券业协会先后制定了《中国证券业协会证券纠纷调解工作管理办法》《中国证券业协会证券纠纷调解规则》两项业务规则，以此规范证券行业纠纷的调解程序。此外，中国证券业协会充分发挥地方协会在区域行业自理管理中的作用，与全国 36 家地方协会建立了证券纠纷调解协作机制，使中国证券业协会主导的证券纠纷调解工作可以在全国各个地区开展。通过地方协会处理证券纠纷，可以就地、就近、快速地解决证券纠纷，降低调解工作成本，提高调解工作效率。为了满足不同地区经济发展状况和市场需求情况，中国证券业协会支持有条件的地方协会建立调解机构和自行聘任调解员，并指导地方协会开展证券纠纷调解工作。中国证券业协会还建立了依托互联网的证券纠纷调解工作系统，实现调解中心与地方协会之间的调解工作衔接和信息共享，及时统计各地方协会证券纠纷调解工作进展情况。

中国证券业协会证券纠纷调解中心的调解人员主要由证券业协会、证券公司、高等院校、律师事务所的专业人士构成，现有专兼职调解人员 289 人。该调解中心目前主要受理：会员与投资者之间发生的证券业务纠纷、会员与会员之间发生的证券业务纠纷、会员与其他利益相关者之间发生的证券业务纠纷。经过多年的工作实践，由中国证券业协会主导、地方证券业协会协作配合、会员单位积极参与的证券纠纷行业调解已逐步完善，在纠纷化解实践当中取得了积极成效。从 2013 年到 2016 年 8 月底，证券业协会和地方协会的证券纠纷调解中心共受理了 4 479 起证券纠纷调解申请，成功化解了 3 695 起证券纠纷。[①]

（二）中国房地产业协会调解中心

中国房地产业协会调解中心是由 2015 年的中国房地产业协会第七届第三次会员代表大会审议成立的。中国房地产业协会调解中心制定了专门的调解规则、调解员守则及收费标准等。中心调解员的聘任及解聘由中国房地产业协会会长办公会决定，调解员除熟悉房地产业务外，还应熟悉房地产相关法律法规，并在行业内享有较高声誉。目前该调解中心拥有超过 100 名经过专业培训和认证的调解员，主要由退休法官、仲裁员、资深律师、企业高管、高校专家组成。中心的受案范围为全国范围内与房地产有关的民事、商事纠纷，包括平等主体的自然人、法人和其他组织之间发生的与房地产、建筑工程、部品部件采购、征收补偿、房地产金融等相关的经济纠纷。

（三）北京物业管理行业协会物业纠纷调解中心

北京物业管理行业协会物业纠纷调解中心成立于 2013 年，是北京物业管理行业协会的内设机构。北京物业管理行业协会制定有《北京物业管理行业协会调解中心调解员管理办法（试行）》《北京物业管理行业协会物业纠纷调解工作管理办法（试行）》《北京物业管理行业协会物业纠纷调解规则（试行）》。调解员包括协会秘书处工作人员、会员单位推荐的行业专家、公益律师等。调解中心的调解范围包括（1）物业服务合同纠纷；（2）招投标纠纷中与物业管理相关的纠纷；（3）与物业管理相关的保安、保洁合同纠纷；（4）与物业管理相关的侵权纠纷（人身或财产损害赔偿）；（5）物业服务企业间的不正当竞争纠纷；（6）物业企业的股权纠纷；（7）物业企业与业委会或业主间的知情权纠纷；（8）物业企业与其他企业间的合作协议纠纷。

---

① 中国证券报，2017－09－22（A02）.

六、商事调解的主体

商事调解，是指依法成立的商业调解组织对当事人申请的民商事纠纷进行调解的活动。商事调解[①]的主体是商事调解组织，具体包括具备条件的商会、民办非企业单位、商事仲裁机构等。如今，公司、企业、个体工商户等商事主体已经成为市场经济最活跃的主体。近年来，商事纠纷的加剧使有限的司法资源远远不能满足商事主体日益增长的化解商事纠纷的需求。人民调解也无法适用化解商事纠纷的专业性要求。[②] 为了适应社会急剧转型、商事纠纷日趋复杂的新形势，我国急需培育和发展商事调解组织。

商事调解作为多元化纠纷解决机制的重要组成部分，以对话和非对抗的方式引导当事人理性解决纠纷，最终实现当事人双赢。商事调解的良性运作，依赖于一支专业化的调解队伍。唯有具备商事专业知识且经验丰富的调解员，方能引导当事人向前看，以促进双方合作求得双方共赢。

近年来，商事调解的国际化趋势愈发凸显，自 2016 年"一带一路"国际商事调解中心成立以来，以调解为主要形式的多元化纠纷解决机制受到我国海外投资企业的欢迎，线上线下结合、诉讼调解对接、国际化导向的调解室和调解员等崭新的做法，有效地化解了通过诉讼解决传统跨境纠纷面临的时间长、成本高等问题。"一带一路"国际商事调解中心的国际性与

---

① 鉴于我国各类民商事纠纷日益增多，2015 年《关于完善矛盾纠纷多元化解机制的意见》，从顶层设计上明确提出推动各领域成立商事调解组织。为了贯彻落实《中共中央关于全面推进依法治国若干重大问题的决定》以及《关于完善矛盾纠纷多元化解机制的意见》，2016 年，最高人民法院发布实施《关于人民法院进一步深化多元化纠纷解决机制改革的意见》，其中针对商事纠纷的特点，提出鼓励创立商事调解组织。

② 人民调解与商事调解的主要区别如下：一是主管不同。人民调解的主管是司法行政部门，这一点在人民调解法中已有明确规定，而商事调解按照相关文件精神，试行谁负责谁主管。二是调解员组成不同。人民调解委员会按照《宪法》第 111 条之规定，是在村委会、居委会中设立的，其调解员主要由基层老党员、老干部、老社会工作者组成，而商事调解的调解员主要由专业律师、退休法官、各行业专家组成。三是经费保证渠道不同。人民调解的经费按照人民调解法的规定由政府提供，是不收费的，而商事调解试行市场化运作，政府不提供经费，主要靠调解服务收费来保证机构运转。四是对主体资格要求不同。人民调解不要求调解组织具有独立法人资格，实际上，我国的人民调解组织大部分都不具备法人资质，而相关文件精神鼓励商事调解组织获得独立法人资质。五是调解的案件类型不同。人民调解受调解员职业范围的影响，主要调解民间纠纷，而商事调解主要调解那些涉及法律专业较深的合同类、金融类、知识产权类等案件。如不能正确区分人民调解与商事调解，把两者混同起来，就很难解决商事调解的市场化、调解员待遇、主体资格等问题。

跨国性使得其持续受到各国的广泛关注。目前，该调解中心在英国、意大利、西班牙、巴西、奥地利等63个国家的一百七十多个城市和地区已经具备了展开线下调解的能力，调解规则及系列调解文书范本也得到了不断完善，为提升我国纠纷解决机制国际竞争力作出了贡献。

此外，值得一提的是，根据最高人民法院、司法部出台的《关于开展律师调解试点工作的意见》（司发通〔2017〕105号）的相关规定，律师调解作为一种“新型”调解类型被催生。律师调解是指律师、依法成立的律师调解工作室或者律师调解中心作为中立第三方主持调解，协助纠纷各方当事人通过自愿协商达成协议、解决争议的活动。

我国律师调解工作分为四种模式：其一，在人民法院设立律师调解工作室。试点地区的各级人民法院要将律师调解与诉讼服务中心建设结合起来，在人民法院诉讼服务中心、诉调对接中心或具备条件的人民法庭设立律师调解工作室，配备必要的工作设施和工作场所。其二，在公共法律服务中心（站）设立律师调解工作室。试点地区的县级公共法律服务中心、乡镇公共法律服务站应当设立专门的律师调解工作室，由公共法律服务中心（站）指派律师调解员提供公益性调解服务。其三，在律师协会设立律师调解中心。试点地区的省级、设区的市级律师协会设立律师调解中心。律师调解中心在律师协会的指导下，组织律师作为调解员，接受当事人申请或人民法院移送的案件，参与矛盾化解和纠纷调解。其四，在律师事务所设立调解工作室。鼓励和支持有条件的律师事务所设立调解工作室，组成调解团队，可以将接受当事人申请调解作为一项律师业务开展，同时可以承接人民法院、行政机关移送的调解案件。

律师作为一种从事法律职业的人员，鼓励他们主持或参与调解，可以凸显律师的专业性，由律师主持调解可以引导调解制度向专业化方向发展。但我们认为，律师主持的调解不宜作为一种独立的调解类型，因为律师主持的调解与既有的调解相比，没有其自身的独特性。例如，律师主持调解村民之间或居民之间的一般性民事纠纷或轻微刑事纠纷，应属于人民调解，理应坚持人民调解的公益性，即主持调解的律师不能向当事人收取调解费用；律师参与或主持行业性纠纷，可以被归入行业调解；律师主持调解商事纠纷，则应属于商事调解，可以遵循商事调解的运行规则，律师可以市场化为导向，向当事人收取相应的调解费。鉴此，在将来制定《调解法》时，不宜将律师调解作为一种独立的调解类型。

第二节　调解制度的适用范围

调解制度的适用范围，是指各类调解组织负责调解哪些类型的纠纷，也即哪些纠纷由哪类调解组织受理和解决。明确调解组织的适用范围，可以确定各类调解组织解决纠纷的职责与界限，使调解组织在解决不同性质的纠纷时，能够体现各自的行业特点和业务优势，以充分发挥各种调解组织的解纷功能。

一、人民调解的适用范围

《人民调解法》第 2 条规定："本法所称人民调解，是指人民调解委员会通过说服、疏导等方法，促使当事人在平等协商基础上自愿达成调解协议，解决民间纠纷的活动。"据此，可以将人民调解的适用范围解释为"民间纠纷"。学理上关于民间纠纷颇具争议[①]，相关法律规范对民间纠纷范围的界定宽窄不一。1990 年施行的《民间纠纷处理办法》第 3 条规定，民间纠纷"即公民之间有关人身、财产权益和其他日常生活中发生的纠纷"。2002 年 11 月 1 日施行《人民调解工作若干规定》第 20 条规定："人民调解委员会调解的民间纠纷，包括发生在公民与公民之间、公民与法人和其他社会组织之间涉及民事权利义务争议的各种纠纷。"通常，民间纠纷包括婚姻家庭纠纷，邻里纠纷，赡养、扶养纠纷，房屋宅基地纠纷，损害赔偿纠纷，生产经营纠纷以及新形势下凸显的有关土地承包、经济合同、计划生育、村务管理方面的纠纷；企业转制、破产、租赁、兼并和转让过程中引发的劳动争议纠纷；有关市政建设、危旧房改造中的征地拆迁、安置补偿、噪声

① 学者们对"民间纠纷"有不同的理解，相关论述参见蒋福元，陈翠银．民事诉讼法中的人民调解委员会．上海司法，1982 (4)；李庚元．基层人民政府对民间纠纷处理权刍议．山东大学学报 (哲学社会科学版)，1991 (4)；李春霖，潘夏明．人民调解问题争议之我见．政法论坛，1992 (2)；刘江江．人民调解法治新论．北京：中国政法大学出版社，2009：64.

扰民、物业管理、房地产买卖等方面的纠纷等。随着人民调解实践的不断深入，人民调解的受案范围继续向各类新型案件拓展[①]，甚至向刑事案件“进军”[②]。

客观地讲，人民调解的受案范围呈不断扩大趋势[③]，受案总量不断增加。截止到2015年年底，全国人民调解组织全年共调处各类纠纷9 331 047件，邻里之间、婚姻家庭纠纷两类传统民间纠纷分别占调解纠纷总数的25.45%和19.66%；除医疗纠纷、道路交通事故纠纷、物业纠纷、环境保护纠纷外，一些新型的纠纷也通过人民调解来化解，如旅游纠纷、电子商务纠纷等。[④] 然而，人民调解是通过说服、疏导等方法，促使当事人在平等协商的基础上自愿达成协议的一种纠纷解决方式。人民调解的本质决定了传统民间纠纷必然是其受案范围的主体部分。人民调解在处理比较复杂的新型纠纷时往往是“心有余，而力不足”。一些地方的实践证明，人民调解在诸多新型纠纷上无能为力，纵使有少量案件最终调解成功，但其所倚重的技术已经偏离了人民调解的本质。[⑤]

二、法院调解的适用范围

调解作为人民法院行使审判权的一种方式，具有广泛的适用性。现行《民事诉讼法》第122条之规定：“当事人起诉到人民法院的民事纠纷，适宜调解的，先行调解，但当事人拒绝调解的除外。”《民事诉讼法》虽然对法院调解的适用范围没有作出明确规定，但是依据法理，只要是平等主体之间以财产权利和人身权利为内容的民事纠纷，经当事人同意，人民法院均

---

① 事实上，历任司法部领导都要求人民调解扩大工作领域，具体参见2002年9月罗干同志在全国人民调解工作会议上的讲话；2004年2月司法部副部长胡泽君同志在全国人民调解工作座谈会上的讲话；2007年7月肖扬同志、吴爱英同志、郝赤勇同志在全国人民调解工作会议上的讲话。

② 2012年，北京市司法局组织开展了一场人民调解“和风”行动，对本地区、本领域的纠纷进行“拉网式”大排查，仅上半年，北京市各级人民调解组织共排查纠纷13 127件，防止民间纠纷转化为刑事案件238件。李娜．人民调解成维稳“第一道防线”．法制日报，2012-07-21：5.

③ 李喜莲．人民调解制度发展的瓶颈及对策——兼评《中华人民共和国人民调解法》．湘潭大学学报（哲学社会科学版），2014（6）.

④ 司法部基层工作指导司人民调解处．2015年度全国人民调解工作数据统计．人民调解，2016（4）.

⑤ 我们在调研中发现，人民调解在解决新型案件时耗时较长（有的长达六七年），有的虽然依靠司法行政权力调解成功，但其已经偏离了人民调解及时解决民间纠纷的特点和自治性本质。

可以调解方式结案。从适用的主体来看，各级人民法院审理民事案件都可以进行调解。从适用的程序来看，民事诉讼在一审普通程序、简易程序、二审程序和再审程序均能进行调解。从民事诉讼过程看，民事诉讼在开庭审理前、审理过程中以及判决作出前都可以进行调解。此外，最高人民法院《关于适用简易程序审理民事案件的若干规定》第 14 条规定："下列民事案件，人民法院在开庭审理时应当先行调解：（一）婚姻家庭纠纷和继承纠纷；（二）劳务合同纠纷；（三）交通事故和工伤事故引起的权利义务关系较为明确的损害赔偿纠纷；（四）宅基地和相邻关系纠纷；（五）合伙协议纠纷；（六）诉讼标的额较小的纠纷。但是根据案件的性质和当事人的实际情况不能调解或者显然没有调解必要的除外。"据此，上述案件进入民事诉讼中，调解成为审判的前置程序。

值得一提的是，法院调解并不能适用于所有民事纠纷。根据《民事诉讼法》及相关司法解释之规定，以下案件不能以调解方式结案：一是适用特别程序、督促程序、公示催告程序以及破产程序审理的案件，不能适用调解；二是有关婚姻关系、身份关系确认的案件以及依性质不能进行调解的民事案件亦不能适用调解。以上两类案件不能进行调解的理由是，这些案件在一定程度上涉及公益，当事人不能自行处分。

三、行政调解的适用范围

行政调解是指行政主体参与主持的，以国家法律法规、政策和公序良俗为依据，以受调解双方当事人自愿为前提，通过劝说、调停、斡旋等方法促使当事人友好协商、达成协议、消除纠纷的一种调解机制。[①] 相较于法院调解和人民调解而言，行政调解具有行政性、专业性、综合性等特点。学界一般认为，行政调解的范围限于以下两个方面：其一，因相对人对行政赔偿和行政补偿数额不服而产生的争议；其二，凡是与行政管理密切相关的民事纠纷，只要当事人愿意行政调解，有管理职权的行政机关均可对之进行调解。[②] 在实践中，以下纠纷常常通过行政调解解决。

---

① 朱最新．社会转型中的行政调解制度．行政法学研究，2006（2）．

② 王喜珍．行政调解对构建和谐社会的价值功能及适用．理论导刊，2008（10）．

（一）治安行政纠纷

公安部门负责治安管理及道路交通安全管理工作，对行政管理范围中的纠纷可以依法进行调解。《治安管理处罚法》第 9 条规定："对于因民间纠纷引起的打架斗殴或者损毁他人财物等违反治安管理行为，情节较轻的，公安机关可以调解处理。经公安机关调解，当事人达成协议的，不予处罚。经调解未达成协议或者达成协议后不履行的，公安机关应当依据本法的规定对违反治安管理行为人给予处罚，并告知当事人可以就民事争议依法向人民法院提起民事诉讼。"实践中，因违反治安管理而引发的纠纷，通常由派出所进行调解。

（二）劳动争议纠纷

劳动争议是指劳动关系当事人因劳动关系发生分歧而引起的争议，又称劳动纠纷。劳动纠纷既不同于一般的行政争议案件，也不同于一般的民事纠纷案件。劳动争议具有自身的特点：其一，在调整对象上，劳动关系中存在着形式上平等与实质上不平等的矛盾；其二，在调整方法上，多为强制性规范，确认劳动组织对违纪职工的纪律处分权，同时贯彻保护弱小一方劳动者利益的基本原则；其三，在社会影响上，劳动关系既涉及劳动者的切身利益，又关系到经济发展和社会稳定，涉及面较广。

2008 年 5 月 1 日起施行的《劳动争议调解仲裁法》确立了调解前置原则。该法第 42 条第 1 款规定："仲裁庭在作出裁决前，应当先行调解。"劳动争议仲裁委员会由劳动行政部门代表、工会代表和企业方面代表组成，其工作受劳动行政部门的指导。劳动争议仲裁委员会根据法律的授权成为行政主体，具有行政仲裁和行政调解双重职能，可以依法受理劳动争议案件。

具体而言，可以行政调解的劳动争议案件包括以下几种类型：(1) 去职纠纷。因用人单位开除、除名、辞退劳动者，或者劳动者辞职、自动离职而发生的争议。(2) 劳动合同纠纷。包括履行、变更、解除、终止、续订合同，确认合同效力以及进行事实劳动关系等过程中所发生的争议。如果劳动者与用人单位之间没有订立书面劳动合同，但已形成事实劳动关系，因事实劳动关系而发生的纠纷也属于此类争议。(3) 劳动待遇纠纷。这主要包括一是劳动条件待遇纠纷，即执行国家有关工资、工时与休息休假、安全与卫生、劳动保护以及职业教育培训等规定所发生的争议；二是社会保险待遇纠纷。即养老、医疗、失业、工伤和生育保险待遇等；三是社会福利待遇纠纷。即按照国家有关规定给付劳动者的各项福利待遇。（4）其他纠纷。法律法规规定的其他劳动争议以及许多新类型的劳动争议。

（三）知识产权纠纷

知识产权行政管理部门可以依法对知识产权纠纷进行调解。《专利法》第60条规定："……专利权人或者利害关系人可以……请求管理专利工作的部门处理……进行处理的管理专利工作的部门应当事人的请求，可以就侵犯专利权的赔偿数额进行调解……"《商标法》第60条规定："侵犯注册商标专用权……引起纠纷的，由当事人协商解决；不愿协商或者协商不成的，商标注册人或者利害关系人可以向人民法院起诉，也可以请求工商行政管理部门处理……"《著作权法》第55条第1款规定："著作权纠纷可以调解……"这里的调解当然包括行政管理部门对著作权纠纷的调解。

四、仲裁调解的适用范围

仲裁调解是一种复合式的争议解决方法。它是指根据当事人的请求，或者仲裁员在征得当事人的同意后，在仲裁庭主持下，双方当事人平等协商解决纠纷的方法。仲裁调解结合了仲裁裁决的可执行性，又结合了调解的灵活性、便捷性，大大增强了解决纠纷的功能。根据《仲裁法》第2条之规定，仲裁调解的适用范围是，"平等主体的公民、法人和其他组织之间发生的合同纠纷和其他财产权益纠纷"。《仲裁法》第51条规定："仲裁庭在作出裁决前，可以先行调解。当事人自愿调解的，仲裁庭应当调解。调解不成的，应当及时作出裁决。调解达成协议的，仲裁庭应当制作调解书或者根据协议的结果制作裁决书。调解书与裁决书具有同等法律效力。"由此可见，根据《仲裁法》的相关规定，仲裁调解的适用范围是平等主体的公民、法人和其他组织之间发生的合同纠纷和其他财产权益纠纷。

有必要提及的是，根据我国《仲裁法》第3条之规定，下列争议不属于仲裁调解范围：（1）婚姻、收养、监护、扶养、继承纠纷；（2）依法应当由行政机关处理的行政争议。

五、行业调解的适用范围

正如前文所述，行业调解是行业组织开展行业自治的重要方式。行业调解为争端各方提供了平等对话的渠道，有助于矛盾主体紧张关系的缓解和促进个体达成共识，从而有效化解纠纷，稳固行业利益共同体。① 因此行业调解的适用范围，必须是与各类行业活动相关的民事纠纷，如此才能体现行业调解的自治性、行业性和专业性。具体来说，行业调解的适用范围主要如下：一是行业组织的会员之间以及会员与非会员之间发生的与行业活动有关的民事纠纷；二是虽然纠纷当事人不属于行业组织会员，但其纠纷内容与该行业事务有关的，也可以申请行业调解。客观地讲，主管部门只有将行业调解的适用范围限定在“与行业活动相关”的民事纠纷上，才能充分发挥行业调解组织的专业优势，才能达到行业自律、自治的目的。

六、商事调解的适用范围

商事调解适用于当事人之间由于商业活动而产生的纠纷。商事调解广泛地适用于合同纠纷、财产纠纷等民事商事纠纷和经济纠纷，主要包括当事人之间在贸易、投资、金融、证券、知识产权、技术转让、房地产、工程承包、运输、保险以及其他商事、海事等领域的争议。国际商事调解目前主要包括国际或涉外的争议，涉及香港特别行政区、澳门特别行政区和台湾地区的争议；外商投资企业相互之间以及外商投资企业与中国其他法人、自然人或经济组织之间的争议，以及其他国内争议。

基于社会治理社会化、精细化的需要，我国调解类型呈现多样化。各种调解制度在受案范围上既有分工，也有合作。事实上，同一民事纠纷，基于当事人的选择不同，可以适用人民调解、法院调解或仲裁调解。特别是人民调解与行业性、专业性调解的关系如何，目前尚不明朗。为明了起见，本书将各种调解的受案范围进行简单归纳（见表 5－1）。

---

① 熊跃敏，周杨．我国行业调解的困境及其突破．政法论丛，2016（3）．

表 5-1　　各种调解的受案范围

类型 / 受案范围	人民调解	法院调解	行政调解	仲裁调解	行业调解	商事调解
受理的案件	民间纠纷（含轻微的刑事案件）	民事纠纷	1. 因相对人对行政赔偿和行政补偿数额不服而产生的争议 2. 与行政管理密切相关的民事纠纷	合同纠纷和其他财产权益纠纷	与各类行业活动相关的民事纠纷	合同纠纷、财产纠纷等民事商事纠纷和经济纠纷
法定不可受理的案件	立法上无具体规定。一般认为，重大刑事案件不得调解	1. 适用特别程序、督促程序、公示催告程序以及破产程序审理的案件，不能适用调解； 2. 有关婚姻关系、身份关系确认的案件以及依性质不能进行调解的民事案件	其他行政案件不得调解	1. 婚姻、收养、监护、扶养、继承争议； 2. 依法应当由行政机关处理的行政争议	无具体规定	无具体规定

第三节　调解的程序规则

调解程序，是指各种调解主体对民事纠纷进行调解时所依据的方法、步骤。客观地讲，调解作为一种纠纷解决方式，其相较于诉讼（判决）而言，本身具有灵活性、非程序性等特点。但是，调解的启动、调解方案的提出、调解协议的签订等步骤仍有先后、次序之分。因此，将上述步骤称为广义上的程序，并无不当。当事人双方对其合法的民事权益有处分权，决定了调解程序既有一般纠纷解决方式的规范性，同时又具有其自身的灵活性。

一、调解程序的启动

鉴于调解有着自身的特性，各种调解制度在启动方式的设计上比较灵活。

（一）人民调解的启动

1. 当事人申请

《人民调解工作若干规定》第23条规定："人民调解委员会根据纠纷当事人的申请，受理调解纠纷；当事人没有申请的，也可以主动调解，但当事人表示异议的除外。"《人民调解法》第17条规定："当事人可以向人民调解委员会申请调解；人民调解委员会也可以主动调解。当事人一方明确拒绝调解的，不得调解。"显然，相关法律规范为人民调解委员会主动进行调解提供了立法依据。但实践表明，当事人申请仍然是启动人民调解的主要方式。[①]

当事人申请人民调解的形式有两种：（1）书面申请。《人民调解工作若干规定》第23条规定："当事人申请调解纠纷，可以书面申请，也可以口头申请。"一般情况下，纠纷当事人申请调解应当提交书面的调解申请书。申请书的主要内容包括：申请人、被申请人的基本情况，调解的请求、事实和理由。（2）口头申请。人民调解委员会是群众性自治组织，其主要任务是调解民间纠纷、化解群众矛盾，这就决定了它应当遵循便民、利民的原则。鉴于有些民间纠纷的当事人文化水平较低、年龄较大，提出书面申请存在一定的困难，因此，允许当事人口头提出申请，这样既便利了当事人，也有利于及时解决纠纷，防止矛盾激化。

2. 调解主体主动调解

主动调解是指人民调解委员会在没有当事人申请的情况下，主动为当

---

① 这里所指的当事人申请，既包括当事人主动申请，也包括基层人民法院、公安机关对适宜通过人民调解方式解决的纠纷，告知当事人向人民调解委员会进行的申请。基层工作统计分析，2011年人民调解案件中当事人申请人民调解的占55%，人民调解委员会主动调解的占41%，人民调解委员会接受委托或移送调解的占4%。司法部基层工作指导司编．基层工作统计分析（2011）．北京：法律出版社，2013：27.

事人调解纠纷。人民调解组织主动介入民间纠纷的调解，是人民调解组织发挥作用的有效途径和方法，也是人民调解有别于其他纠纷解决机制的一大特色和优势。人民调解委员会主动介入调解，能够抓住化解矛盾纠纷的最佳时机，使矛盾纠纷解决在萌芽状态。人民调解委员会可以通过以下几种渠道发现矛盾纠纷：(1) 人民调解委员会可以定期对群众间的矛盾纠纷进行排查，发现纠纷就要及时化解，防止矛盾纠纷激化升级。(2) 基层人民政府要求人民调解委员会主动介入调解纠纷。基层人民法院、公安部门或者政府有关部门发现适宜通过人民调解方式解决的矛盾纠纷，也可以及时告知人民调解委员会，由人民调解委员会主动介入。(3) 人民调解委员会在工作中发现矛盾纠纷。人民调解员在调解纠纷时，可能发现相关联的其他矛盾纠纷，此时，人民调解委员会可以主动调解该纠纷。(4) 社会组织、群众向人民调解委员会反映的矛盾纠纷。群众发现矛盾纠纷，可以向人民调解委员会反映。人民调解委员会认为适宜调解的，可以主动调解。

3. 接受委托或移送

《人民调解法》第 18 条规定：“基层人民法院、公安机关对适宜通过人民调解方式解决的纠纷，可以在受理前告知当事人向人民调解委员会申请调解。”《公安机关办理行政案件程序规定》第 178 条第 2 款也规定：“对不构成违反治安管理行为的民间纠纷，应当告知当事人向人民法院或者人民调解组织申请处理。”《关于人民法院民事调解工作的若干规定》第 3 条：“根据民事诉讼法第八十七条的规定，人民法院可以邀请与当事人有特定关系或者与案件有一定联系的企业事业单位、社会团体或者其他组织，和具有专门知识、特定社会经验、与当事人有特定关系并有利于促成调解的个人协助调解工作。经各方当事人同意，人民法院可以委托前款规定的单位或者个人对案件进行调解，达成调解协议后，人民法院应当依法予以确认。”人民调解委员会可因接受人民法院的委托而介入调解，也可主动调解人民法院或公案机关移送的案件。

（二）法院调解的启动

法院调解程序的开始包括两种方式：一是由当事人申请调解；二是法院在征得当事人同意后依职权进行调解。原则上，法院调解需征得双方当事人的同意。双方当事人自愿要求调解的，或者一方当事人申请调解，经法院征询，对方未表示异议的，均可进行调解。但法律规定必须先行调解的案件[①]，法院在审理前应当进行调解。应注意的是，并非有一方当事人表示不愿调解，法官便不再做调解工作，有时当事人只是由于感情上一时的对立，而拒绝选择调解。这时法官应该进行“冷处理”或者适当地说服、劝解，通过缩短当事人之间人际关系的距离，取得双方当事人的同意后，再主持调解。

（三）行政调解的启动

行政机关处理矛盾纠纷时，会主动告知当事人有申请行政调解的权利；对行政处罚、行政许可、行政强制等行政执法案件的行政调解应当在行政决定作出之前告知行政相对人。当事人申请行政调解，可以书面申请，也可以口头申请。行政机关接到当事人申请后，要认真进行审查，凡符合受理条件的[②]，应在5个工作日内决定是否受理，并及时告知申请人；不予受理的，要向当事人说明理由。此外，行政机关也可以根据案件情况，在征得各方当事人同意的基础上启动调解。

（四）行业调解的启动

行业程序的启动主要有三种：（1）当事人申请。当事人主动向相关的行业性、专业性调解委员会申请调解，对于属于该相关行业的矛盾纠纷，该相关的行业性、专业性调解委员会应该及时受理，依法调解，通过教育疏导等方式，帮助当事人在和平互让的基础上自愿达成调解协议。（2）有关部门移送。对于适宜调解的某一领域的矛盾纠纷，经当事人同意，有关部门将此纠纷移送给相关领域的行业性、专业性调解委员会，相关的行业性、专业性调解委员会应该及时受理，并且依据自身行业、专业的特点和规律，运用专业知识，借助专业力量，化解矛盾纠纷。（3）主动排查。对于行业性、专业性调解委员会排查出的矛盾纠纷，应该及时地引导当事人积极地进行调解，努力把矛盾纠纷化解在基

---

① 据最高人民法院《关于适用简易程序审理民事案件的若干规定》第14条之规定，人民法院对六类案件在开庭审理前应当先行调解。

② 受理行政调解须符合以下条件：（1）调解对象是与本案有直接利害关系的当事人。（2）该矛盾纠纷与该机关行政职权有关。（3）该矛盾纠纷具有可调解性。（4）各方当事人同意行政调解。

层、消除在萌芽的状态。对于调解不成的，要引导当事人通过合法的渠道解决。

（五）商事调解的启动

商事调解作程序的启动通常来说有两种：一是商事纠纷主体主动向商事调解组织申请调解。商事纠纷主体自愿向商事调解组织申请调解，商事调解组织有权依据相关规定决定是否予以受理。二是有关部门引导商事纠纷当事人选择商事调解组织进行调解。一些法院诉导中心对诉至法院的商事纠纷进行适当的分流，对于适宜调解的商事纠纷引导当事人选择商事调解组织进行调解。

二、调解前的准备

调解前的准备程序是整个调解程序的重要组成部分，是当事人申请调解或调解主体主动介入调解后至正式进行调解前，调解主体按一定方式、程序实施的准备活动的总和。

（一）人民调解前的准备①

1. 确定调解员、调解时间和地点

一般情况下，除情节简单、事实清楚的纠纷可以在受理后直接进入调解阶段外，人民调解委员会应当在调解前做好相应的准备工作。准备工作之一是选定调解员。《人民调解法》第19条规定："人民调解委员会根据调解纠纷的需要，可以指定一名或者数名人民调解员进行调解，也可以由当事人选择一名或者数名人民调解员进行调解。"人民调解委员会对于已经受理的纠纷，应尽快确定好人民调解员，有数名人民调解员时，由其中1人担任调解主持人。此外，人民调解委员会还应确定好调解的时间和地点，及时地将调解人员的名单、调解时间和地点告知当事人，以便当事人作好准备。

2. 调查案件事实

人民调解委员会受理纠纷后，要对纠纷的发生的原因、主要事实进行调查。调解员可以分别向双方当事人询问纠纷的事实和情节，了解双方的

---

① 因行业调解、商业调解的准备程序与人民调解的相同，故不再赘述。

要求及理由，根据需要向有关机关或个人进行调查核实。如在调解医患纠纷前，调解组织需要进行相关鉴定以明确责任，即经双方同意，医疗纠纷人民调解委员会可以委托有法定资质的专业鉴定机构进行鉴定。客观地讲，确认纠纷的真实情况，总结归纳纠纷当事人双方争议的焦点、难点和矛盾等，是调解前准备工作的重要内容。

3. 制订调解方案

在对纠纷事实进行充分调查分析的基础上，人民调解委员会要着手拟订调解方案，主要包括：确定调解所要达到的目的；准备好消除双方当事人争执的可行性方案；调解过程中可能出现的问题和对策；调解具体纠纷所涉及的法律、法规、政策条款；具体的调解方法和工作重点等。对于通过一次调解难以解决或容易出现反复的纠纷，应当事先做好多次调解的准备。在遇到疑难、复杂纠纷时，应经调解委员会集体讨论来集思广益。当然调解方案只是人民调解委员会在调解纠纷前所作出的各种设想，在调解时，要根据具体情况的变化，灵活、有效地把握调解活动的进程，不能生搬硬套事先拟定的调解方案。

（二）法院调解前的准备

1. 确定调解时间

调解贯穿民事诉讼的始终，也就是说，民事案件在诉讼进行的整个阶段都可以进行调解，包括立案之后、判决之前的审前准备阶段，法庭审理中以及开庭之后，随时都可以调解。

2. 确定调解地点

调解既可以在法院内进行，也可以就地进行，包括当事人所在地和纠纷发生地。例如相邻关系纠纷，更适合就地进行调解。就地调解既便利了当事人，又有利于进行法制宣传，起到“调解一案、教育一片”的社会效果。

3. 确立调解思路

人民法院在调解时，应当做好调解前的准备，确立调解思路或调解方案。这主要是在审查起诉状、答辩状和证据材料的基础上，弄清双方当事人的争议焦点，征询当事人双方是否愿意接受调解，确定是否邀请有关单位或个人参加调解，以及进行必要的收集调查证据工作，掌握全部案情及有关情况，以便有针对性地进行调解工作。

4. 通知当事人

人民法院调解案件时，当事人应当出庭。通知当事人出庭参加调解的方式可以采取书面、电话、口头等简便的方式。如果当事人不出庭，可以由经过特别授权的委托代理人到场协商。对离婚案件进行调解，当事人确系不能出庭的，必须出具书面意见，以说明自己的主张。

（三）行政调解前的准备

1. 行政调解事项告知

行政机关受理行政调解后，应当及时告知当事人调解起止时间、依法享有的权利、应当遵循的程序、注意的事项等，使当事人明确行政调解的有关要求，帮助当事人正确行使自己的权利。

行政调解应当自受理之日起 20 个工作日内终结，重大复杂的矛盾纠纷经调解机构负责人批准后，可以延长 10 个工作日。

2. 调查

行政机关要根据双方的争议事项进行必要的调查，采用调查证人、现场勘验、询问当事人等方法了解争议的事实及矛盾纠纷的焦点，以便有的放矢地开展调解工作。

三、调解的具体过程与方法

前述各类调解制度的主体虽然有别，但其遵循的调解程序大体相同。一般而言，调解须按以下程序进行。

（一）调解员的开场白

俗话说："好的开始是成功的一半"。调解开场同样影响着调解程序的顺利进行。好的开场，能够拉近调解员与当事人的距离，使当事人对调解员产生信任感。从心理学的角度来说，调解员在开始调解前应该进行自我介绍，如果调解员是当事人共同选择的，调解员还应当向当事人表示感谢。接着，调解员应当申明自己立场的中立性和公正性，表明自己只是调解程序的推动者，当事人自己才是调解结果的决定者，以此消除当事人对调解员可能存在的怀疑和不信任；如果纠纷的缘起是因为发生了人身伤害、意外死亡等令人沉重的事件，调解员应当向当事人表达自己的同理心。[①]

（二）告知当事人权利义务，宣布调解规则

在简短的开场白后，调解员应当告知当事人在本次调解中所享有的权利义务和调解的具体规则。如在人民调解中，根据《人民调解法》第23、24条，《人民调解工作若干规定》第30条之规定，调解员在调解前应当以口头或者书面形式告知当事人法院调解、人民调解和行政调解的性质、原则和效力，以及当事人在调解活动中享有的权利和承担的义务。主持调解者要告知当事人调解员的组成，并询问当事人是否申请调解员回避；主持调解者应说明如果调解达不成协议，当事人可以向法院起诉或者通过其他途径主张自己的权利。主持调解者还应向当事人宣布调解的规则和程序，并提醒当事人在调解过程中应当遵守纪律。

（三）双方当事人陈述事实和主张

在双方当事人都同意调解，且明确表示已经知晓调解过程中的权利义务后，调解员应组织双方当事人进行陈述（具体包括案件事实的发生经过、相关证据、当事人的具体主张等），引导双方当事人就纠纷事实和责任的认定交换意见。调解员可以依据有关法律、法规和政策规定，对双方当事人进行说服、教育和疏导，促使双方在分清责任、协商一致的基础上达成协议。为了使纠纷解决有序地进行，人民调解员应主导调解程序，确定当事人陈述的先后顺序。一般先由申请调解的一方当事人进行陈述，然后由被申请人进行陈述，提出自己的看法和意见。调解员应当耐心倾听双方当事人的陈述、主张和意见，并做好记录。

（四）运用各种技巧进行调解

在双方当事人陈述自己的主张和意见后，调解员应当归纳出双方争议的焦点，根据当事人的特点和纠纷性质、难易程度、发展变化等情况，通过背靠背、面对面、情理法结合等多种方法，开展耐心、细致的说服疏导工作，促使双方当事人互谅互让，消除隔阂，引导、帮助当事人达成调解协议。

---

① 廖永安主编．如何当好调解员：美国调解经典案例评析．湘潭：湘潭大学出版社，2013：22.

（五）达成调解协议

在调解过程中，调解员应该在综合运用多种调解方法和技巧的情况下对当事人进行说服、劝导，促使双方当事人互谅互让，引导双方当事人达成解决纠纷的调解协议。调解协议书应当包括下列内容：一是双方当事人的基本情况，纠纷受理单位和调解员的姓名；二是经调解认定的纠纷基本事实和各方应承担的责任；三是协议的具体内容，包括双方当事人各自应享有的权利和承担的义务，以及履行义务的具体期限、方式和违约责任；四是调解协议书的生效期限；五是双方当事人和调解员的签名盖章（协助调解人也应签名盖章），并加盖调解组织的印章，注明制作日期。如果达不成协议，应当终结调解，告知当事人可以向法院起诉或者通过有关部门解决。

第四节　调解协议的效力

调解协议系纠纷双方当事人自行判断各自利益后，在调解员的主持下达成的协议。调解协议的效力，是指纠纷双方当事人经调解达成协议后，该协议对他们具有何种程度的拘束力。调解协议的效力是调解制度的关键性内容，直接关系到调解的实际效用。如前文所述，我国现代调解制度按照一定的标准可以分为人民调解、法院调解、行政调解、仲裁调解和行业调解等，前述各种调解因其调解主体、调解适用的案件不同，其调解协议的效力亦有所区别。

一、人民调解协议的效力

人民调解协议，是指在人民调解委员会的主持下，双方当事人互谅互让，就如何解决具体纠纷所达成的协议。人民调解协议有口头和书面两种表现形式。简单的纠纷，在当事人同意的情况下可以适用口头协议；有民事权利义务内容的，或者当事人要求制作书面调解协议的，应当制作书面调解协议。

人民调解协议的效力随着社会的发展经历了无法律约束力到具有合同

效力，再到具有法律效力且经司法确认具有强制执行力的过程。具体而言，1954 年《人民调解委员会暂行组织通则》对人民调解协议的法律效力没有具体规定。有学者认为，人民调解的结果（调解协议）必须经过双方当事人的同意才能成立，当事人双方或一方对于已经达成的调解协议可以反悔。[①] 按照这一观点，人民调解委员会主持达成的调解协议没有任何法律效力。1982 年《民事诉讼法（试行）》[②] 和 1989 年《人民调解委员会组织条例》[③] 均规定："人民调解委员会主持下达成的调解协议，当事人应当履行。"据此，前述两个规范似乎承认人民调解协议具有法律效力。但因两个规范没有明确规定人民调解协议具有法律效力，故而，学理上对人民调解协议是否具有法律效力意见不一。[④] 相比 1982 年《民事诉讼法（试行）》第 14 条第 2 款的规定，1991 年《民事诉讼法》第 16 条第 2 款明确地表明了人

① 韩延龙．我国人民调解工作的三十年．法学研究，1981（2）：49.

② 1982 年《民事诉讼法（试行）》第 14 条第 2 款规定："人民调解委员会依照法律规定，根据自愿原则，用说服教育的方法进行调解工作。当事人对调解达成的协议应当履行；不愿调解或者调解不成的，可以向人民法院起诉。"

③ 1989 年《人民调解委员会组织条例》第 9 条第 1 款规定："人民调解委员会主持下达成的调解协议，当事人应当履行。"

④ 肯定说认为人民调解委员会制作的调解协议书应具有法律约束力，主要理由有二：一是人民调解委员会的法律地位是由我国宪法和法律赋予的，如果调解委员会作出的调解协议不具有法律效力，势必影响宪法赋予它的调解民间纠纷职权的行使。二是调解协议是当事人的真实意思表示，在调解委员会主持下达成协议是一种合法的法律行为，法律行为具有法津约束力，当事人都要自觉履行。贺剑强．人民调解协议应具有法律效力．法学，1987（6）：49；东其．谈谈《人民调解委员会组织条例》的几点新发展．人民司法，1989（9）：43.（2）否定说认为人民调解委员会制作的调解协议书没有法律效力，其主要理由有：其一，人民调解委员会是在基层人民政府和人民法院指导下，用说服教育的方式调解民间纠纷的基层群众性自治组织。它既不是国家审判机关，也不是政府行政部门，因而不具备司法职权，如果确定人民调解协议具有法律效力，那么实际上就等于把执法的权能授予了一个群众性的自治组织。这不仅在理论上说不通，而且有损于国家法律的尊严。其二，人民调解协议具有法律效力不利于我国调解体系的系统化、科学化。我国有人民调解、行政调解和司法调解等。如果基层群众性自治组织调解所达成的协议具有法律效力，而国家行政机关调解所达成的协议却只有行政约束力，势必造成我国调解科学体系、结构的紊乱。其三，人民调解协议建立在当事人自愿基础上的，它的履行只能依靠社会公德和当事人的自觉性。强求当事人履行协议，必然同人民调解工作的基本原则相悖。其四，从实践情况看，如果不论调解协议的内容是否违法，当事人是否反悔，都一律强迫当事人去履行，势必会损害人民群众的合法权益和法律的严肃性、公正性，影响人民调解工作者的积极性。杨少春．人民调解协议不应具有法律效力．法学，1987（6）：50；联合调研组．人民调解的新发展——新时期人民调解制度的调研报告．上海市政法管理干部学院学报，1999（2）：59.

民调解协议不具有法律约束力。[①] 2002 年 9 月 5 日，最高人民法院通过了《关于审理涉及人民调解协议的民事案件的若干规定》，该规定首次明确人民调解协议具有民事合同的性质和法律效力。[②] 随后，2007 年 8 月 23 日最高人民法院、司法部出台的《关于进一步加强新形势下人民调解工作的意见》明确要求人民法院对人民调解协议应予以司法确认。[③] 2010 年《人民调解法》，不仅明确规定了人民调解协议的法律效力及其实现人民调解协议的民事诉讼程序，而且第一次在法律上规定了调解协议的司法确认程序。[④] 自此，人民调解协议具有法律效力且可经人民法院予以司法确认在立法上得到了认可。

人民调解协议的履行是人民调解活动的继续和完成。履行调解协议的意义有二：一是实现协议所规定的权利、义务；二是教育公民自觉遵守法律和社会公德，增强人民内部团结。履行调解协议的方式如下。

1. 自觉履行。纠纷当事人主动履行协议中确定的义务。调解协议体现了当事人的意志，当事人应当自觉履行。当事人无正当理由不履行协议的，人民调解委员会应当做好当事人的工作，督促其履行。当事人在达成调解协议后没有自觉履行，人民调解委员会应当在确认其没有不履行协议的正当理由后，对不履行调解协议的当事人进行说服教育，告知其相关法律、法规关于当事人应当自觉履行调解协议的规定，并说明不履行协议的利害关系，要求当事人履行协议。

---

① 1991 年《民事诉讼法》第 16 条第 2 款规定："人民调解委员会依照法律规定，根据自愿原则进行调解。当事人对调解达成的协议应当履行；不愿调解、调解不成或者反悔的，可以向人民法院起诉。"

② 最高人民法院《关于审理涉及人民调解协议的民事案件的若干规定》第 1 条规定："经人民调解委员会调解达成的、有民事权利义务内容，并由双方当事人签字或者盖章的调解协议，具有民事合同性质。当事人应当按照约定履行自己的义务，不得擅自变更或者解除调解协议。"

③ 《关于进一步加强新形势下人民调解工作的意见》第 5 条规定："进一步加强人民调解与诉讼程序的衔接配合。人民调解组织要依法调解矛盾纠纷，规范制作人民调解协议书。各级人民法院特别是基层人民法院及其派出的人民法庭，要严格按照《最高人民法院关于审理涉及人民调解协议的民事案件的若干规定》，及时受理涉及人民调解协议的民事案件，并依法确认人民调解协议的法律效力……"

④ 《人民调解法》第 31 条第 1 款规定："经人民调解委员会调解达成的调解协议，具有法律约束力，当事人应当按照约定履行。"第 32 条规定："经人民调解委员会调解达成调解协议后，当事人之间就调解协议的履行或者调解协议的内容发生争议的，一方当事人可以向人民法院提起诉讼。"

2. 强制履行。根据最高人民法院《关于审理涉及调解协议的民事案件的若干规定》第1条和《人民调解法》第31条之规定，双方当事人达成的调解协议具有民事合同性质。民事合同的效力始于合同成立，除法律另有规定或者当事人另有约定外，当事人双方应诚实履行合同。也就是说，当事人不履行调解协议，应当向对方当事人承担相应的法律责任。此外，根据《人民调解法》第33条和《民事诉讼法》第194、195条之规定，为确保人民调解协议的顺利履行，当事人可以合意向人民法院申请司法确认。经人民法院确认的调解协议具有强制执行力。

此外，如果调解协议所确定的债务适于强制执行，可在公证机构办理赋予调解协议以强制执行效力的公证。经过公证后的债权文书可以强制执行。公证与诉讼相比，简单易行，实现权利的成本低，受到越来越多的当事人重视和应用。办理公证之后的债权文书（调解协议），若债务人未按照协议履行债务，债权人则可以申请人民法院强制执行。①

二、法院调解协议的效力

（一）法院调解结案的方式

根据《民事诉讼法》相关规定，一些案件无须制作调解书②，以双方当事人达成调解协议结案。即"对不需要制作调解书的协议，应当记入笔录，由双方当事人、审判人员、书记员签名或者盖章后，即具有法律效力。"除无须制作调解书的案件外，其他案件经法院调解的，法院须制作调解书。法院调解书是人民法院制作的，记载当事人所达成的调解协议内容的法律文书。调解书以调解协议为依据，既是当事人对调解协议的确认，也是人民法院确认调解协议的法律文书。根据《民事诉讼法》第97条的规定："调

① 人民法院在收到当事人的申请后，通常会对经公证后的债权文书（调解协议）进行审查监督，这种监督主要体现在两个方面：一是债权人的债权是否真实存在并且合法。二是当事人是否自愿接受强制执行。只要公证债权文书（调解协议）能反映真实合法的债权债务关系，且债务人在该文书中有若未履行债务则自愿接受强制执行的意思表示，人民法院就应当执行。因此，调解员在协助各方当事人达成调解协议的时候，应当注意避免上述不予执行情形的发生。

② 《民事诉讼法》第98条规定："下列案件调解达成协议，人民法院可以不制作调解书：（一）调解和好的离婚案件；（二）调解维持收养关系的案件；（三）能够即时履行的案件；（四）其他不需要制作调解书的案件。"

解书应当写明诉讼请求、案件的事实和调解结果。调解书由审判人员、书记员署名，加盖人民法院印章，送达双方当事人。调解书经双方当事人签收后，即具有法律效力。”

（二）法院调解书、调解协议的效力

根据《民事诉讼法》之规定，法院调解生效的时间因调解结案的形式不同而有所区别。人民法院制作调解书的，调解书经双方当事人签收后具有法律效力。依法不需要制作调解书的案件，当事人达成的调解协议应当记入调解笔录，由双方当事人、审判人员、书记员签名或盖章，调解协议即发生法律效力。

调解书、调解协议记入笔录或附卷后，即产生与生效判决同等的法律效力，具体表现在以下几个方面：（1）结束诉讼程序。这是法院调解在程序方面的法律效力。它和法院判决一样，都是结束诉讼程序的正常方式。凡经调解结案的纠纷，当事人不得以同一事实理由二次起诉，人民法院亦不得进行审理和另行判决。（2）确认当事人之间的权利义务关系。这是法院调解在实体方面的法律效力。法院调解书生效后，即表明当事人之间实体权利、义务的争议已经得到解决和确认。（3）一调终局，当事人对调解结果不得上诉。由于调解协议是双方当事人自愿达成的，固而法律也不允许当事人对调解协议或调解书提起上诉。（4）具有强制执行效力。生效的有给付内容的调解书具有强制执行的效力。依据法律规定，一方当事人若拒绝履行调解书约定的内容，另一方当事人有权向法院申请强制执行。

此外，最高人民法院《关于人民法院民事调解工作若干问题的规定》第11条规定，调解协议约定一方提供担保或者案外人同意为当事人提供担保的，人民法院应当准许。案外人提供担保的，人民法院制作调解书应当列明担保人，并将调解书送交担保人。担保人不签收调解书的，不影响调解书生效。当事人或者案外人提供的担保符合担保法规定的条件时生效。其他调解协议也可以类推适用担保规定，这既尊重了债务人、担保人的真实意思，又较好地维护了债权人的利益。

（三）法院调解不成的处理

《民事诉讼法》第99条规定：“调解未达成协议或者调解书送达前一方

反悔的，人民法院应当及时判决。”因此，对调解不成的案件，法院应当及时结束调解程序，并依照法定程序继续对案件进行审理，依法作出裁判，不能久调不决或久拖不决。

三、行政调解协议的效力

（一）行政调解书、调解协议的效力

根据相关法律之规定，行政调解书经双方当事人签字，即具有法律效力。经行政机关调解后达成的具有给付内容的协议，当事人可以申请公证机关依法赋予其强制执行效力。债务人不履行或者不适当履行具有强制执行效力的公证文书的，债权人可以依法向有管辖权的人民法院申请执行。据最高人民法院 2009 年 7 月公布的《关于建立健全诉讼与非诉讼相衔接的矛盾纠纷解决机制的若干意见》规定：“行政机关依法对民事纠纷进行调处后达成的有民事权利义务内容的调解协议……经双方当事人签字或者盖章后，具有民事合同性质，法律另有规定的除外。”同时，第 11 条规定：“经《中华人民共和国劳动争议调解仲裁法》规定的调解组织调解达成的劳动争议调解协议，由双方当事人签名或者盖章，经调解员签名并加盖调解组织印章后生效，对双方当事人具有合同约束力，当事人应当履行。双方当事人可以不经仲裁程序，根据本意见关于司法确认的规定直接向人民法院申请确认调解协议效力。人民法院不予确认的，当事人可以向劳动争议仲裁委员会申请仲裁。”对于具有合同效力和给付内容的调解协议，债权人可以向有管辖权的基层人民法院申请支付令。此外，因支付拖欠劳动报酬、工伤医疗费、经济补偿或者赔偿金事项达成调解协议，用人单位在协议约定期限内不履行的，劳动者可以持调解协议书依法向人民法院申请支付令。

（二）行政调解不成的处理办法

行政调解未达成协议或调解协议未生效前一方反悔的，行政机关应当终结调解。当事人有权向人民法院提起诉讼。

四、仲裁调解协议的效力

（一）仲裁调解协议的效力

仲裁调解书经双方当事人签收后，即发生法律效力。应注意的是，调

解书与裁决书虽然具有相同的法律效力，但二者生效时间不同。裁决书作出即生效；调解书则须由双方当事人签收后发生效力。

仲裁调解书的法律效力主要表现在：（1）使仲裁程序终结。调解书一经生效，仲裁程序即告结束，仲裁机构便不再对该案进行审理。这是调解书在程序上的法律后果。（2）纠纷当事人的权利义务关系被确定。这是调解书在实体上的法律后果。（3）当事人不得再行申请仲裁或起诉。调解书的生效表明当事人已接受仲裁机构的裁决结果，依一裁终局原则，当事人不得再以同一事实和理由重新申请仲裁或向法院起诉。（4）强制执行的依据。具有给付内容的调解书生效后，如果一方当事人不履行调解书所确定的义务，对方当事人有权根据调解书申请人民法院强制执行。此外，据2009年最高人民法院《关于建立健全诉讼与非诉讼相衔接的矛盾纠纷解决机制的若干意见》第9条之规定，“没有仲裁协议的当事人申请仲裁委员会对民事纠纷进行调解的，由该仲裁委员会专门设立的调解组织按照公平中立的调解规则进行调解后达成的有民事权利义务内容的调解协议，经双方当事人签字或者盖章后，具有民事合同性质”。

（二）仲裁调解不成的处理

仲裁调解不成或调解达成协议后当事人反悔的，仲裁庭应及时作出裁决。这主要是因为，达成调解协议的过程就是仲裁庭的审理过程，制作调解书时，实际上审理已经完毕。因此，当事人拒绝签收调解书时，仲裁庭没有必要再恢复为审理程序，而是可以直接裁决，以免当事人的权利义务关系长期处于不确定状态。

五、行业调解协议的效力[①]

一般认为，行业调解协议仅具民事协议的性质，不具有强制执行力。2009年最高人民法院《关于建立健全诉讼与非诉讼相衔接的矛盾纠纷解决机制的若干意见》第10条规定：“人民法院鼓励和支持行业协会、社会组织、企事业单位等建立健全调解相关纠纷的职能和机制。经商事调解组织、行业调解组织或者其他具有调解职能的组织调解后达成的具有民事权利义

① 商事调解协议效力与人民调解协议效力和行业调解协议效力具有相似性，故不再单独论述。

务内容的调解协议，经双方当事人签字或者盖章后，具有民事合同性质。”行业调解协议原则上依凭当事人的自觉履行。当事人可以按照《公证法》的规定申请公证机关依法赋予调解协议以强制执行效力。第 12 条规定：“经行政机关、人民调解组织、商事调解组织、行业调解组织或者其他具有调解职能的组织对民事纠纷调解后达成的具有给付内容的协议，当事人可以按照《中华人民共和国公证法》的规定申请公证机关依法赋予强制执行效力。债务人不履行或者不适当履行具有强制执行效力的公证文书的，债权人可以依法向有管辖权的人民法院申请执行。”第 13 条规定：“对于具有合同效力和给付内容的调解协议，债权人可以根据《中华人民共和国民事诉讼法》和相关司法解释的规定向有管辖权的基层人民法院申请支付令。申请书应当写明请求给付金钱或者有价证券的数量和所根据的事实、证据，并附调解协议原件。”

第六章　调解的方式、方法与技巧

在调解中，纠纷能否得以顺利解决，与调解员是否拥有精湛的调解技艺休戚相关。优秀的调解员不会忽视调解过程中的每一个细节，而是能够把握时机，借势发力，巧用各种因素有效化解纠纷。调解方法和技巧是调解员在调解实践中不断探索、发掘和提炼出来的。本章所涉及的调解技术，大多是作者在对全国十余名调解能手进行访谈后，对他们丰富的实践经验予以理论升华、总结归纳出来的，如调解方式的选择、调解中的劝说和沟通技巧、调解方案的形成方法等。

第一节　调解方式

调解方式，是指调解员在调解纠纷时，面对不同的矛盾纠纷而选取的调解方法。一般而言，根据不同的标准可以对调解方式进行不同的分类：一是根据调解主体的组成方式，可以分为单独调解①、共同调解②和联合

---

① 单独调解是指纠纷当事人所在地或纠纷发生地的人民调解委员会单独进行的调解。其适用于人民调解委员会独任管辖的纠纷，因调解组织对纠纷双方当事人都较为熟悉，故便于进行深入调查，摸清纠纷发生的来龙去脉，针对当事人各自的特点开展调解工作，对于当事人达成调解协议的，可以进行有效监督。但是单独调解应避免因熟人效应而照顾情面或碍于一方势力而造成不公平的调解结果。

② 共同调解是指由两个或两个以上的调解组织协力配合共同进行的调解。共同调解一般以先行受理纠纷的那个调解组织为主，如果有两个或者两个以上的调解组织同时受理的，则根据便于解决纠纷的原则，确定由其中的一个调解组织主持调解工作。

调解[①]；二是根据调解过程是否公开，可以分为公开调解[②]和不公开调解[③]；三是根据双方当事人对话的方式，可分为面对面调解（又称联席调解）和背靠背调解（又称单方会谈或交互对话式调解[④]）。鉴于当前学理和实践的共识是调解需要遵循保密原则，不公开调解已成为主流方式；加之，在调解过程中，根据案情需要多种调解力量的参与亦是常态，下面主要介绍在调解过程中如何巧用面对面调解与背靠背调解方式。

一、面对面调解

面对面调解，是指调解员在调解纠纷时，将纠纷当事人双方聚在一起，让他们当面陈述事实，商讨解决方案的调解方式。当事人双方同席对话，可以直接询问对方当事人的真实想法，并向调解员和对方当事人表达自己的真实意见。

面对面调解一般适用于当事人双方分歧较小、对抗性不强，且当事人情绪比较稳定的纠纷。如涉及亲情且矛盾较小的家事纠纷，比较适合面对面调解。日本法官草野芳郎认为，在家事纠纷的调解中采取同席对话（即面对面调解）方式，至少有以下好处：一是促进亲属之间的对话交流，恢复和睦的人际关系；二是通过心理上的交流，使双方当事人明确纠纷的客观情况和争议焦点；三是使当事人作出更加灵活的决定等。[⑤] 在我国，面对面调解是调解员常用的一种调解方式，特别是在当事人陈述纠纷事实环节中。一些调解员认为，调解员要保持中立公正的形象，就应该守住让当事

---

① 联合调解一般由县政法委牵头，由县司法局具体负责，协调公安、法院、信访、环保、工商、人力资源和社会保障、国土等部门单位共同参与，以实现人民调解与司法调解、行政调解的有效对接，既发挥人民调解的基础性作用，又促进矛盾纠纷的有效化解。联合调解不仅适用于跨地区、跨单位的纠纷，还适用于久调不决或随时可能激化矛盾的纠纷，以及调解组织无力单独解决当事人合理的、具体要求的纠纷。2017 年，湖南省桃源县通过三调联动，成功调处了“创元铝业污染”“四氯化钛泄漏”等 92 起重大矛盾纠纷事件。参见 2018 年湖南省人民调解工作电视电话会议经验交流材料。

② 公开调解是指调解员在调解纠纷时，向当地群众公布调解时间和地点，邀请当事人的亲友参加，允许群众旁听的一种调解方式。

③ 不公开调解是指调解员严格遵循调解保密原则，主持调解的人员对调解的过程和结果不得向外界公开。调解不成，调解员在后续的诉讼中有拒绝作证的权利。

④ 草野芳郎．调解技术论．韩宁，姜雪莲，译．北京：中国法制出版社，2016：55.

⑤ 同④53.

人面对面进行对话的底线。[①]

（一）面对面调解的目标

一般而言，调解员选择面对面调解的方法，应当在心中确立以下目标。

（1）通过双方面对面的陈述，尽可能多地了解纠纷的基本情况，包括纠纷发生的原因、经过，双方当事人的关系等。

（2）在了解案情的基础上归纳争议焦点，确定本次调解拟解决的问题。调解员应当将矛盾纠纷的争议焦点列明，并一一向当事人双方陈明，或者将归纳的争议焦点写在双方当事人都能看见的小黑板上。[②] 在归纳争议焦点时，调解员宜用不带任何感情色彩且使当事人易于接受的语言。避免直接援用一方当事人在陈述时“指责”对方当事人的话语，以免造成对方当事人不快。必要时，调解员可以询问各方当事人对于调解员归纳的争议焦点的看法。

（二）面对面调解场所的选择与布置

环境会影响人的思维和情绪。在不同的场合进行调解，调解的效果可能有所不同。纠纷的类型复杂多样，故应当灵活选择调解场地。理想的调解场所应当是能够让双方当事人缓和对抗情绪的地方。下面介绍几种常用的面对面调解场所。

1. 专用调解室

一般而言，调解室的布置应当考虑空间、色调、文化、桌椅摆设等元素。调解室的布置要以当事人感觉舒适为目标。无论是面对面调解的会议室，还是背靠背的调解室，其布置均应体现调解员的关怀。

调解室应当选择比较宽敞的空间，因为狭小的空间显得拥挤，易使当事人拘谨和烦躁，不利于纠纷的解决。调解室墙壁、窗帘等颜色宜用淡蓝色或粉色。这些颜色能营造一种温和的气氛，易使人放松神经，有轻松愉悦感。调解室还可以结合中国传统文化，在墙壁上悬挂或粘贴“和为贵”“退一步海阔天空”等良言警句。调解室宜选用圆形调解桌。根据中国传统

---

① 笔者在对一位“全国调解能手”进行访谈时，在谈到背靠背调解时，这位调解员特别强调，在调解农村纠纷时，特别要注意慎用背靠背调解方式，以免当事人对调解员不信任。

② 各方当事人距离黑板的距离应当相同，通过调解场所的布置，体现调解员的中立性。

文化，方桌有位次尊卑之分[①]，难以兼顾各方当事人的感受，而圆桌无座次尊卑之分，有利于凸显当事人之间的平等性。调解室中的椅子无论选用何种材质，在款式上都应相同，以确保在安排座次时，体现当事人的平等性和调解员的中立性，避免各方当事人因所坐座椅不同而有厚此薄彼的感觉。毕竟，环境中的细节对人具有强大的影响力。精心布置的调解室要能使当事人放松神经，一把舒适的座椅和一杯热水或许能让陷入僵局的调解变得柳暗花明。

2. 纠纷现场

一般而言，调解纠纷应当在设施比较完善的调解室进行。然而，根据案件的具体情况，在调解室以外的其他地方进行调解也未尝不可，例如邻里纠纷在村里有威望的长者家中进行调解，婚姻家庭纠纷在当事人家中进行调解，林地纠纷在田间地头进行调解，等等。值得注意的是，有一些纠纷不宜在纠纷现场调解，如群体性纠纷，以及因婚外情而闹离婚的纠纷等。

3. 其他场所

调解场所的选择原则上要有助于化解纠纷。以婚姻纠纷为例，如若婚姻纠纷的男女双方是在某咖啡厅相识相恋，调解员在获知该信息后，将调解场所选在咖啡厅则为明智之举，想必当事人双方在咖啡厅会有美好回忆，调解可能会达到意想不到的效果。

总之，调解员选择面对面的调解场所时，至少应当考虑两大因素：一是调解员是否能够控制调解程序；二是所选择的调解场所能否使双方当事人更容易达成调解协议。如果调解员有信心鼓励当事人达成调解协议，那么，调解员对调解场所和环境做一点儿改变是必要的，因为“改变人们所处的环境往往比改变他们的想法容易得多，效果也要好得多”[②]。

（三）合理的座次安排

1. 合理的间距

人与人之间需要保持一定的空间距离。事实上，每个人都需要在自己的周围有一个适合自己的空间，它就像一个无形的“气泡”一样为自己

① 在中国，为了体现祖宗的尊贵，神龛下摆放的桌子一般为方桌。

② 史蒂夫·马丁，诺瓦·戈尔茨坦，罗伯特·西奥迪尼．细节：如何轻松影响他人．苏西，译．北京：中信出版社，2016：27.

“割据”了一定的领域。当这个自我空间被人触犯时，人们就会感到不舒服、不安全，甚至恼怒起来。从心理学角度而言，调解员与当事人应当保持适度的社会距离。[①] 毕竟，对调解员而言，调解纠纷是一种公事，其与当事人间的距离宜保持在 1.2 米到 3.7 米。[②]

2. 合理的位次

一般而言，双方当事人应当各自坐在调解员的两侧，并且距离调解员同等距离[③]，以体现调解员的中立性。调解员应当始终记住自己是调解程序和调解现场的主导者，所以调解员应当尊重每一个进入调解现场的当事人。在有条件的情况下，调解员应及时安排当事人落座，不宜让当事人自己找座位，更不宜安排一部分当事人落座，而忽略了另一部分当事人。

安排当事人座次的技巧之一是，提前做好当事人的桌签。这样一方面可检查出应当出席的当事人是否都在考虑范围内；另一方面按照摆放的桌签，各方当事人可以较快地找到自己的座位，特别是在当事人人数比较多的情况下，这样做有利于节省安排落座的时间，始终保持调解现场的秩序。此外，摆放桌签能够使当事人产生被尊重感，有利于促进当事人理解和尊重调解员，进而为建构良好的调解氛围奠定基础。

（四）发言顺序与时间分配

1. 确定最先发言者

一般来说，被安排首先发言的人会感觉自己受到重视。调解员在初步了解案情后，应当让需要安抚或相对处于弱势地位的一方当事人先发言，这有利于平息这一方当事人的对立情绪。在没有明显的弱势方时，调解员可以征询当事人双方的意见，由当事人协商最先发言者。如果这一阶段某一方当事人先进行了发言，那么在接下来的调解程序中，调解员可以让另一方当事人先发言。

---

① 人类学教授霍尔博士将交往中的距离分为亲密距离、私人距离、社会距离与公共距离四种类型，社会距离是一种社会交往过程中礼节上或者公事上的距离。

② 张文婷．浅析人际交往中的距离问题．黑龙江科技信息，2012（20）.

③ 一方当事人在征得对方当事人同意的情形下，可以邀请案外人参加调解。若当事人人数众多，应让当事人推选出代表参与调解，以避免人数过多，调解员丧失对调解程序的控制权，引发进一步的纠纷。在当事人聘请律师的情形下，因为调解是当事人自主解决纠纷的程序，律师在调解过程中不宜发言。当然，当事人在发言之前征求律师的意见则是可以的。

2. 合理均等的时间分配

双方当事人各自发言的时间应大体均等，这是体现调解员中立性的显性指标。一方当事人就某问题发言后，调解员可以建议换另一方当事人就该问题进行陈述，不宜由某一方当事人进行长时间的陈述，应兼顾双方当事人陈述事实的意愿和机会。

（五）调解员引导当事人的发言

调解员应引导当事人围绕纠纷事实进行陈述，尽量禁止当事人相互指责和恶语相向。一旦当事人的发言偏离了纠纷本身，调解员应当有礼貌地进行纠正，避免当事人不理智的言语引发更激烈的冲突。

二、背靠背调解

背靠背调解，是指调解员在调解纠纷时，不让当事人面对面地直接沟通，而是由调解员分别与当事人进行沟通、传递信息，使双方逐渐缩小分歧，从而达成调解协议的调解方式。此方式一般由调解员先与一方当事人单独进行沟通，了解纠纷的一些实质性问题和当事人的真实想法后，再与另一方当事人进行沟通。由于另一方当事人不在场，在场的当事人可以心无顾忌地向调解员陈述纠纷内容，表达自己的情绪并提出自己的要求。调解员根据当事人的处境和心情，可以适时地向当事人表达同理心和同情心。调解员通过分别听取双方当事人对纠纷的看法和各自持有的立场，能够找准双方当事人对纠纷解决的共同点和分歧，并有针对性地逐步缩小分歧，促使纠纷得以解决。

背靠背调解法一般适用于调解员需要与当事人单独进行沟通的情况。①有时调解员发现当事人对调解方案存在误解或者不适合面对面交谈的情况，

① 以民间借贷纠纷为例，调解员在了解双方当事人的经济承受能力后，进行背靠背调解效果更佳。调解员了解到被告还贷确实有困难，在与原告沟通时，调解员要讲被告的困难和借贷本身就有风险，包括诉讼风险以及今后的执行可能遇到的风险等，要让原告明白，与其和被告搞个鱼死网破，不如让被告订个切实可行的还款计划（逐步清偿债务），或者说“赊三不如现二”，进行当场兑现。调解员与被告沟通时，调解员要让被告意识到借钱还钱是义务，如果调解达不成协议，法院将会判决被告在一定期限内返还原告全部本息，如若被告不自觉履行，会被法院强制执行，到时被告会很没面子，还可能遭受更大的损失。调解员说服被告订立还款计划，按计划还款，也许会得到原告的谅解。在背靠背调解时，调解员所讲的一些道理是不能在面对面调解场合讲的，否则会适得其反。

向双方当事人说明后，调解员分别与当事人进行讨论，对分歧进行解释，或者让双方当事人和亲友进行讨论之后再作出决定。此外，调解时发现当事人情绪比较激动，调解员需要中止面对面调解，立刻与个别当事人进行单独会谈，给予他们一个安静的思考环境，纠正当事人由于对法律或其他资料的误解而产生的错误立场，让当事人冷静地思考其他调解方案。

（一）背靠背调解的目标

1. 进一步了解事实

在一些情况下，不宜在各方当事人均在场的情形下对某些纠纷事实进行进一步的了解，否则容易激发当事人之间的矛盾。此时，进一步了解案件事实便成为单方会谈的重要任务。

2. 安抚当事人

在双方当事人均在场的情况下，基于中立性的原则，调解员不宜表达自己对某一方当事人的同情，亦不宜对某一方当事人进行安抚。在单方会谈的情况下，调解员则可以适当地表达自己的同情和理解，并安抚当事人的情绪。

3. 挖掘立场背后的利益

所谓“利益”，并非仅仅是当事人口头上所提出的要求，还应是其内心的真实想法。调解员只有通过当事人表面的行为和口头上提出的一些要求，挖掘出他的真实意思，才能够顺利地调解纠纷。调解员应意识到当事人双方的立场可能是对立的，但其利益未必如此。调解员应透过当事人的立场，挖掘其立场背后的利益所在。调解员一旦发现一方或双方当事人有某种立场，就必须要在内心追问：他为什么会形成这种立场？是什么利益导致其采取这种立场？只有不断追问，才可能探究出争议的本质。调解员在探究当事人的利益时，认真聆听是非常重要的，只有认真聆听当事人的陈述，才能发现其立场背后的利益。

（二）背靠背调解技巧

1. 适时向当事人表达同情与理解

调解员在与一方当事人进行会谈时，可以适时向当事人表达同情和理解，这是单方会谈相较于双方会谈的优势。在双方会谈时，调解员对一方表达同情和理解容易引起对方当事人的不满，且有损调解员的中立性。单方会谈为调解员适时表达同情心和同理心营造了空间。

2. 承诺保密，消除当事人的心理戒备

调解员在开场或者双方会谈时已经向当事人承诺过会对调解过程中所了解到的信息进行保密，在单方会谈中，调解员宜再次向当事人陈述保密原则。调解员承诺对单方会谈中了解到的信息进行保密，能让当事人消除戒备心理，向调解员尽量透露更多的案件信息。

3. 适当传递信息，重拾调解的信心

在背靠背调解中，许多调解员不自觉地沦为当事人之间的“传话筒”，忽视了可以通过背靠背调解帮助当事人进行建设性沟通的可能，特别是在当事人认为没有调和可能时，调解员如果能够通过背靠背的形式适时地向当事人传递一些正面信息，则有可能帮助当事人重拾调解的信心。否则，当事人一旦对调解丧失信心，则很可能对后续的调解工作消极对待，调解员的工作效果将会大打折扣，甚至进行不下去。

4. 引导当事人向前看

调解员在单方会谈时，要尽量引导当事人着眼于未来，引导当事人着眼于调解成功后其可能获得的利益。在单方沟通时，调解员可以告知执着于分清彼此对错的一方当事人，调解的目的并非分清对错，而在于解决纠纷，通过调解实现共赢。因此，调解员必须强调未来利益，引导执着于过去的当事人向前看。

5. 适时提供打破僵局的建议

当调解陷入僵局而各方当事人又没有打破僵局的方案时，调解员应适时提出打破僵局的建议。诚然，在单方沟通中，调解员可以适时地表达自己的同情心，但是始终保持中立性则是调解过程得以顺利进行的必然要求。调解员提出打破僵局建议时应注意方式、方法，最好是以假设的方式引导当事人对如何解决纠纷进行思考和选择。例如，调解员可以提议，“假如对方能够这样做的话，你是否愿意那样做?”或者“假如对方能够同意你这些提议的话，你是否能够同意对方的提议？能够同意对方的哪些提议?”

三、运用各种调解方式应注意的问题

在调解过程中，先进行面对面调解再进行背靠背调解，抑或在背靠背调解后再进行面对面调解，对此，没有固定不变的教条。富有经验的调解员往往根据具体案情选择具体的调解方法。[①] 有些案件可能完全不需要双方当事人见面就可以调解好，有些案件只有在双方当事人面对面沟通的情形下才能得到较好解决，有些案件可能在双方会谈后还要进行一轮或多轮的单方会谈。然而，不管是面对面调解还是背靠背调解，在调解过程中，调解员都应当注意以下两个问题。

（一）有一个好的开头

调解员要坚信，一个良好的开场，是成功调解的一半。良好的调解开场工作能发挥以下作用。

1. 为赢得当事人的信任奠定基础

开场工作也许是当事人与调解员的初次见面，第一印象非常重要。调解员能否主持好调解的开场工作——比如能否对当事人座次进行妥当安排，对调解规则能否详尽阐释——在一定程度上能够体现调解员的技能和智识的高低。当事人据此也能感受到调解员是否专业。

调解员富有魅力的人格特点也能为调解纠纷锦上添花。因此，调解员在开场时应当向当事人简要介绍自己，在表明自己调解员身份的同时，让当事人了解自己的性格特征。调解员在介绍自己时应注意展现自己良好的性格和人格特征，语速应不急不慢，语调应不高不低，以展现其冷静、理性、温和的姿态。总体而言，调解员应当具备大公无私、坚强、坦率、果断、诚恳、热情、公正、谦虚、廉洁、自信、有强烈的责任心等优良品性[②]，以彰显其能辩证思考问题、有效化解纠纷的实力。调解员在开场工作

---

① 实践中，调解员经常混合采用多种调解方法，如有的调解员提出的“六诊”调解法就是典型的混合方法。这种方法有以下六个步骤：一是先由包组的村（社区）干部调解员进行“首诊”，建立矛盾纠纷台账，并组织进行第一次调解。二是“接诊”。经“首诊”后，如果矛盾纠纷未得到有效解决，则由所在村（社区）党支部书记组织村调委会“接诊”，再次进行调处。三是“出诊”。村（社区）不能有效化解的，由村（社区）报告到乡镇（街道），由乡镇（街道）组织调解力量下到村（社区）进行调解。四是“转诊”。经过乡镇（街道）下派干部调解仍不能化解的，由村支部书记负责带领当事人到乡镇（街道）进行调解。五是“坐诊”，即乡镇（街道）每周安排班子成员在矛盾纠纷调处中心轮流值班，确保群众诉求及时得到受理。六是“会诊”，对经乡镇（街道）调解仍未有效化解的纠纷，由县矛盾纠纷调处中心（联合人民调解委员会）牵头，组建联合小组进行“会诊”，实施“一个问题，一套班子，一个方案，一抓到底”。参见 2018 年湖南省人民调解工作电视电话会议，桃源县司法局提供的经验交流材料。

② 王律中．调解心理艺术——调解中的心理学问题及对策．北京：人民法院出版社，2004：16.

中展现自己的优良品格，有利于初步赢得各方当事人的信任。这种信任不仅仅意味着信任调解员本身，还包括信任调解这一解纷方式。

2. 让当事人充分了解调解过程

调解员应当重视每一个细节，特别是调解的开场。调解员对调解规则的详尽阐释，目的是让当事人充分地了解调解的过程和规则，如调解自愿性①、调解员的中立性②、调解员的保密义务③、调解协议的签署等规则。告知当事人调解员是帮助当事人来解决纠纷的，当事人在调解过程中有决定是否继续调解以及是否达成调解协议的权利。当事人的决定不会受到任何不良干扰。调解员要让当事人明白，调解程序不是走过场、和稀泥，而是能够实实在在减少当事人的分歧、降低彼此对抗程度、最终平息争议的解纷过程。当事人只有真正地了解调解，才能够更好地参与调解，因此，良好的开场工作非常重要。

3. 核查纠纷解决的决策人是否出席

只有对纠纷解决具有决策权的人出席调解，调解员的工作才能够具有实质意义，否则调解工作很可能是“走过场”。对纠纷解决具有决策权的人缺席，调解员很可能既无法了解纠纷的真实情况，也无法掌握双方当事人的基本立场和其立场背后的利益，导致调解工作事倍功半。在决策人没有出席的情况下，试图当场调解一起纠纷几乎是不可能的。相反，如果决策人出席了本次调解，说明调解工作受到了重视，调解员理应全力以赴，积极引导调解程序顺利进行。

4. 营造和谐的气氛

调解员要真诚地对当事人出席调解表示感谢。这有利于减少当事人的防备和敌对心理，为调解员和当事人建立良好的合作关系打下基础。并且，

---

① 调解员应当告知当事人调解不得强制。对当事人而言，是否调解、是否达成调解协议均遵从当事人的自愿，具体体现在两个方面：第一，选择调解作为纠纷解决方式必须出于当事人的自愿。也就是说，调解员必须在各方当事人都同意的情况下才能展开调解，只要有一方当事人不同意调解，调解员进行调解工作就违背了调解自愿原则。第二，调解协议的最终达成必须出于当事人的自愿。调解员不能以任何形式强迫当事人接受调解方案、签署调解协议。

② 调解员要告知各方当事人在调解过程中，调解员会保持公正中立、不偏不倚，让当事人有安全感，并信赖调解员。

③ 调解员应当告知当事人其会对调解过程中获知的信息进行保密。让当事人知晓调解保密原则，有利于当事人将案件的真实情况透露给调解员，促进有效地进行调解。

调解员自身展现出来的谦虚和礼貌，也会对各方当事人产生一定的影响。调解伊始就营造出一种和谐的氛围，可以为顺利推进调解工作奠定基础。

(二) 尽量避免错误

1. 避免对当事人的称呼不当

在调解中，调解员征求当事人意见，恰当地称呼当事人至关重要。需要特别指出的是，出于社会交往礼仪的考虑，所谓恰当，很多时候并非指恰如其分，而是要在称呼上适当拔高被称呼方，从而让其感受到被尊重。例如，当事人可能是副处长，作为调解员完全可以称其为某某处长；当事人可能是副科长，作为调解员完全可以称之为某某科长。如此称呼，不能简单地理解为溜须拍马，而是一种交往技巧。从心理学上讲，适当拔高当事人的职务，可以让当事人产生高兴和愉悦的情绪，使其消除紧张和对抗情绪，从而为下一步更好地配合调解员的工作奠定基础。实践中，就有调解员因为没有恰当地称呼当事人，导致调解一度陷入僵局。① 可见，恰当地称呼当事人是一门值得调解员潜心研究的方法。

2. 避免不做任何记录或不认真记录

好记性不如烂笔头。调解员应当将交谈过程中所了解的纠纷事实、核心争点、证据情况等对于案件的调解有决定性意义的信息一一记录。此外，在各方当事人都在场的时候，当事人愿意陈述多少事实，就可以陈述多少事实，作为调解员不宜刨根问底，而应当注意仔细倾听、记录。

3. 避免过早表达法律意见

当事人在调解过程中可能会表达一些没有任何法律依据的要求，此时调解员不宜直接否定该当事人的请求，也不宜过早地表达自己的法律意见。在双方当事人未就纠纷的全部或大部分情况介绍完毕之前，调解员过早地发表法律意见，不仅在业务上显得不专业，而且在调解职业伦理上有丧失中立性之嫌。

---

① 某调解员（28 岁），对调解的技巧颇有一套自己的心得，对纠纷解决工作颇为自信。某日，该调解员接受委托去调解一起赡养纠纷。纠纷发生在一对李姓父子之间，父亲 73 岁，儿子 50 岁。该调解员为了在调解过程中区分父与子，将作为当事人一方的父亲称为“老李”，将身为儿子的一方当事人则称为“小李”。不料“小李”刚叫出口，“小李”便拍案而起，指着该调解员骂道：“我虽然年纪比我父亲小，但我的年纪够你父亲的年纪了，你一小伙子还叫我小李。”说完，愤然离席，此次调解因此作罢。

第二节　调解的具体方法

一般而言，当事人在交涉之初通常处于敌对状态。调解员的作用之一是在调解过程中将当事人双方由敌对型交涉向协作型交涉进行引导，尽量使双方当事人达成一个比较满意的协议。这就要求调解员能够懂得如何与当事人良好沟通、如何有效地促进协议的达成，在某些案件中，调解员还需要特别注意要防止冲突的升级，懂得如何应对僵局。在具体纠纷的调解过程中，有丰富经验的调解员往往能根据不同纠纷的性质、特点、难易程度等采取不同的调解方法，并结合具体的方法灵活运用调解技巧。值得一提的是，各种调解方法彼此之间并不是孤立的，在调解纠纷时，调解员可以根据纠纷的具体情况，决定采用哪一种方法或将哪几种方法结合起来适用。

一、苗头预测法

苗头预测法，是指调解员在调解过程中善于观察和发现纠纷演变的苗头和客观规律，根据纠纷当事人的思想和行为不断变化的特点，找出纠纷演变的原因，及时确定预防、解决纠纷的对策，把纠纷化解在萌芽状态或者遏制其发展的势头，避免矛盾纠纷进一步恶化、升级。

调解的功能是预防和化解矛盾纠纷。调解员要坚持“预测走在预防前，预防走在调解前，调解走在激化前”之工作方法，坚持并发扬“小事不出村，大事不出乡，难事不出县，矛盾不上交”之“枫桥经验”。调解组织在发现或受理纠纷后，首要任务是防止矛盾纠纷的激化。在调解过程中，调解员娴熟的劝说技巧的运用是预防和化解纠纷的重要方法。如通过调解员的劝说，使当事人消除思想上的隔阂，缓和对立立场，切实帮助当事人解决纠纷。如黔张常铁路在桃源县施工过程中，造成牛车河镇三龙村村民房屋和村组道路受损，施工单位给村民的补偿没有及时到位，引发村民强烈不满，大量村民准备阻工。桃源县司法局启动应急预案，组织力量及时调解，将纠纷的苗头及时消灭，使问题得以圆满解决。[①] 通常在农村，对于界

① 桃源县司法局局长在湖南省人民调解员电视电话工作会议交流经验时提供。

址、引水、通行等相邻关系引发的纠纷，宜采用该方法。

二、换位思考法

换位思考法是指在解决纠纷时，调解员站在当事人的立场上考量其心理状态，根据各方当事人的现实处境制订调解方案的方法。换位思考法的主要内容有二：一是要引导当事人站在对方当事人的立场思考问题，使一方当事人看清对方的需求和顾虑，与对方当事人在情感上产生共鸣，从而理解对方，改变自己的态度和想法，使问题得到有效解决。[①] 二是调解员应站在纠纷当事人双方的立场和角度思考问题，让双方当事人感受到自己被重视，并能促使当事人全面解决纠纷。调解过程中，调解员必须顾及当事人的感受，想想如果自己处于这样的情况下该如何处理，必须要怀着一颗愿意接纳当事人的心。只有站在当事人的立场上来思考，调解员才能找出双方当事人都能接受的调解方案。

换位思考时，调解员要承认没有人是十全十美的。调解员要挖掘当事人坚持自己想法的原因，理解坚持如此态度的当事人，建立与当事人之间的信任关系，以便引导当事人提出更切实际的想法，或者引导当事人接受调解员的建议。当调解员对当事人的需求予以综合考虑并给予无微不至的关怀时，无论在争议案件的调解中，还是从基本的人性出发，当事人都会更乐意从心理上接受调解员的建议。[②] 换位思考法一般适用于当事人在纠纷解决中固执己见、争强好胜的情形。

三、利弊分析法

利弊分析法是指调解员从各方面为当事人分析利弊，从而引导当事人作出理性抉择的调解方法。美国调解专家曾言："在调解谈判中，调解员要促使当事人思考最佳选择和最差选择。"[③] 在调解过程中，调解员要引导当事人综合考虑问题，既要考虑诉争内利益，又要考虑诉争外利益。调解员

① 唐素林编．民间纠纷调解要点与技巧．北京：知识产权出版社，2015：72.

② 杰弗里·克里维斯，娜奥米·勒克斯．遇/预见未来的法律人．许捷，译．北京：法律出版社，2016：222.

③ 廖永安主编．如何当好调解员：中美调解培训启示录．湘潭：湘潭大学出版社，2012：18.

将当事人的各种利益进行排序，引导当事人自己提出最佳解纷方案。首先，调解员需要对当事人陈述的事实和观点进行简要复述，对相关信息进行重组，将当事人未完全表达的意思以正面方式表达出来，并以恰当的提问方式与当事人进行确认。① 其次，调解员要为当事人进行可视化利弊分析。以商事纠纷为例，调解员要引导当事人考虑其商业秘密、商业信誉、解纷成本等诉争内利益和诉争外利益，采用数学模型（决策分析）等方式，将利弊以数字、图表的方式表现出来，比较直观地给当事人提供参考，引导当事人作出理性抉择。② 作为一名调解员，你引导当事人所作出的利弊分析，只有触碰到当事人的内心，当事人才能从内心接纳你和你的建议。

利弊分析法为调解中最常用的调解方法，同时它又是一个综合性的调解方法。这种方法涉及的主要内容有：纠纷解决所需的经济成本、时间、精力等其他成本，纠纷持续僵持或及时解决对工作、生活等的影响，对未来需要维系的人际关系、情感关系的影响，对个人声誉的影响，若调解不成涉诉的成本支出，败诉的风险，胜诉以后执行不能的风险，案件的社会影响等。在利弊分析法的运用过程中往往需要同时运用明法析理法、情感触动法等其他调解方法。③

四、热处理法和冷处理法

热处理法是指调解员对当事人要求解决的纠纷，快速着手进行调解的方法。其一般适用于纠纷简单、事实清楚或双方当事人在认识上基本一致的纠纷，也适用于时间紧、危害大，不及时解决可能导致矛盾激化、造成人身伤害的纠纷。④

冷处理法是指调解员对当事人要求解决的纠纷不急于着手调解，先想办法让纠纷双方当事人冷静下来，待其心平气和后再进行调解的方法。无论最终调解协议能否达成，调解至少要能够防止冲突的升级、矛盾的激化，尤其是在各方当事人情绪激动、对抗严重以及一些群体性的纠纷中，防止冲突升

---

① 程波．美国调解技巧的社会心理学解读．湘潭：湘潭大学出版社，2016：126－129.

② 同①124－125.

③ 唐素林编．民间纠纷调解要点与技巧．北京：知识产权出版社，2015：75.

④ 同③76.

级便成为调解员的首要任务。比如谈判陷入僵局时，调解员提出“先吃午饭，等吃完饭再谈”，给双方当事人一段合理的冷静思考时间。当事人冷静过后调解员重新进行调解，会收到良好的效果。因为劝说者将劝说的内容暂时放一放，给双方当事人一段合理的冷静思考时间，才能让当事人作出理性的判断。在英国，调解员一旦发现双方当事人都表现出愤怒，且互相给对方找碴，会立刻给当事人安排 15 分钟的茶歇。调解员如此安排是非常必要的，因为当事人表现出来的情绪已经说明他们不愿继续交流。此时，调解员让双方当事人分别在不同的房间冷静冷静，待当事人冷静后再进行调解，不失为良策。①

冷处理法一般适用于以下纠纷：（1）一方或双方对立情绪较大，甚至有冲突一触即发之势的纠纷。一方或双方抵触情绪很大，矛盾易于激化的，如果急于求成很可能引发治安事件或刑事案件。（2）双方当事人原本感情基础较好，由于一时冲动引发的纠纷。②

五、重点突破法

重点突破法又可以分为抓住主要矛盾调解法、抓住关键人物调解法和先易后难的逐个攻破法。抓住主要矛盾调解法是指调解员在调解时，依据纠纷的具体情况，抓住纠纷发展过程中起决定作用的矛盾进行调解的方法。抓住关键人物调解法是指调解员在调解纠纷时，抓住当事人中起关键作用的人，首先对其进行说服和劝解，形成初步调解结果，从而带动其他纠纷当事人接受该调解结果的方法。先易后难的逐个攻破法是指调解组织和调解员在对纠纷进行调解时，先对纠纷中比较容易接受调解的当事人进行调解，达成调解协议，然后对比较难接受调解的当事人进行说服、劝解，最终使调解获得成功的方法。③

重点突破法一般适用于有多个矛盾的纠纷或群体性纠纷。

六、模糊处理法

模糊处理法是指调解员在调解纠纷时，对一些非关键又无法调查清楚

---

① 迈克尔·努尼．法律调解之道．杨利华，于丽英，译．北京：法律出版社，2006：131.

② 宋才发，刘玉民主编．调解要点与技巧总论．北京：人民法院出版社，2007：191.

③ 唐素林编．民间纠纷调解要点与技巧．北京：知识产权出版社，2015：77.

的事实不进行深入调查，对纠纷当事人之间的一些非原则性的问题不进行细致的分析和探究，而是粗线条地作出处理的调解方法。① 针对矛盾纠纷的不同情况，调解员宜作相应的模糊处理：（1）在调解过程中，遇到不宜作出非此即彼判断的问题，如遇到一时难以分辨是非或当事人双方难以启齿的问题，调解员宜进行模糊表述；（2）对于当事人双方意见分歧较大、情绪波动大、对抗较严重的纠纷，调解员宜采用信息模糊传达法，即对一方陈述的事实，在不脱离该方当事人原意的情形下，适当“过滤”后再转达给另一方当事人；（3）对于有些需要调解员调查的事实，调解员可以采用模糊调查的方法，即只需调查清楚事实的基本脉络，可以分清是非责任即可。

七、多方协助法

依靠社会力量协助是调解员常用的方法，即在调解过程中，除了依靠调解员自身的力量进行调解外，还可以根据需要，邀请当事人的亲友、当地有威望的人士、专业人士等给予支持和帮助，从而完成调解工作的方法。② 当调解工作陷入僵局，如双方当事人因为面子问题、公平问题、利益纠葛等而水火不容，难以顺利开展调解工作时，调解员邀请第三方协助，可能会对调解工作起到积极推动作用。因为第三人的适时加入，可以帮助当事人双方进行信息的互动传递，并对纠纷解决进行有价值的事实判断和法律判断，帮助双方从各自的立场转向共同的利益。第三方的协助还有助于抑制当事人恣意的行为，避免弱势一方当事人违背自己的真实意愿，作出毫无回报的让步，损害自己的利益。③

借助社会力量宜注意的问题是，第三方的引入需征得双方的同意，否则随意引入第三方不但达不到上述效果，反而会引起当事人的反感。调解员对于第三方的选取，首先要考虑双方当事人是否都能接受；其次要考虑第三方是否能保证中立、公正，以及第三方是否有足够的影响力。

---

① 唐素林编．民间纠纷调解要点与技巧．北京：知识产权出版社，2015：78.

② 同①80.

③ 刘建明主编．调解技能与实践．杭州：浙江工商大学出版社，2014：88.

八、分割问题法

分割问题法是指一个纠纷若涉及几个争议问题，调解员可对双方当事人达成一致意见的问题先行签订调解协议，再对剩下的问题继续进行调解的方法。实践中，一些比较复杂的纠纷可能涉及多个争议。如若双方当事人在调解过程中已经就部分争议达成合意，调解员宜及时将达成合意的问题予以解决，然后再逐个解决剩下的争议。分割问题法中的一个重要步骤是及时固定调解成果。固定调解成果的方式包括调解员重述、案件切割并签订部分和解协议等。调解员重述，是指在当事人并非特别明确地表示就部分争议可以达成和解时，调解员及时将其意愿加以提炼，以明确的语言表述出来，再要求双方当事人确认。案件切割，是指调解员经当事人同意将纠纷中的争议分割成几个部分，当部分争议不能解决且不影响其他部分问题解决时，调解员可以将有争议的问题先留下来，将当事人达成共识的问题先固定下来。调解员可以让当事人针对已经达成共识的问题签订和解协议，并鼓励当事人及时履行，然后再针对有争议的问题逐一加以解决。①

九、褒扬激励法

褒扬激励法是指对纠纷当事人本身所具有的优点或在纠纷中表现出来的正确做法，运用激励的语言唤起当事人的自尊心、荣誉感，促使其合作，调动其积极性，促使当事人主动作出让步、了结纠纷的一种方法。

运用此方法，调解员应注意以下几点：其一，该方法只能在背靠背的调解中运用，因为在面对面调解中，调解员对一方当事人予以褒扬会引起对方当事人的不满，不利于纠纷的有效解决；其二，不能无中生有地奉承或虚伪地对当事人进行称赞，对当事人的赞扬和激励要注意分寸，不能夸大其词；其三，可以选择多种多样的方式去赞扬当事人，如直接肯定当事人的优点或引用他人对当事人的评价肯定当事人的长处。当然，调解员在使用该方法时，应当运用“二分法”，在调解过程中不能一味赞扬、激励，要注意当事人行为的两面性，对积极的一面要进行肯定，同时针对其消极

① 程波．美国调解技巧的社会心理学解读．湘潭：湘潭大学出版社，2016：121－123.

的一面也要进行适当的批评。[1]

十、情、理、法交互利用法

调解员要与形形色色的人“打交道”，如何使沟通变得简单，让当事人体味到调解员对他们的关怀，适度地打打感情牌非常必要。“感人心者，莫先乎情。”所谓通情才能达理。“情”大概有四层意思：第一层意思，指人之常情，即人性、人的本能等；第二层意思指民情，在这个角度上，可以把社会舆论、社会基本常识和共识，以及社会公认的习惯法或风俗习惯作为民情的载体，加以考量；第三层意思是指情节或情况，在这个意义上，就是案件具体的情节，例如前因后果、时空和情境因素或偶然因素等；第四层意思指的是情面或者人情，更多地涉及与案件相关的人际关系和社会关系。情感触动法是指调解员利用当事人之间原有的亲情、友情、族亲、邻里关系，以情感打动当事人，促成当事人之间进行良好沟通、达成和解协议的调解方法。这种方法一般适用于同事、朋友、家庭成员、邻里等当事人之间具有感情基础的纠纷。情感触动法不仅要利用纠纷双方当事人的感情因素，还要利用调解员与当事人之间的情感因素，甚至要利用案外人与当事人之间的情感因素。[2] 不管如何利用感情因素，其目的是让当事人之间、调解员与当事人之间的沟通变得简单。

明法析理法是指调解员在调解过程中向当事人讲明道理，讲解法律法规和政策，纠正他们的某些错误观点，让他们意识到自己的有些行为和主张于理于法均不相容，从而引导当事人在遵守法律规定的前提下，寻求纠纷解决的办法。[3] 调解中最大的挑战是如何寻找打开当事人思想桎梏的契机。为了促使当事人之间进行有效沟通，寻求和解的契机，调解员往往交互利用情、理、法等元素。“通情才能达理，以理才能服人”。“理”的概念，在以往的运用中至少有三层意思：第一层意思指天理，人与社会应该共同遵循的一些规律。在这个意义上，天理往往与社会公众的信仰有关，本身带有自然法的意义。事实上，人类的法律必须建立在特定社会民众的

① 唐素林编．民间纠纷调解要点与技巧．北京：知识产权出版社，2015：73.

② 同①74.

③ 此种方法一般适用于法律意识淡薄、法律知识欠缺的当事人。

正义观和文化、信仰之上。第二层意思则是指公理，可以理解为社会共同的行为规范，如习惯、传统、共同规则。第三层意思往往是指公共道德，或者公共利益，即今天所说的公序良俗。在后两层意义上，理与上述的情是部分相通的，故往往合称为“情理”。

由于调解这一解纷方式的独特性，在情、理、法的运用中，情理因素往往占据主要地位。一位富有经验的调解员曾向我们表明，在他的调解实践中，“感情”因素的利用占据80%以上，这种感情因素是指调解员对当事人的感情投入，其目的是取得当事人的信任。值得信任是所有调解员努力积累的口碑。最优秀的调解员是那种能赢得当事人信任，并不辜负当事人信任的人。①

十一、巧用当事人性格法

调解是通过说服，化解矛盾纠纷的方式，这就要求调解员具备较好的沟通能力，能够利用当事人的性格特点进行较好的说服工作。

(1) 对重感情、讲义气而且直爽的人，可运用情感触动法。可以先用一些触动感情的语言与其谈一些纠纷以外的事情，然后逐渐转入正题，进行调解，特别是对那些重视亲情的当事人，要用亲情触动法，帮助其回忆家庭成员间的幸福时光，劝导其多看对方的优点，唤起情感。

(2) 对固执己见、脾气暴躁的当事人，可运用以柔克刚法。调解员可以热情主动、以诚相待，轻言细语地谈一些让当事人感兴趣的事情。调解员要采用和风细雨的方式，对当事人进行耐心开导，切忌硬碰硬或居高临下。要以火热的爱心和真挚的情感去缓和其暴躁的脾气，让其冷静思考问题。②

(3) 对于乐于听奉承话的当事人，可运用先守后攻法。对于这一类当事人，要多说一些好听的语言，先表扬他的长处，使他产生自豪感，然后

---

① 杰弗里·克里维斯，娜奥米·勒克斯．遇/预见未来的法律人．许捷，译．北京：法律出版社，2016：213.

② 对多次做工作难以见效的人，要用群众抨击法，而且要用措辞严谨的法律术语明确告知其该承担的法律后果和责任，或有意识地展开民风评议活动，发动群众让其感到不认识到错误便会孤立无援。

乘机指出他的缺点和不足。再举一些开始并没有引起重视、导致后果比较严重的例子让当事人比较一下，见缝插针，鼓励他改正缺点，弥补过失，做一个受人尊重的人。这样一抬一拉，举一反三，让当事人联系自身认真思考，使其在调解中顺利接受调解员的意见，达到化解纠纷的目的。[①]

(4) 对于优柔寡断、缺乏自我主见的人，可采用以下方法：1) 帮助这类当事人分析思考问题，作出正确判断，形成正确态度，尤其是在他们遇到问题感到手足无措时，要注意稳定他们的情绪，帮其出主意、想办法。2) 在调解过程中，要注意留意这类当事人是否受到消极因素的影响，如果受到影响，要找出是哪些消极因素以及其来自何处。在找到原因后，要消除消极影响源的作用。3) 在调解过程中，还要注意创造条件，调动积极因素影响他们形成积极态度。4) 调解中劝说其转变态度，采用暗示法效果较好。5) 对这类当事人采用单面论证法进行劝说效果一般较好，采用两面论证法容易起副作用。[②]

(5) 对理智型性格的当事人可以采用以下方法使其形成正确的态度：1) 向当事人出示已被查明的、真实可靠的证据，查明纠纷事实，使当事人在确实、充分的证据面前，对纠纷事实形成正确认识；通过摆事实、讲道理，纠正当事人对纠纷性质的不正确认识。2) 给当事人介绍调解处理本纠纷必须要运用的有关法律规范，帮助他们正确理解这些法律规范，纠正他们原来对这些法律规范的不正确的理解。3) 调整当事人不合法的需求。[③]

当然，上述关于调解方法的分类具有相对性。调解的具体方法还有很多，每个调解员极具个性化的想法和实践，使调解呈现出异彩纷呈的发展态势。调解是一种即兴创造，对调解过程中所获信息及时作出回馈，认真对待每一次调解会议，善于抓住化解纠纷的瞬间，并能够保持思维活络，这些都是优秀调解人员的秘诀。[④] 调解方法绝非千篇一律，以巧用当事人性格法为例，针对当事人的不同性格，调解员可以使用不同的方法。然而，

① 唐素林编．民间纠纷调解要点与技巧．北京：知识产权出版社，2015：65.

② 宋才发，刘玉民主编．调解要点与技巧总论．北京：人民法院出版社，2007：205.

③ 同②203.

④ 杰弗里·克里维斯，娜奥米·勒克斯．遇/预见未来的法律人．许捷，译．北京：法律出版社，2016：191.

不管调解员采用何种方式，其目标都是殊途同归的，即有效化解纠纷。

第三节　调解的技巧

调解的技巧是指调解员为胜任调解工作而需掌握和运用的各种巧妙的技能。调解技巧与具体的调解方法既有联系也有区别，上文讲的具体调解方法均采归纳法，是对某类纠纷适合何种方法的一种归纳，方法具有一定的宏观性。本节所说的技巧主要是针对调解的具体环节而言的，具有微观性，具体包括语言沟通的技巧、传达信息的技巧、破除僵局的技巧等。

一、调解中的沟通技巧

调解就是让沟通变得简单，调解员需要掌握各种与当事人良好沟通的方法，即耐心地倾听、巧妙地表达、恰当地询问、灵活地转达等，与当事人迅速建立信任感，全面获取信息，有效地引导和说服当事人向积极解决问题的方向努力。

（一）耐心地倾听

纠纷对于一般人而言是一件劳心费神的事情，所以调解员要充分理解当事人的心情。在化解纠纷时，调解员应当对当事人充满诚意，这不仅仅要表现在口头上，还要表现在调解员的行动上。耐心倾听是与当事人沟通的方法中最重要的技能，这不仅仅是头脑中的一个认识，还是身心的全面认同，必须全神贯注地倾听当事人的主张，以便为提出有效解决方案打好基础。①

在调解中，调解员耐心倾听，不仅要认真聆听当事人的陈述，还要观察当事人陈述时的表情，揣摩当事人的心理。调解员只有认真聆听，才能准确地识别信息，并以恰当的、简明的语言概括当事人面临的问题和其期望所在，根据当事人的陈述去寻找或了解当事人的诉求和诉求背后的原因。认真聆听要求“听全”“听准”“听懂”。听全需要调解员有耐心，即便是杂

---

① 草野芳郎．调解技术论．韩宁，姜雪莲，译．北京：中国法制出版社，2016：70.

乱无章的冗长叙述，也要耐心听完。否则，调解员容易从片面的情况出发，得出不合实际的结论，出现错误。听准需要调解员聚精会神，对问题的细节或关键情节不能含混和疏漏，并一一进行记录。听懂需要调解员边听边总结，以便抓住问题的实质和争议的焦点，为调解工作打下良好的基础。[①]认真倾听当事人的陈述，不仅要了解当事人对纠纷解决的具体诉求，而且要了解当事人有如此诉求的理由。唯有如此，才能找到最大限度满足当事人期望的调解方案。具体而言，调解员认真聆听有以下好处。

1. 耐心倾听，有利于调解员取得当事人的信任。调解员真诚对待当事人，尊重当事人的意见，适时表达其同情心和同理心容易获得当事人的信任。当事人只有在信任调解员的基础上，才能更好地接受调解员的调解行为和调解方案。

2. 耐心倾听，有利于找到消除当事人之间不信任的原因。事实上，绝大多数案件是在熟人之间产生的。双方当事人之间往往因没能进行有效沟通，从而产生纠纷，这时双方已经产生了不信任感。最有效的调解方法就是找出当事人对对方不信任的原因。调解员认真聆听当事人的陈述，可能找到当事人间发生纠纷的根本原因，帮助当事人消除不信任感。当然，对于重大复杂的纠纷而言，恢复当事人之间的信赖关系，除通过倾听获得有效信息外，还需要其他调解技巧。

（二）巧妙地表达

“良言一句三冬暖”，“话不投机半句多”。这些警句道出了妙用语言的魅力。为消除当事人的紧张情绪，缓和气氛，调解员宜使用温和的语言。如调解员在开场时谈些与案件无关的话题：“今天的天气真不错!”“您大老远来的，一定很辛苦吧!”这些话对缓和当事人的紧张情绪很有帮助。每个调解员都有自己的个性和经验，不需要刻意模仿别人，只要用恰当的语言来表达，就能收到较好的效果。

1. 巧用语言表达

调解语言的一般要求是：第一，大众化、通俗化。调解员宜使用大众化、通俗化的用语，避免使用脱离老百姓实际生活的语言和华而不实的书

---

① 唐素林编．民间纠纷调解要点与技巧．北京：知识产权出版社，2015：55.

面用语；恰当运用比喻和民间俗语、谚语，说明对某些问题的看法，使当事人容易理解调解员所讲的道理。第二，明朗化。调解员使用的语言应避免冗长、烦琐，力求简短、明确、流畅，使当事人一听就懂，避免产生误解。

实践中常用的调解语言如下。

（1）具有浓郁感情色彩的语言。这类语言能够增强劝说语言的力度，提高劝说的效率。调解员必须根据解纷的需要，灵活地体现语言感情色彩，做到爱憎分明。

（2）生动形象的比喻。调解员运用生动形象的比喻可以提高劝说语言的明晰度和准确性。比喻运用得好，会使人受到深刻的启发，极大地鼓舞和鞭策当事人。同时，调解员以事寓理、形象比喻，能使劝说的语言更委婉，可以避免由于直接论理而引起当事人的反感。

（3）恰如其分的幽默语言。幽默的特点是夸张，幽默具有浓郁的曲折、含蓄的特色。调解员恰当地使用幽默语言，能缓和气氛，增强说理的吸引力、感染力和有效性，改变当事人不良的心态，进而使当事人接受正确的观点，缓和纠纷双方当事人强烈对立的局面。

（4）格言警句的妙用。这类语言精辟、隽永，言简意赅，教人如何正确对待生活中的挫折和不幸，如何认识事物的本质，如何处理生活中各种复杂的关系等，其文字虽少，却蕴含丰富的哲理，有很强的启发性、感染力和说服力。调解员适时使用格言警句会收到意想不到的效果。

（5）委婉含蓄的语言。调解员为表达轻松友善，使用委婉含蓄的语言，能让当事人感受到调解员的温情和善意，有利于在调解员与双方当事人之间建立亲切、信任感。①

2. 巧用肢体语言表达

在调解过程中，调解员不仅要通过语言，而且要适当地通过运用面部表情、眼神等肢体语言向当事人传达信息。调解员熟练地运用肢体语言，能够获得口头表达所不能达到的效果。

（1）熟练运用面部表情。首先，调解员应保持面部表情的基调，严肃

① 宋才发，刘玉民主编．调解要点与技巧总论．北京：人民法院出版社，2007：215－217.

不失温和，庄重不失真诚。这样的面部表情可以为调解创造良好的气氛，使当事人放松下来，向调解员吐露心声。其次，保持面部表情鲜明、灵敏。调解员的面部表情要随着与当事人谈话所涉及内容的变化，及时准确地给予配合。最后，保持面部表情的真实、适度。要让纠纷当事人从调解员的面部表情看到调解员的真实内心世界。任何面部表情都必须恰如其分，适可而止。过于夸张的表情，往往会使谈话的内容失去真实性和严肃性，甚至造成当事人的不信任。①

（2）巧用眼神。一个优秀的调解员当然也能通过目光、眼神准确地反映他的思想态度。第一，在听当事人陈述纠纷情况或提出要求时，应主动与当事人进行直接的目光接触；第二，在向当事人宣传法律和道德时，调解员的目光应炯炯有神，显示出对法律和道德的信心，流露出内心的刚毅和坚定；第三，在当事人主动认错或者提出调解方案时，调解员的眼神里应带着笑意，流露出鼓励和赞赏的目光；第四，在调解过程中，调解员不要斜视当事人，目光不要游离，更不要躲躲闪闪；第五，调解员的目光要与有声语言、手势、姿态密切配合，协调一致。②

（3）巧用身体姿势。在调解过程中，调解员与当事人沟通时，最好是在面对面的基础上保持身体微微前倾。这种姿势表示调解员对当事人的谈话感兴趣，会给人留下谦虚、洗耳恭听的印象。调解员在对当事人进行劝说时，宜采取靠近对方并微微前倾的姿势。这种姿势既能减少外界的干扰，听清楚对方说话的内容；又能给当事人一种亲切感和体己感，容易使对方获得一种被关心和爱护的心理体验。③

（4）巧用手势语。第一，调解员的手势要适量，手势既要与语言所表示的内容相适合，也要控制手势的量，不能太多也不能太少。第二，调解员的手势要适度，手势的使用一定要规范和适度，否则不仅会与调解员的调解行为不相适应，也会有轻浮之嫌。第三，调解员的手势要简练，不可犹豫不决、拖泥带水，要干脆利落。第四，调解员的手势要自然，只有自

① 盛永彬，刘树桥主编．人民调解实务．北京：中国政法大学出版社，2010：152.

② 同①153.

③ 唐素林编．民间纠纷调解要点与技巧．北京：知识产权出版社，2015：59.

然的表达才是感情的真情流露，才能给当事人带来真实感。① 第五，象征性的动作手势，可以直接解释某个词语，表示抽象的意念；说明性的动作手势，可以增加言语信息的内容，使陈述者的语言更能被他人理解；协调性的动作手势，往往被用来在一些令人紧张的情境中协调气氛；补充性的动作手势，可以起到弥补有声语言不足的作用，增加有声语言的分量。②

（三）恰当地询问

询问的主要目的是弄清楚纠纷的经过，使纠纷涉及的“事实”更加清晰、明确，进一步突出主题。调解员询问当事人时，一定要注意方式、方法，对涉及当事人隐私或者当事人有意回避的问题要委婉、旁敲侧击地提问。（1）对于当事人顾虑重重、欲言又止等情况，要用谈心式的方式鼓励当事人说下去，建立信任感。（2）对于一些重大疑难的问题，或者在新形势下出现的新问题，或者是已经发生了争议，但无法律明文规定的问题，可以采用探讨的方式，但是提问要简明扼要，不宜提得太笼统。（3）对于当事人不知如何说明或一时难以说明的情况，可以采用发问方式，引导当事人讲清存在的矛盾。③

美国调解员通过问开放性的问题，可以了解当事人立场背后的利益需求。调解员恰当地提问，既能鼓励当事人敞开心扉，又能帮助各方当事人真正地理解其利益需求。调解员运用此法应当注意，提问应和纠纷本身有关，不应仅仅为满足自己的好奇而提问，这容易引起当事人的反感。调解员在面对面调解中的提问方式和问题内容和背靠背调解中的应该有所区别。在面对面调解中，调解员主要针对事实本身和当事人的基本立场进行发问。在背靠背调解中，调解员提问的范围可以更广一些，问题也可以更深入一些。使用开放式提问这一技巧时，调解员应重视把它建立在良好的交流沟通关系上。④

（四）灵活地转达

灵活地转达当事人提供的信息，需要对当事人提供的原始信息进行重

---

① 唐素林编．民间纠纷调解要点与技巧．北京：知识产权出版社，2015：60.

② 宋才发，刘玉民主编．调解要点与技巧总论．北京：人民法院出版社，2007：219.

③ 同①56.

④ 程波．美国调解技巧的社会心理学解读．湘潭：湘潭大学出版社，2016：91－92.

组。重组信息是指说话人在转述他人意思时，出于一定的目的对他人原话内容中的信息重新进行组织的行为。调解过程中，调解员往往需要在双方当事人之间传递信息。在信息传递中，调解员的语言重组技巧显得至关重要。调解员将当事人陈述的语言或内容稍加修改并以更为妥当的方式加以表述，或者将当事人语言中的隐含意思清晰地表达出来，从而使当事人之间的关系由冲突逐步趋向缓和。

语言重组的主要作用在于：(1) 调解员对当事人表述不清的语言进行整理提炼，帮助当事人确认所描述的事实和其所持的态度，帮助当事人找到纠纷的争议点以及当事人的利益点，尝试寻找解决纠纷的具体方案。(2) 调解员重复确认和明示当事人的意思，让当事人感到被关怀，增加当事人与调解员之间的信任，从而使当事人更愿意倾诉，更愿意接受调解员所提出的建议。(3) 调解员可以利用语言重组，着意突出或反复强调某个重要事实，将当事人的注意力引向这个事实，使其去考虑这个事实中的决定性因素。(4) 调解员改变原话的表达形式，结合语言技巧，使其更加通俗易懂，可以缓和当事人间的对立气氛。调解员还可以结合心理学、社会学的原理，通过语言重组改变语言的效果，充分调动有利于调解的因素。[①]

二、破除僵局的技巧

调解随时可能陷入僵局。遇到难以打破的僵局时，调解员可以暂停调解让双方先冷静一下。美国调解员处理调解僵局时常遵循以下步骤：一是调解员不断地进行反思，挖掘当事人背后的利益所在；二是调解员要让当事人明白调解可以为当事人创造共赢的局面，让当事人理解继续合作所获得的利益一定会更大。[②] 优秀的调解员在调解陷入僵局时，会强调迅速解决纠纷的种种好处，鼓励当事人进行角色互换，并尝试新的解决方案。下面将介绍几种在我国调解实务中，调解员们常用的应对僵局的方法。本书第七章将会从心理学的视角进一步对僵局形成的原因和应对技巧进行深入的讨论。

---

① 刘建明主编．调解技能与实践．杭州：浙江工商大学出版社，2014：90-91.

② 廖永安主编．如何当好调解员：中美调解培训启示录．湘潭：湘潭大学出版社，2012：101-102.

（一）满怀热情，坚持不懈

一旦出现当事人拒绝调解的苗头，调解员应当及时提醒意图拒绝调解的当事人，拒绝调解可能带来的不利后果，并予以真诚劝说。可能的话，调解员也可以私人会议的方式单独和拒绝调解的一方进行沟通。因为当事人之间的纠纷不是一朝一夕产生的，调解员不可能三言两语就调解成功。如果调解员满怀热情地进行调解，相信一定会有效果。第一次调解即便失败，调解员也要找机会再次进行调解。成功永远不会眷顾半途而废的人。当调解进入僵局时，调解员可以适时地更换话题，让当事人抛开立场，以利益为中心，把大问题分割成小问题，强调问题不解决的成本代价等。调解员对每一个纠纷都需要竭尽全力，坚持不懈一定会有效果。即便调解失败了，对调解员来说也是一个宝贵的经验。

（二）合理运用道歉

在调解过程中，合理运用道歉对于打破僵局可以起到一定的效果。对于道歉，美国专家注重区分“同情心”、“同理心”和“道歉”①。作为一名调解员，在背靠背调解中，通常会对自认为有委屈和权益遭受侵害的一方当事人适时地表达自己的同理心，以缓和该当事人的情绪，赢得当事人的信任。在有些纠纷解决中，道歉可以有效地打破僵局。当调解陷入僵局的时候，如果调解员感觉到一方当事人存在让步的可能，便可以进行单方会谈。通过单方会谈，调解员应找出双方陷入僵局的原因，适时向当事人表达同理心，并引导当事人真诚地向对方当事人道歉，鼓励当事人继续进行调解。

调解员应当引导一方当事人向对方当事人道歉，或者引导双方当事人相互表达歉意。这里有必要介绍一下道歉。道歉至少包含两层意思：一是道歉者应承认自己有错误，并要为自己的行为负责，只有这样，道歉才显得诚恳；二是道歉者若希望自己的道歉能够获得对方的谅解，有必要表达因自己的错误愿意向对方给予补偿的意思。例如，“小明，很抱歉我把你的手机弄丢了。这是因我的疏忽造成的，我向你道歉。我希望你能告诉我你的手机的价格，好让我对你作出补偿。虽然这并不会减轻你丢失手机的痛

① 廖永安主编．如何当好调解员：中美调解培训启示录．湘潭：湘潭大学出版社，2013：95.

苦，也不会让你觉得我是对的，但我希望这样做。我真挚地向你道歉”。调解员只有引导一方当事人向对方当事人真诚地表达歉意，才能有助于打破僵局。

（三）及时更换调解员

如果调解陷入僵局是因调解员而引起的，更换调解员不失为打破僵局的一个有效方法。不同的调解员有不同的风格，“有的像强势的老虎，有的像狡猾的狐狸，有的像智慧的猫头鹰”①。当事人若对某调解员的调解风格极为反感，这种情绪很显然会对调解活动的进行产生极为不利的影响，可以通过更换调解员缓和当事人的情绪。此外，各方对调解员的信任也是调解工作得以顺利进行的前提之一。若一方或双方当事人失去了对某调解员的信任，这种情况下及时更换调解员实乃明智之举。

（四）引导当事人调整自己的期望

当事人寻求调解，目的是得到自己应当得到的利益。当事人基于自己的认识，往往会站在自己的立场上提出要求。作为中立的调解员，调解员的功能之一是引导当事人调整自己的预期，理性地提出要求。

1. 交换诉求

调解实践中，一方总是急于了解对方的“底线”和态度，所以出价方会将价抬得很高，应价方会将价格压得很低。调解员从调解开始就要全面搜寻与调解相关的“信息”，摸清纠纷双方当事人的调解思路和“价码”，把调解目标制定得详尽具体，甚至可以根据个案的具体情况，在调解目标以外再设定若干必要的“价码”作为补充，一并列入调解方案中。如遇到纠纷双方当事人僵持不下、互不相让的时候，调解员可以让当事人交换关于赔偿数额的意见，让他们相互影响，使双方的预期数额越来越接近。调解员分析双方的“价码”，对其中合理的部分予以采纳，最后提出双方能够接受的调解意见。

2. 理性进行风险评估

所谓风险评估，即调解员对当事人动之以情、晓之以理的过程，目的是让当事人知晓利害，使其在进行一系列的利益考量后，更倾向于以调解

① 廖永安主编．如何当好调解员：中美调解培训启示录．湘潭：湘潭大学出版社，2013：88.

的方式解决其与另一方当事人的纠纷，主动作出让步、达成调解协议。例如，可以通过鼓励当事人询问律师意见的方式，通过律师的法律意见调整当事人的预期。如调解纯金钱利益的纠纷，美国调解总结出一条有效的经验就是调整当事人的预期，调整当事人的预期有很多手段，其中就包括从法律上分析当事人的诉求，主要是诉讼风险。[①]

3. 相同案例比较

若当事人提出的赔偿要求过高，调解员可以将相同或类似案例的赔偿标准告知当事人，引导当事人降低期望值。案例是活生生的教材，也是最有说服力的理由。当然，在选择“相同案例”时，调解员务必保证自己所选择的案例确实与正在调解的案例具有相似性。否则，极有可能弄巧成拙，激怒其所欲说服的当事人。

（五）探索新的解决方案

在调解中，理想的境界是让当事人自己提出调解方案。但是，在大多数纠纷解决中，一方当事人很难提出对方能够欣然接受的方案。当调解僵局是由调解方案本身不完善引起的，调解员可以启动备选方案，寻找新方案。调解员寻找新的解决思路，可以通过引导当事人换位思考，重新评估当事人追求的目标、需要，重新排列各种利益顺序，重申调解在本质上注重解决争议，而不是找出对错。[②] 美国调解员倾向于给当事人充足的时间，让他们提出自己的观点，虽然调解员可能已经有了调解方案，但是他们认为当事人拥有更多的信息，所以更有能力找出某一令人接受的解决方案并且更可能坚持他们自己制定的某一解决方案。针对某些纠纷，调解员不妨先不说出自己的观点，而是通过问一些开放性问题，引导当事人说出如何解决争议的想法。如引导当事人思考该纠纷解决有哪些可行的方案，哪种方案最佳，哪种方案对方最可能接受，如果对方不接受，当事人又如何应对等。在回答完这一系列问题之后，当事人自然会提出解决方案，包括争议赔偿的数额等。

此外，为调解注入新元素，也是打破僵局的有效办法。调解员宜综合考虑纠纷事实，兼顾当事人诉争内的利益和诉争外的利益，通过替代方案

---

① 程波．美国调解技巧的社会心理学解读．湘潭：湘潭大学出版社，2016：144－146.

② 朱楠编．商事调解原理与实务．上海：上海交通大学出版社，2014：157.

使当事人双方都能获得自己的利益。这一方法，美国调解专家称之为“把馅饼做大”法。[①] 优秀的调解员要有准备多套方案的能力。

总体而言，调解是一项通过沟通、谈判等技巧来化解纠纷的艺术。调解方法和技巧的使用有赖于调解员的素质和其所拥有的技能。也就是说，调解方法和技巧的灵活运用与调解员自身的知识、经验积累密切相关。值得一提的是，心理学和经济学的研究中有大量关于人际沟通、谈判的研究，也发展出了大量的应用于有效化解矛盾纠纷的技术和技巧，比如倾听的技术、提问和信息重组的技术以及说服的技术等。这些科学的研究和专门的技术均可以被运用在调解活动中，使调解员能够更有技巧地使用各种沟通和谈判方法，达到更好的沟通效果。本书将用专章从心理学和经济学等跨学科视角来阐释调解具体技巧的运用，对这些问题进行深入的讨论。

① 廖永安主编．如何当好调解员：中美调解培训启示录．湘潭：湘潭大学出版社，2013：106.

第七章　心理学在调解中的运用

心理学是关于个体的行为及精神过程的科学的研究。① 冲突与纠纷是发生在人与人之间（包括个人、群体、组织等由人构成的社会实体之间）的，其产生、发展和解决实际上都是一种人际之间的互动过程，均是以人的认知、思维、情绪、情感等等心理和行为过程作为基础的。心理学对人际冲突产生的原因、发展的模式和解决应对等，都进行过颇为丰富的理论与实证研究。熟悉和掌握这些心理学方面的知识，对于调解员们来说是极有必要的，能够帮助我们透过现象看本质，更深刻、科学地去理解冲突与纠纷。同时，心理学在认知、沟通、谈判、态度、决策与问题解决等方面的研究，都可以被运用到调解的各个环节当中，从而指导调解员更有效地与当事人进行沟通，更清醒地认识到导致僵局产生的心理因素，并采取有针对性的策略打破僵局。鉴于心理学在调解中的重要作用，本章在对心理学于调解中的运用予以一般性介绍的基础上，在最后两节，将群体性纠纷和医患纠纷这两种特殊类型的纠纷置于心理学的视域中进行专门讨论，分析其纠纷发生、发展在心理学方面的动因和规律，并提出对于这两类纠纷采用调解解决的具体建议。之所以对群体性纠纷和医患纠纷进行专门的讨论，是因为：第一，群体性纠纷和医患纠纷均是群体性事件的常见诱发因素，往往容易造成较大的、具有破坏性的社会影响；第二，这两类纠纷在调解过程中需要运用到的理论与技巧，不仅涉及一般调解过程中通用的心理学知识（微观与中层的心理学知识，比如个体的认知、思维、决策及人际间的沟通、互动等），还需要涉及社会心理学中更加宏观层面的知识，比如群体的

---

① 理查德·格里格，菲利普·津巴多．心理学与生活（第16版）．王垒，王甦，等译．北京：人民邮电出版社，2006：3.

心理与行为、社会信任和社会心态等。

第一节　沟通的心理学原理与技术

沟通是调解的第一个重要环节，从调解员第一次与当事人接触时起，沟通就开始了。调解员的职责是帮助双方当事人交换意见与主张，促进调解协议的达成，在这一过程中，沟通几乎是完成所有工作目标的基础。因此，拥有良好的沟通能力和技巧对调解员来说是至关重要的。但要做到这一点，其实并不那么容易，因为人际沟通是门大学问，既需要经验也需要智慧，其中不仅包括语言的交流，还包括倾听、提问、察言观色、情绪表达等多方面的技术。心理学中关于人际互动和沟通的专门研究，能为调解员提供可运用在调解沟通中的策略与技术。

一、调解员的印象管理

在日常生活中，人们常常希望给别人留下一个好的、符合自己社会角色的印象，这种试图控制自己在别人心目中印象的过程，在心理学中叫作印象管理（或者印象整饰）。印象管理对于调解员来讲是很重要的，因为没有当事人会信任给自己留下不良印象的调解员，并且不好的印象一旦形成，要改变是相当困难的。心理学中有一个概念叫作“首因效应”，就是讲人与人第一次交往中给他人留下的印象，第一印象会在对方的头脑中占据主导地位，并会影响之后的人际交往。因此，从第一次与当事人打交道开始，调解员便需要注意自己的言行。

笔者在一次调研中，随一位基层调解员去了一位当事人老李的家。当调解员出去找另一方当事人谈话时，李家的二女儿向笔者表达了对调解员的不满，先是说调解员效率低，根本不可能解决好问题，所以他们已经打定主意要求仲裁了；接着又很生气地说：“这个人（指调解员）头一次进我屋里（我家），就问我爸有几个儿子，他这是什么意思？是觉得我们家好欺负吗？”笔者这才发现，老李家到场的家属，是大女儿、二女儿和小女婿，老李只有三个女儿，没有儿子。可能是当地仍有乡土社会的一些传统观念，认为有儿子的家庭才有顶梁柱，当与外人发生纠纷时才有底气。因此当调解员问及李家有几个儿子时，李家人觉得是对他们的挑衅，感觉到愤怒。笔者愿意相信，这是调解员的无心之失，他的原意也许只是询问李家的人口结构情况，但是提问的方式却有些不合时宜，而这一不合时宜的问话却给当事人留下了不好的第一印象。①

那么作为调解员，如何做好自己的印象管理呢？社会心理学家米德（Mead）和库利（Cooley）强调参与社会活动的人要站在别人的角度上看待自己，才能使自己有效地控制社会行为。也就是说，做好印象管理的基础是明确他人对自己所扮演的角色的期待。那么，当事人对调解员的角色都有一些怎样的期待呢？总体来说可以概括为：真诚的帮助者和公正的权威者。作为真诚的帮助者，调解员在与当事人沟通时，要尽可能地表达出一些积极的、善意的、真诚的、友好的信息；而作为公正的权威者，调解员也要展现出自己的自信、专业、威严和对调解过程拥有掌控力的一面。

（一）积极情绪的表现

为了能够取得当事人的信任，为身陷纠纷中、怒气冲冲的当事人们提供一个和平、乐观的言谈处境，调解员需要向当事人展现出友好、热情以及乐观和自信的一面。在对优秀基层调解员进行采访中，一些调解员分享了他们在这方面的经验。

> 你得表现出热情，和当事人拉近感情，否则，他（当事人）会觉得你冷淡，不信任你，觉得你有什么了不起，也不愿意理你。

一位在当地颇有威望的老调解员谈道：

> 有时候笑话也要讲，玩笑也要开，做调解员就是要和当事人融洽感情，这也是我最大的优势。一般接触到当事人，会谈的前几分钟我都在和他们拉家常。

而另一位年轻的乡村调解员，谈到他如何获得“难打交道”的老年当

① 此案例来自湘潭大学与湖南省调解理论与人才培训中心 2012—2013 年间在湖南郴州、长沙和湘潭开展的“湖南省基层调解制度调研”。

事人的信任时说：

> 有时候，他们（当事人）不大愿意和我交流。我就亲自去他家，要表现出这样一种感觉：我不是来做调解的，而是去找他聊天、拉家常的。我甚至会动手去帮助他（当事人）做一点事情，比如帮他搬一把凳子……表现出足够多的热情和关心，这样是为了博取他的好感。

调解员表达的积极情绪不仅仅包括友好和热情，还应包括表现出来的自信，正如某位被访的调解员所说的那样：

> 不管你心里有没有底，可能你对案子只是初步的了解，但是首先要给自己打气：我绝对能调好，给别人的印象就是要很有自信心。

（二）同理心的表现

纠纷中的当事人本身往往带着许多负面情绪，比如焦虑、愤怒、悲伤，而处在高涨的负面情绪中的当事人往往无法理性地对话、商讨冲突解决的方案。因此调解员常被要求带着同理心去和当事人交流，同理心的倾听和表达不仅能帮助调解员赢得当事人的信任，也能够帮助身处压力之下的当事人获得安抚和情绪的平复。同理心（empathy）也被称为共情，指设身处地对他人情绪和情感的认知性觉知、把握与理解。[①] 人们经常会将同理心和同情心（sympathy）混为一谈，事实上两者是有区别的。同情心是一种对他人的不幸遭遇产生共鸣及对其行动的关心、赞成、支持的情感，而同理心则是将心比心、设身处地地去感受和体谅他人。同理心的表现能够拉近人与人之间的心理距离，充满同理心的互动能够使大脑释放出令人平静舒缓的某种化学物质，而这会给身处其中的人们带来安全感和乐观的感受。[②] 如果要表达真正的同理心，也就是能对另一个人的情感和处境做到感同身受，而不是浮于表面，则需要我们拿出一些时间和耐心来了解事情的真相，因此需要有更多的良好的倾听和反馈。

（三）公正与中立

调解员的职业角色不仅仅要求他们要给当事人留下热情、友好和乐观

---

① 车文博主编．当代西方心理学新词典．吉林：吉林人民出版社，2001：366.

② 亚瑟·乔拉米卡利．共情力．耿沫，译．北京：北京联合出版社，2017：49.

的印象，更重要的是公正性的体现。因此调解员在当事人面前的每一个表现都应当基于公正、中立的原则。如果双方当事人都是自愿来进行调解的，那么他们一定急切地盼望调解能够帮助他们赶快把问题解决了。但与此同时，他们可能也会有非常多的疑虑和担心，害怕调解员如果不公正，会对自己不利。因此，当事人往往是比较敏感的。一位基层调解员在访谈中向笔者分享过自己刚开始从事调解工作时的一段经历。

> 那时候我们条件比较差，不像现在有专门的调解室，就在我的办公室做调解。办公室也很简陋，就两把带靠背的办公椅，其他都是高矮不一的塑料凳子。有一次两个当事人来了，我就请先进来的那位（当事人）坐在了我对面的那把办公椅上，我自己坐在另一把办公椅上，后面进来的当事人就剩下塑料凳子了。这个细节我当时就没有注意好，结果那天的会谈很不顺利，那个坐凳子的当事人好像抵触情绪很强，不怎么合作，也表现出对我不太信任。后来我自己反思，可能是和这个细节有关系。

因此，调解员应当理解当事人的这种心态，并时刻遵循公正、中立的原则来约束自己的言行，只有确保在当事人面前留下一个公正的形象，才能使调解程序能够进行下去。比如，表达积极情绪时也需要讲究度，调解员对当事人的热情程度不会像销售员对顾客那样，而是相对会比较温和，并且调解员会对双方当事人予以同等程度的热情表达，否则便容易给人以偏心的感觉；调解员的表现也可以有"冷"的一面，适当的时候他们也可以对要求过分或者太不讲道理的当事人进行批评，但是这种批评也必须是理性和客观的，并且尽量不是公开的，尤其不能当着另一方当事人，要给当事人留面子，要保证中立性和公正性。

（四）威严与主动性

调解员不仅仅需要获得当事人的好感和信任，在此基础之上，还需要能够引导双方当事人理性、有效地沟通，在合法、合情、合理的范围内找到双方都满意的解决方案。因此，在与当事人的互动过程中，调解员必须主动地对当事人的情绪和互动的过程进行有效的掌控。一位富有经验的基层调解员在接受我们访谈时说，当双方当事人在会谈时情绪都过于激动，局面一下子难以掌控时，调解员常常会表现得十分严肃和威严。对于某些太过无理，或者想采用极端方式服务于自己目的的当事人，一定要告诉他（当事人），他的想法或者做法是违法的，是绝对不被允许的，不能因为他蛮横，而让我变得被动！每个地方都有不懂道理的人，他们的纠纷就比较难调解，有时候也要运用权力或权威对其进行压制。

有时，调解员们也会采取“冷处理”的方式：

> 如果双方（当事人）态度都不大好，我一般会先“晾一晾”他们，先不着急处理案子，也不主动联系他们（当事人），不能表现得急切，而是淡定，甚至有点冷淡。让他们着急先来找我，这样他们会有比较强的解决问题的动机，会比较珍惜调解的机会。

二、倾听的心理学技巧

有人认为调解工作的关键是靠三寸不烂之舌去说服当事人，事实上，比说更重要的是，通过真诚的、带有同理心的倾听，建立与当事人的联结；通过积极的、有效的倾听和观察，从当事人那里捕捉到更丰富、更真实的信息。因此，对调解员来讲，听比说更重要。这里的“听”，不仅仅要用耳朵去听，还得用眼去“听”，用脑去“听”，用心去“听”。有效的倾听和细致的观察能够帮助我们获得许多必要的信息，理解当事人的真实立场和利益诉求，找到解决问题的关键所在；此外，积极的、带有同理心的倾听是赢得当事人信任的重要环节，能让当事人感到自己受到尊重、关注和理解，因而愿意去倾诉内心的真实想法，也愿意以合作的态度去讨论问题。对于带有愤怒、压抑等情绪的当事人，能够得到调解员耐心的倾听，也是其释放不良情绪、平静心情的重要途径。

（一）有动机地听

积极地倾听是发自内心的、真诚的，并带有强烈动机的。调解员发自内心地想要去关注当事人的想法、态度、情绪和观点，对当事人的谈话抱有兴趣、保持专注，也表现出对当事人尊重的态度，不会随意去打断当事人的谈话。良好的倾听动机会使调解员拥有积极和真诚的倾听态度，这是各种倾听技巧的先决条件与基础。

（二）有表情地听

表情一方面是自己内心情绪的释放和表达，另一方面是他人了解你当下情绪的线索。调解员在积极倾听时，同样也会向当事人展现出相应的表情线索。一般来讲，当你在关注对方说话时，你的面部和肢体会有这样一些反应：身体和面部朝向说话者，身体前倾，与说话者发生眼神的交流，并且会有一些与谈话节奏一致的肢体语言，比如在适当的时候点头，表示理解和鼓励当事人继续说下去。同时，调解员手中要有笔和笔记本，可以将听到的要点记录下来，即便你觉得光靠耳朵听就足够了，但做记录的动作也是对说话者格外关注和重视的一种表现。与此相反的是，有一些表情和肢体语言对于调解员来讲是“忌讳”，比如：当事人在说话时，调解员脸朝向别处；低头沉默，不与当事人目光接触；双臂交叉，身体往后躺在椅背上并翘着二郎腿；或者不停地看自己的手机，双腿抖动，表现出不耐烦的表情等。这些面部和肢体的表情都会传达给当事人一些这样的信息：你不想听他说话，没有兴趣、不耐烦——这些都是不利于调解与有效沟通的。

（三）有语言反馈地听

在日常的交流中，如果总是发言者一人在说，而四周一片沉默，那么这个发言者一定会感到忐忑不安，他会怀疑对方有没有在倾听，也不知道对方是否听懂了自己的意思，是否认可自己的发言，自己是否应该继续讲下去。所谓交谈、交流，“交”是指交互的、交换的，即便以发言者为主，也需要听众的反馈。调解员在倾听当事人的发言时，也是如此，可以适当地给予一些言语反馈，简单的如“嗯”“哦”“然后呢”“继续”“我知道了”等——表示自己在听，并鼓励对方继续讲下去；更进一步的反馈是复述当事人的意思或者提出恰当的问题。用自己的语言重复对方说过的话，这样可以确保自己听明白了对方所说的，也可以让对方知道你正在认真倾听，比如“你刚才说对方卖给你的商品有问题?”“你说他当着很多人的面给你难堪?”如果有些事情需要澄清或者想进一步了解某件事，调解员可以要求对方给予说明。除了可以获得多一点的信息资料外，调解员还可以通过提问表示自己在乎对方的感受和顾虑。在当事人的发言基本结束以后，调解员也可以对其发言的主要意思进行总结，然后问当事人总结得是否准确，是否还需要补充。①

---

① 孙赟峰编著．如何做好调解工作：调解实务技巧与案例．北京：中国法制出版社，2013：110.

（四）察言观色地听

倾听的对象不仅仅是当事人说出来的话，还包括当事人在说话或不语时的表情和语调等。比如，在一个劳资双方的工伤保险待遇纠纷案中，双方迟迟无法达成共识的原因，就是对赔偿数额有争议，在调解员的多次努力和双方的配合下，虽然取得了一些进展，但是双方要求的差距还是挺大的。调解员联系索赔的劳方周某做其工作，当谈及数额问题时，调解员发现当事人周某欲言又止，不停地用眼神征求丈夫的意见。调解员意识到，在赔偿金方面，周某的决定在很大程度上都受其丈夫的影响。于是，调解员决定在其丈夫身上寻找突破口。在此之后，调解员多次单独会见了周某的丈夫，经过多次谈话、协调，他终于表示愿意适当下调请求数额。[①]

另外，调解员有时会遇到当事人沉默不语的情况，当事人的沉默究竟表达了什么？调解员要通过观察情境和当事人的表现，去理解其沉默的原因。有的当事人因为正在对之前讨论的问题进行思考，可能会瞪大眼睛使劲地想，也可能会眯起眼睛自言自语，或者凝视着某一点陷入沉思状态。在这种情况下，调解员可以适当放慢调解的节奏，给当事人一点时间和空间去完成他的思考和决定。但是有时候，当事人可能会因为对对方和调解员不满意，而表现出不满和不信任的沉默，这种沉默常常是带有愤怒情绪的，当事人在沉默的同时，表情和肢体语言可能会表现出怀疑、不信任或者气哼哼的样子，比如双手交叉在胸前，歪着头、皱着眉，不屑地看着调解员或者对方当事人等。这时的沉默表达的是："我不愿意涉及这个话题！""我不想待在这儿了！"又或者是"你们到底是不是来解决问题的？""调解员总是针对我，是对我有偏见吧？"这时，调解员需要反省一下之前自己的言行或者对调解程序的控制是否合适，然后可以给以适当的解释和调整；或者结束双方会谈，单独去做当事人的工作，建立其对调解员和调解的信任感和信心。另外，还有些沉默可能是因为当事人感到无助、茫然，不知道该说什么，也可能是因为当事人性格内向而羞于表达，面对这样的沉默，调解员应当给当事人更多的关心、鼓励，提一些具体问题，帮助其表达和思考。

---

① 平衡劳资双方的利益——周某诉某实业公司工伤保险待遇纠纷案//沈志先主编．调解精品案例选．北京：法律出版社，2012：136.

（五）有同理心地听

前面提到过同理心对于调解沟通的重要作用，而同理心在调解沟通中的运用和表现则主要是通过倾听和倾听之后的反馈。要做到带有同理心的倾听，首先在倾听的过程中要时刻提醒自己，不要因为如下几种认知偏差而阻碍自己的倾听质量。

第一，指责他人。同理心追求的是设身处地的理解和体会，而不是评判和指责。因此，如果对方在倾诉时，倾听者总是在内心批评和指责对方（比如“可怜之人必有可恨之处”，“这都是你自找的，活该!”等等），那么倾听者肯定是无法做到有同理心的，这种批评和指责也会从倾听者的表情和神态中反映出来，从而被说话者觉察到。

第二，过早下判断。带有同理心的倾听要求倾听者对他人的倾诉持有一种比较开放的态度，也就是尽可能地去体会对方想要表达的感受和看法，而不是先入为主地给对方贴上标签或者下判断。因此，同理心的倾听忌讳在还没有深入地倾听和体会、理解时，就认为自己早就“看穿”了对方的心思，比如“我就知道她说这么多，是在为自己的不负责任找借口”，或者“我早就已经知道他接下来要说什么了”，等等。

第三，给对方贴标签。与过早下判断类似，武断地给对方贴上某种标签，也是非常不利于倾听和沟通的，比如“他就是那种胡搅蛮缠的人”，“她这种女人，和我前妻一样，只想着自己”，等等。

第四，过快地作出反应。有些人会将顺畅、有效的沟通误解为一直有人在滔滔不绝地说，以及一方说了什么之后，另一方特别迅速地作出反应，不允许一秒钟空白的出现。实际上，沟通的质量不在于谈话的数量和热闹程度，而在于在这一过程中，有没有真正的相互理解和联结。过快的反应往往会阻碍同理心的实现，因为很可能倾听者根本还没来得及仔细理解和体会对方的意思和感受，就自以为是地作出了反应或者岔开了话题。因此，在训练同理心倾听时，心理学家们给出的建议往往首先是：放慢你的语速和反应速度，让整个谈话的节奏先慢下来；过于急切和焦虑的状态，是不利于有效的倾听的。

此外，在当事人的倾诉告一段落，或者谈话出现了短暂的沉默时，可以尝试着说出一些表达同理心的语言，比如“这么看，你也真是不容易”，

"我能理解你现在的心情"；也可以尝试说一些鼓励讲话者表达更多想法的话，比如"这看起来有点像……""就我理解，你似乎……""看起来好像……""如果我听的没错，你……""我注意到……""再跟我说说……"，等等；如果当事人的情绪比较激动，比如伤心到哭泣，或者越说越生气，也可以通过一些行动和肢体语言表达关心、安抚情绪，比如给其递一张纸巾，或者倒一杯水等。

在调解过程的初期，与当事人单方会谈时，这种同理心的倾听尤为重要。因为当你对他人表现出同理心时，他们的防范意识会下降，积极的能量会取而代之。这意味着你可以用更有创造性的方法来解决问题。[①]

三、提问、概括与重述的心理学技巧

在调解会谈时，如何提问是有讲究的，而如何对当事人的话进行概括和重组也是有学问的。常见的提问方式有封闭式、开放式、假设式和澄清式。提问的方式不同，得到的信息也会不同，调解员应当灵活地根据不同的时机提不同的问题，以服务于不同的目的。通过对会谈内容和信息的精练准确概括，可以帮助当事人回顾一段会谈中自己和对方交换的重要信息、表达的态度与立场，同时也让当事人感受到调解已经取得的成果和进展。而重组信息则可以过滤掉负面信息，传达积极的、正向的信息，帮助当事人关注积极的问题解决空间。

（一）提问的类型与功能

1. 封闭式提问

封闭式提问可以采用"是""否"等一两个字作答的提问。比如"是你首先提出调解的，对吗?""他是你的儿子吗?"这类问题通常用"是不是""要不要""会不会"等形式提出，不引导当事人提供更多的信息，不扩大话题，而是就征询的问题进行查证。它的功能是获得特定的信息、澄清事实、缩小讨论范围，或使会谈集中于某个特定问题。

2. 开放式提问

开放式提问是在调解会谈中用得较多的一种提问方式，通常不能用一

① 亚瑟·乔拉米卡利．共情力．耿沫，译．北京：北京联合出版社，2017：13.

两个字作答，能引出一段解释、说明或补充。开放式提问常常以“什么”“怎样”“为什么”“能不能”“愿不愿”等形式发问。根据咨询心理学的研究发现：以“什么”发问的提问往往引出一些事实资料；以“怎样”发问则涉及一件事情的过程、次序和情绪性的事项；以“为什么”发问则引出一些理由、原因及合理的解释；以“能不能”“愿不愿”发问则引发当事人做自我剖析。[①] 在调解中，常见的开放式问题有：“关于……你指的是什么意思?”“你的意思是……?”“请你进一步谈谈……”“你能想出其他可能的办法来处理这个事情吗?”“其他可能的选择是什么?”“它对你有多重要?”“什么对你来说是重要的?”“关于……你希望发生什么?”“你为什么不希望发生这样的事情?”等。这些问题都能帮助我们搜集更多的资料，促使当事人自我剖析立场背后的利益，推动会谈的进行。

3. 假设性提问

假设性提问是指调解员给当事人假定特定的情形，并询问他对这些情形的真实想法。假设性提问常常以“如果”“假设”等类似的形式发问。假设性提问往往出现在调解的关键时刻，常被调解员在单方会谈中用来检验当事人的底线，探讨并且检验有关调解协议新方案的可行性，确定调解方案的细节等。

比如，调解员可能会提出类似于这样的假设性问题：“假如对方同意适当增加赔偿的数额，但数额不超过 3 000 元，你觉得如何?”“如果你们两个都不要房子，那么把房子卖了，然后平分卖房款怎么样?”“如果这个问题由法院来裁决，你觉得可行吗?”“刚才你也听到了对方关于这些问题的意见，你觉得他会接受你的方案吗?”“如果到了月底，你还是还不上钱怎么办?”“如果对方同意你只还 5 000 元，那么你什么时候能还清呢?”“如果今天一次性解决，对方当场付款，但要免除利息，你愿意吗?”“他愿意付清货款，但暂时没有那么多现金，需要分三期半年内付清，你可以接受吗?”等等。[②]

4. 澄清式提问

澄清式提问是为了对一些问题进行澄清而进一步作出的追问，能够帮

---

① 江光荣．心理咨询与治疗．合肥：安徽人民出版社，2011：110.

② 孙赟峰编．如何做好调解工作：调解实务技巧与案例．北京：中国法制出版社，2013：110.

助我们充分理解当事人的意见，了解相关的背景情况，掌握导致冲突的症结所在。比如在一个商品买卖纠纷中，一方当事人说："我们是不会接受他这些要求的。"调解员为了澄清问题，可以问："那么你们认为问题的关键是什么?"又比如在损害赔偿纠纷中，一方当事人说："我不会同意买新的家具电器给他的，他的东西又不是新的。"调解员可以继续提问："那新买一套家具电器需要多少钱?如果他已经用了五年了，大概还值多少钱?"

5. 应该避免的提问方式

除了以上应该掌握的技巧以外，调解员还应该注意以下应该避免的提问方式。在任何情况下都不应该采用逼供式的提问方式，因为这样的问法会让当事人感到被攻击而对调解员产生敌意。另外，调解员也应该避免引导性的提问，这些问题通常是来寻求对方的同意而不是对方的答案。因为对方的答案往往会被调解员引导性的问题所影响，所以未必是对方真实的想法。

(二) 概括与信息重组的技巧

1. 概括

概括是指将当事人表达的意见、情绪等进行分析综合，以整理过的形式向当事人表述出来。概括可以看作是一个谈话段落或者一次会谈的总结。概括的主要作用在于使当事人感到调解讨论正在取得进展，并获得继续朝着积极方向前进的鼓励。同时概括也让调解员和当事人对前一段会谈的内容有一个重新审视的机会，通过这种审视，当事人可以更好地认识自己(和对方)，或得以补充资料，或得到反馈以确定调解员是否正确地理解了自己。另外，概括往往自然地构成会谈的一次单元式的结束，让调解员和双方（或单方）当事人有一个喘息的机会。作出概括需要注意以下几点。

第一，当事人谈话时，要留心各种主题，当事人的立场、利益以及情绪反应；

第二，把关键性的信息、情感的基本意思加以综合，用概括的语句表述出来；

第三，不要增添新的东西；

第四，概括时可以强调已经发现的双方的共同利益所在。

2. 信息重组

信息重组是在概括的基础上，将当事人陈述的语言或者内容稍加修改从而正面地加以表述，同时将当事人未能准确表达的意思以正面的方式表达出来。许多人际冲突源自沟通不畅，双方不能以正向的、指向于问题解决的表达方式进行沟通。调解员正是要帮助双方当事人改善这种情况，使双方的沟通能够清楚地传递各自的真实利益与诉求，以对方能够接受和理解的方式表达，以问题解决作为目标。常见的重组方式有以下一些。

第一，将一个纯粹负面的主张转变为一个更加正面、具有前瞻性的讨论点。比如，在民间借贷纠纷中，一方当事人说："我根本就不相信他会按照协议履行。"调解员："你的意思是想要一些确保他履行协议的保证吗？"

第二，软化一方当事人立场的阐述，从而使得对方当事人更容易接受。比如，在买卖合同纠纷中，一方当事人坚持："除非他把电脑拿来让我修理，否则我对他说的电脑问题是不认可的，我们也不会保修。"调解员："你的意思是，作为销售者，你希望有机会检查并且确定电脑的问题所在吗？"

第三，澄清当事人所真正关心的问题，剔除一方当事人针对对方当事人带有贬义、轻蔑且带有侮辱性的用语。比如，在婚姻纠纷中，一方当事人说："他一直好吃懒做，不务正业，家务也不分担，这样下去，夫妻不离婚才怪。"调解员："你关心的是他作为丈夫，必须要承担更多的责任，夫妻俩为家庭共同努力，对吗？"

第四，将带有太多情绪性的、偏激的表达转换为较为中立的表达，以获得双方当事人的同意。比如在邻里纠纷中，一方当事人表示对另一方当事人的行为非常愤慨，调解员可以说："你是不是对对方没有充分考虑到你的感受而感到不高兴？"①

四、劝说的心理学技巧

（一）由易入难、循序渐进地进行劝说

沟通心理学的研究发现，想要劝说他人，最好选择能够获得对方肯定答复的问题来提问，或者在说服时，从容易引发对方赞同的观点开始。这样不容易激起他人的对抗心理。很多事情不是一蹴而就的，如果我们想一下子就说服当事人作出巨大的让步，这往往是不大可能的；如果能够由易

① 孙赟峰编．如何做好调解工作：调解实务技巧与案例．北京：中国法制出版社，2013：112.

入难、由简入繁、循序渐进地一步步来，也许在这个过程中，当事人可以作出的退让会比一开始我们想象的要多。社会心理学的研究发现了“登门槛效应”，即人们拒绝难以做到的或违反意愿的请求是很自然的，但是他一旦对于某种小请求找不到拒绝的理由，就会增加同意这种要求的倾向，而当他卷入了这项活动的一小部分以后，便会产生自己是关心社会福利者的知觉、自我概念或态度。基于这样的自我概念和态度，之后他会表现出更多合作性的、助人的行为，那么之后再提出更大的要求时，他便不那么容易拒绝。因此，在和当事人沟通调解方案时，在劝说当事人作出一些让步时，可以先从简单的小处着手，如果能够获得当事人的同意，要及时地肯定当事人的友好合作态度，赞扬其愿意退让的大度举动，然后再循序渐进地开展下一步的劝说。

（二）提出具有灵活性与选择性的调解方案

如果调解员需要向当事人提出方案，提出一个非常具体、定型的方案是不太可取的，更好的做法是出示一个有一定浮动空间的灵活的方案，比如涉及赔偿金额时，可以最初出示一个类似于“从××元至××元”的有幅度的金额。草野芳郎在其《调解技术论》中提道：

> 我认为，对于调解方法，重要的是要有钉钉子的心态，在四角钉钉子时，四根钉子如果不同时一点一点地钉下去，而是只将一根钉子全部钉下去后，再钉其他钉子会导致模板破裂。调解亦然，如果形式固定，则无法顺利进行。①

同时，最好能够提出多个方案让当事人进行选择，比如一个赔偿方案，可以围绕着一个基准线提出几个可供选择的方案。以一个基准线为 6 万元的赔偿方案为例，可以提出 6.5 万元的分期付款和 5.5 万元的一次性付清这样两个方案供当事人选择。从心理学的角度来看，人们都喜欢一定程度的自由，有一定的选择会比没有选择让他们感受到更多的控制感和满意感。因此提供几个可以选择的方案，会让当事人更积极地、更具有合作性地投入方案的讨论中，会让当事人觉得自己不是被迫接受，而是主动选择了某种方案，他们会对调解结果更满意，更愿意积极地履行。

---

① 草野芳郎．调解技术论．韩宁，姜雪莲，译．北京：中国法制出版社，2016：110－111.

此外，如果遇到当事人不同意某个方案的情况，调解员不要紧逼而应提出同质的替代性方案。当事人的拒绝在调解中也是相当常见的，调解员不应因此就感到受挫或者愤怒，应当有耐心和韧性，继续努力地和当事人讨论其他的可替代性的方案，也许在后续的讨论中，就能找到当事人愿意接受的方案。这是因为当事人在拒绝了调解员之前的方案之后，如果还能看到调解员一如既往地耐心、努力地帮助自己，便有可能激发起其内疚心理。心理学的已有研究发现，内疚的心理会使人们更具有合作和利他的倾向。[①] 因此有时当事人的拒绝也不一定都是坏事，只要我们有耐心和诚意，也许在后续的替代性方案的讨论中就能取得成功。

第二节　僵局的心理学解析与破解技巧

从心理学的视角来看，冲突是一种感知到的利益分歧（Perceived divergence of interest），即认为当事人各方当前的期望存在矛盾的信念。僵局则是冲突双方各自固执于自己的期望，不肯退让也不愿调和的僵持状态。[②] 因此可以说，冲突与僵局在本质上都是当事人的一种主观信念，是由认知、思维、情感等因素所致。在第六章中，我们曾经讨论过在调解中遇到僵局时的几种常见应对方式，而在本节中，我们将会更深入地帮助大家理解各种僵局背后的心理根源，以及相应的解决之道。

如果经常与纠纷打交道，我们便不难发现，各种纠纷中看似纷繁复杂的争议点和僵局的成因，归纳起来基本上都属于这样几种类型：在价格上谈不拢，在情感上过不去，在谈判空间上拓展不开，以及在面子上放不下。

一、谈不拢的价格——当事人期望值的差异

在纠纷解决和谈判的过程中，常见的一种情况是双方在价格上讨价还

---

① 戴维·迈尔斯．社会心理学（第 11 版）．侯玉波，乐国安，张智勇，等译．北京：人民邮电出版社，2016：466．

② 普鲁特，金盛熙．社会冲突：升级、僵局及解决．王凡妹，译．北京：人民邮电出版社，2013：8．

价，最终仍然僵持不下。对于当事人而言，坚持自己的要价（或者出价）不肯退让，有时是出于非常现实的利益考虑，但是在有些情况下，这种坚持所带来的不一定是获利，而有可能是时间、精力的浪费，以及其他方面的风险。那么为什么许多当事人好像都不明白这一简单的道理，而要执着于自己的某个期望值呢？

（一）比上不足，还是比下有余——两种判断框架

俗话说，“比上不足，比下有余”，讲的是同一个现状，但因为比较的参照点不同，就会获得“不足”和“有余”两种不同的价值评价。心理学家卡尼曼（Kahneman）等人关注于因不同的参照点而获得的消极或者积极的判断框架会对人们的决策行为产生怎样的影响，这些影响也会产生在纠纷中的当事人的决策行为之上。卡尼曼提出了“框架效应”的理论，即在不确定的条件下，人们往往持两种思维，一是面对收益（“有余”——积极的判断框架）时，对风险进行回避；二是在面对损失（“不足”——消极的判断框架）时，又会变成风险偏好。[①] 比如，在劳资纠纷中，工人方坚持认为资方必须把工人的工资从每小时 10 元涨到每小时 12 元，在考虑到当时通货膨胀的情况下，任何少于这个数的方案都代表损失。资方则表示任何高于每小时 10 元的上调都是强加的、无法接受的支出。双方是应选择以每小时 11 元的工资达成协议（一个明确的解决方案）还是诉诸具有约束力的仲裁（一个有风险的解决方案）呢？

毫无疑问，这是一种消极的判断框架，也就是双方都从损失的角度去考虑这个冲突。那么按照“框架效应”理论，我们可以预测，双方都将尝试风险，而不愿意接受那个明确的解决方案。然而，如果当事人的判断框架从消极变为积极，就会产生不一样的预测结果。如果工人方将任何超过每小时 10 元的上调都看作获利，而资方则把任何低于 12 元的下调都看成获利，那么双方都会规避风险，就有希望协商解决问题。尼尔和巴泽曼（Neale& Bazerman）发现，与具有消极框架的谈判者相比，拥有积极框架的谈判者更有可能作出让步，从而达到互惠的结果。[②]

---

① Kahneman, D., & Tversky. A: Psychology of Preferences. *Scientific American*. 1982. p. 245, pp. 161-173.

② Neale, M. A., and Bazerman, M. H. Perspectives for Understanding Negotiation: Viewing Negotiation as a Judgmental Process. *Journey of Conflict Resolution*, 1985 (29). pp. 33-35.

由此可见，当事人的判断框架的不同能导致不同的结果，不同的判断框架既可能使双方达成一项重要协议，也有可能使双方陷入僵局。为了达到和解的目标，调解员应该始终对双方框架保持清醒的认识，并且提醒当事人考虑采用其他框架的可能性，努力说服双方以积极框架看待谈判。当调解员分别接触不同的当事人时，应该呈现不同的参照点，使各方都规避风险。同时为了影响框架，调解员也必须强调情景中的现实风险，从而引起双方对不确定性的注意，引导双方选择明确的和解方案。

（二）自己的总是最好的——自利倾向

在许多纠纷中，争议的焦点在于赔偿数额。调解员发现当事人在索赔时常常出现这样的情况，一方开出另一方无法理解和接受的“天价”，于是调解工作陷入僵局。为何索赔者和被索赔者对被损失的价值的评估会有如此大的差距呢？除了源自将自己的利益最大化、损失最小化的动机之外，还源自一种影响我们客观认知的心理规律：我们倾向于赋予自己所拥有东西更高的价值，即我们有时存在一种自利的倾向，觉得自己拥有的总是最好的。

卡尼曼等人曾做过一个这样的实验①：他们将所有的被试者分为三组，A组扮演“卖家”，B组扮演“买家”，C组则是“选择者”。实验者将杯子放在A组“卖家”面前，并告诉“卖家”们，他们拥有这些杯子，并且有权选择用合适的价格卖掉杯子，接下来实验者给他们呈现了一系列可能的销售价格，从0.50美元到9.50美元（以50美分递增）不等，让他们说出是否愿意在某一价格上卖掉或者保留杯子。

B组“买家”们则被告知，将给他们一定数目的钱，可以留着或者用它买杯子。实验者要求他们回答对杯子和钱数（0.50～9.50美元）的偏好。而C组的“选择者”们被要求填写一个问卷，让他们在杯子或者一定钱数之间作出选择。实验者也要求他们标明对杯子与钱数（0.50～9.50美元）的偏好（但是他们既不拥有杯子也不拥有这些钱，只是做一个估价）。

结果显示，买卖关系中的角色是会影响我们的估价的。卖家卖杯子所要的均价是7.12美元，买家愿购买的均价是2.87美元，选择者选择的均价

① Kahneman, D., Knetsch, J. l., & Thaler, R. Experimental tests of the endowment effect and the Coarse theorem. *Journal of Political Economy*. 1990 (98). pp. 1325-1328.

是 3.12 美元。买家和选择者对杯子的价值有非常相似的评价。相比较而言，杯子的拥有者给杯子赋予更高的价值，卖家与买家的估价差别一般为 2∶1。这种现象告诉我们，人们倾向于过高估计自己拥有东西的价值。在这种心理倾向的影响下设定的价值，与在理性的客观分析的基础上设定的价值是不一致的。这种不一致的估价就能部分解释，为何有些索赔者一开始的期望值往往与被索赔者给出的价格相去甚远。

当调解员发现当事人因为这种心理倾向而阻碍调解协议达成时，最直接的办法是请当事人提供出价的理由，明确指出其中不合理之处；并以合适的方式提醒当事人，既然双方的目标都是和解，那么在出价时，不仅要考虑自己的想法和感受，也要考虑对方接受的可能性，如果给出的价格对方没有接受的可能，那么这个出价也是没有意义的。

（三）执着于“沉没资本”

设想你在参加一个这样的游戏：

有人拿出一张 100 元的人民币作为竞拍物进行拍卖，你可以参与竞拍，或者旁观别人竞拍。每次出价必须是 5 元的倍数，如果没有人继续报价，报出最高竞拍价的人将按自己的报价付钱，并赢得 100 元。这次拍卖与传统拍卖唯一的不同之处在于，报出第二竞拍价的人虽然得不到这 100 元，但也要按自己的报价付给拍卖者钱，例如：A 报价 50 元，B 报价 55 元并成交，拍卖者将付给 B 45 元（100 元－55 元），而 A 则要付给拍卖者 50 元。

如果以 10 元起拍，你会参加这次竞拍游戏吗？

这个游戏源自舒必克（Shubik）发明的“美元拍卖”游戏。[①] 这个游戏被玩过很多次，常见的情况是：刚开始大家都玩命地报价，当报价到了 60 元到 80 元之间时，其他人都退出竞拍，只剩下两个报价最高的人。这时他们感到进退维谷了，A 报 80 元，B 马上报 85 元，这时 A 要么再报 90 元，要么损失 80 元。继续竞拍带有一定的不确定性（一旦对手退出，自己就可获利），但相比退出后的确定损失，这种不确定的赢利似乎更有吸引力。所以 A 往往会又报价 90 元，直到报价攀升到 95 元和 100 元。有意思的是，当出价到了 100 元之后，竞拍往往还在继续，最终成交价往往超过了 100

① Shubik, M. The dollar auction game: A paradox in noncooperative behavior and escalation. *Journal of Conflict Resolution*. 1971 (15). pp. 109-111.

元，虽然我们都很清楚出价一旦超过 100 元，就是非理性的了，不论对于 A 还是 B，都意味着损失，是“双输”的。

如果对这种竞拍游戏细加考察就会发现，虽然每次提高竞拍数额都有可能会使对手退出，但如果双方都这样想，后果就很严重了。当出价已经超过 100 元时，在这场无论如何都会造成损失的竞争中，双方开始关注的是如何打败对方。调解员不难发现，在很多纠纷中，当事人也有陷入这种陷阱的情况。当事人双方为了能赢，已经为此投入了越来越多的时间、精力和金钱，并且认为这些损失都应该从对方身上得到补偿，只有坚持自己的要求、不退让，最终获胜才能减少损失。但是如果双方当事人都持这样的想法，随着投入的增多，他们都不会收手、主动退让，于是僵局便形成了。

要帮助当事人改变这种困境，策略之一是提醒当事人站在对方的角度来考虑，即换位思考。调解员可以告诉当事人：你觉得你已经为此事耽误了很多时间、花了很多钱，所以不能让步，但是对方为此事也没有少花时间和金钱。如果他也坚持和你一样的想法，那么只会让你们双方为此付出更多的时间和金钱，这样不仅事情得不到解决，你们还会越陷越深，对谁都没有好处。

策略之二是向当事人解释之前的付出和花费只能被当作“沉没资本”，为了脱离困境、解决问题，明智的方式是不再考虑“沉没资本”，而努力向前看。我们从小就被教育要“坚持，再坚持”，但事实上，如果方向错误，坚持只会浪费大量的时间、精力和金钱；只有方向正确，坚持才能产生相应的回报。我们可以帮助当事人分析，在什么情境下他的坚持能获得回报，而在什么情境下却不能。在你无法获得回报的情境中已经投入的时间和金钱都是“沉没资本”，也就是说这些投入已成为过去，无法挽回，在将来的行动中不应对此予以考虑。

策略之三是引导双方当事人认识到，双方都陷入了这场纠纷的困境中，是同病相怜的，如果继续关注如何打败对方，谁都难以成为赢家。只有双方将竞争策略改变为合作策略，加强沟通，以如何解决问题、减少双方的共同损失作为目标，问题才能得到解决。

二、过不去的情感——纠纷中的情感因素

许多当事人固执于自己的立场和打败对方，有时并非基于客观、理性

的利益考虑，而是因为在情感上过不去，也就是因为不公平感、偏见等情感因素，想要惩罚对方，尽管在惩罚对方的过程中自己也会付出许多代价。

(一) 对公平感的追求

作为调解员，最希望看到的是双方当事人能够找到“双赢”的问题解决方案，也就是双方都能从达成的协议中最小化损失、最大化收益。如果双方当事人都是纯粹理性的，那么问题就简单很多了，只要是对个体而言能够获利的方案，双方都不会拒绝。但调解员不难发现，事实往往不是这样的。在很多纠纷中，有些当事人常常表现出“争气不争财”的态度，宁可与对方争得两败俱伤，也不能“便宜”了对手，因此作出许多“损人不利己”的决策。对当事人而言，他们的这些行为决策都源自对公平感的追求。心理学家曾经设计过一个实验，要求人们设想自己正处在这样的情境中：

> 在旅途中，你正坐在飞机靠过道的位子上，靠窗的位置坐着一个衣着考究的商人M，你和M中间坐着一个老妇人V。飞机起飞30分钟后，V打断了你和M的交谈，告诉你们，她很富有，在飞机上感到无聊，想通过玩游戏来消磨时光，然后她从皮夹子里抽出50张100美元的钞票说：“如果你们同意如何分这5 000美元，我想把它给你们两位，但我有两条规则：首先由M来决定这5 000美元如何分配，然后你（读者）来决定是否接受这种分配方案。如果接受，你们就按照M提出的方案分这5 000美元；如果你不接受，那么你们两位都将一无所获。”你和M都同意玩这个游戏。M想了想说：“我建议这样分：我得4 900美元，你得100美元。”现在轮到你做决定了！你同意这样分配吗？[①]

这是心理学家设计的一个情境实验，在回答这个问题时，大多数人都可能会拒绝这种分配方案，为什么？很显然，拒绝这种分配是违背经济理性的，因为如果你接受的话，双方都会获益（M得到4 900美元，你得到100美元）；如果你因为种种原因而拒绝的话，你就背离了财富最大化的自利原则。但研究证实了人类并不是纯粹的经济理性的动物，人们会有各种

① 马克斯·巴泽曼．管理决策中的判断．杜伟宇，李同吉，译．北京：人民邮电出版社，2007：175，109.

理由去拒绝这 100 美元：不想接受不公平的分配，不想让 M 因为你的同意而获利。还有人可能会说，自己通过惩罚 M 这种自私自利的分配方式，维护了社会的整体公平。可见，人们通常愿意得到他们认为公平合理的结果，因此，如果对方贪得无厌，他们宁愿付出代价，也要惩罚对方。

那么调解员发现当事人受到不公平感的影响而拒绝去与对方合作时，应当如何做呢?

第一，尝试着从另一方当事人入手。

如果一方当事人确实因为另一方而遭受了不公平的对待并气愤难平，调解员可以尝试从另一方当事人下手，向其阐明平复对方因不公平感而带来的气愤是和解能够达成的关键；鼓励其主动地作出让步，或者向对方真诚地道歉；在道歉中表达自己的同情心和同理心：承认自己的错误，表示自己的歉意以及请求对方的原谅；调解员也要帮助愤愤不平的当事人看到对方道歉和让步的诚意，鼓励他们谅解对方。

第二，鼓励当事人换位思考以消除因自我服务偏向而带来的不公平感。

有时，当事人的不公平感可能并非来自实际上的不公平，而是源自自我服务偏向。社会心理学的研究发现，自我服务偏向在人群中普遍存在。自我服务偏向（Self Serving Bias）让我们觉得自己在很多方面都比他人要强（特别是在品质、道德等主观方面），自己在很多方面做的要比他人多。罗斯和西科利（Ross & Sicoly）研究了婚姻中的自我服务偏向。他们发现，加拿大已婚的年轻人通常认为，他们在清理房间或照顾孩子这些方面所承担的责任，要比配偶认为的多。① 在美国一个全国性的调查中，91%的妻子认为自己承担了大部分的食品采购工作，但只有 76%的丈夫同意这一点。② 在其他研究中，妻子们对自己所承担家务比例的估计，也高于丈夫们对她们的评估。③ 这些有关承担责任的自我服务偏向常会导致婚姻不和、员工不满和讨价还价的僵持局面。④ 因为自我服务偏向很容易给当事人带来不公平

---

① Ross，M.，and Sicoly，F. Egocentric biases in availability an attribution. *Journal of Personality and Social Psychology*. 1979. p37，pp. 332-337.

② 戴维·迈尔斯．社会心理学．侯玉波，等译．北京：人民邮电出版社，2006：48.

③ 同②47.

④ 同②.

感，并且认为自己作出的让步总是比对方更大，因而会坚持自己的立场而不愿作出任何退让。这种情况下，调解员可以帮助当事人更多地关注对方的贡献、诚意、努力和让步。要劝说当事人换位思考并不是太容易，对此可以多用具体、生动的信息来影响当事人，比如调解员可以劝说另一方先采取单方的和解行动，不管行动多么微小，都尽量营造出一些有形的证据，并指出这证明了该方愿意放弃某些事物，有想要争取和解的诚意。

第三，通过几个方案的比较，引导当事人关注自身利益而并非情感。

布朗特和巴泽曼（Blount & Bazerman）曾经做过这样一个实验[①]：他们将被试者分为三组，一组被试者参加 40 分钟的实验将得到 7 美元，并被告知所有被试者都会得到 7 美元；另一组被试者参加 40 分钟的实验可以得到 8 美元，并被告知有的被试者可以随机得到 10 美元（依据他们的社会保险号码的最后一位数字）；第三组的被试者可以有机会选择：A. 参与 40 分钟的实验，每个人得到 7 美元，B. 参与 40 分钟的实验，有些被试者（包括他们自己）得到 8 美元，而其他人得到 10 美元，C. 不参加实验。尽管第一组（72%）比第二组（55%）有更多被试者选择参与实验，但第三组被试者中的大多数（56%）选择参加 B 实验（自己得到 8 美元，而其他人得到 10 美元），16%的被试者选择 A 实验（每个人均得到 7 美元），28%的被试者选择 C（不参加实验）。因此，在决定是否参与某一个实验时，其他人的受益与自己的受益的比较是关键的。然而，当存在多个机会时，被试者能够比较不同实验的收益，他人的收益就变得不那么重要了。也就是说，如果同时有好几个选项存在，我们就会更少地把重点放在情感信息上，而更倾向于去比较工资信息或程序公正问题，会更容易作出比较理性的决策。

（二）偏见

张某是一位籍贯四川的老人，2010 年 5 月他来到上海参观世博会，顺便探望儿子，却在武宁路附近横穿马路时，与在非机动车道正常驾驶电动车的周某发生了碰撞，致使张某手部被擦破。由于初到上海，人生地不熟，又素来认为上海人非常“精明”，擅于“砍价”，因而情急之下，张某便使出“头戴三尺帽，不怕砍一刀”之策，索赔 1 000

---

① Blount, S., and Bazerman, M. H.. The Inconsistent Evaluation of Comparative Payoffs in Labor Supply and Bargaining. *Journal of Economic Behavior and Organizations*. 1996. 891. pp. 1-14.

元。而周某也觉得委屈，自己好端端地在非机动车道上正常行驶，是张某违反交通规则乱穿马路，吓了自己一跳不说，还把电动车撞坏了，而张某只是手擦破点皮，就张口要赔偿 1 000 元，实在令人无法接受，因此一口咬定张某的索赔要求是“敲竹杠”。张某因为一直生活在四川的一个小镇上，那里街道狭窄、车流量小、车速也较慢，走街串巷向来是说走就走，所以张某怎么也想不通，为何眼前这位“肇事者”非但毫无歉意，反而态度强硬，用自己听不懂的上海话喋喋不休。于是张某很生气，一进入调解室，他就用浓重的四川口音高声指责道：“你们上海人欺负外地人！今天，不赔 1 000 元我不干！”周某也不甘示弱：“侬迪（这）个外地人也太不讲理了吧！自己乱穿马路不说，竟然还‘敲竹杠’，素质哪能嘎（这样）差?”一个“外地人”，一个“上海人”，一句“四川话”，一句“上海话”，双方你来我往，互不相让，争得面红耳赤，矛盾不断升级。①

这个案例中的纠纷是由一个很小的交通事故引起的，案情很简单，涉及的损失也不算严重，原本可以由当事人在现场自行和解，之所以越闹越凶，主要是源于双方当事人对对方的偏见，尤其是张某对上海人的偏见。张某认为上海人非常“精明”，擅于“砍价”，而自己又是外地人，上海人肯定会“欺生”，因为这些先入为主的偏见，张某决定要保护自己，要对对方狠一点，于是便不客气地索赔 1 000 元。张某的这种行为和态度，使周某也建立起了对张某的印象（或者是印证了之前对外地人的偏见）：这个外地人素质低、不讲道理、想讹钱。基于这样的偏见，二者不大可能理性地沟通，而只会各执己见，互相攻击。

偏见（prejudice）是指对一个群体及其个体成员的负性的预先判断，如社会心理学家奥尔波特（Allport）在其经典著作《偏见的本质》（The Nature of Prejudice）中所界定的那样，是“基于错误和顽固的概括而形成的憎恶感”②。偏见让我们基于对某人所属群体的认识而不喜欢这个人。在调解活动中，偏见对调解协议的达成往往具有破坏性。在医疗纠纷、针对政

① 案例来源：和谐的结局——张某诉周某某人身损害赔偿纠纷案。沈志先主编．调解精品案例选．北京：法律出版社，2012：158.

② Allport，G. *The nature of prejudice*. Cambridge，MA：Addison-Wesley. 1954. p. 91.

府或企业的维权纠纷中，偏见往往是阻碍调解顺利进行的重要因素。因为人们会倾向于停止与那些自己不喜欢或不尊敬的人交往和沟通，心怀偏见的人会对对方持有敌意，会产生更多的攻击行为，同时也会以敌对的方式去关注、解释对方的任何行动（友好的或者不友好的，强硬的或者妥协的）；而所有这些，往往也是相互的。社会心理学的研究告诉我们，我们更愿意喜欢那些喜欢我们的人，讨厌那些讨厌我们的人。因此偏见带来的所有敌视、不友善和攻击，基本上也会换取对方的“以牙还牙”和“以眼还眼”，在这种恶性循环中，偏见得以强化，冲突也会升级。

因此，偏见对和解的阻碍是巨大的。那么调解员如何帮助当事人突破偏见的障碍呢？针对偏见最好的解决办法是增加双方的接触和沟通。但是考虑到持有偏见的当事人会基于所持偏见选择性地关注信息、作出解释，因此在促使双方接触沟通时，调解员要讲究一些策略与技巧，比如从偏见没有那么强烈的一方入手，劝其主动作出一些改变和退让；调解员作为中间人帮助当事人正确地去理解对方的行为和动机；鼓励双方换位思考、作出让步。比如在前文提到的这个交通纠纷中，调解员首先想到的是请老人的儿子赶过来，这样可以缓解老人的孤立无援感，同时作为在上海学习生活的年轻人，老人的儿子应该能够帮助老人打破对“上海人欺生”的偏见；在等待的过程中，调解员再三叮嘱周某，在接下来的调解过程中，请他尽量使用普通话而不是上海话交流；在正式的调解程序开始以后，调解员首先代表上海人民对张某来沪参观世博会表示欢迎——这些细节都是调解员为缓解冲突，改变老人对上海人的偏见而作出的努力。

三、拓不宽的谈判空间——当事人的思维局限

谈判空间是当事人双方所给定的纠纷解决可能性的范围。谈判空间越大，双方可以讨价还价的余地越大，纠纷越容易得到解决；相反，谈判空间越小，那么双方讨价还价的余地就越小，越容易陷入僵局。一个有经验的调解员在解决纠纷时往往会十分关注谈判空间的拓展问题。谈判空间之所以无法拓展开来，往往是由狭窄的、消极的思维方式造成的。

（一）抢蛋糕与做大蛋糕——从竞争到合作

很多情况下，纠纷解决和谈判之所以会僵持在某一点而没有进展，是

因为双方当事人将目标限定在了一种竞争性的思维中。最常见的一种思维方式是，认为自己与对方是在争夺同一块大小固定的蛋糕，双方的目标都是尽可能为自己争取更多。那么如果对方争夺到了更多的蛋糕，我方就必定只能得到更少的——对方所得，就必定构成我方所失。因此，对方与我方必定成为一种截然对立的关系。[①] 在博弈论中，这种思维方式叫作“零和思维”，在这种思维方式的指引下，当事人会更具竞争性和攻击性，而不大愿意沟通与合作。但事实上，合作往往会比竞争更有效率，更能使双方获益。因为在大多数情况下，蛋糕都不是固定的，通过双方的沟通与合作，蛋糕是有可能被做得更大，从而实现双赢。比如下面这个案例。

在一个餐厅租赁纠纷案中，房东弗兰克有一处商业地产。该房产在上一个租约到期之后就没有租出去，因此弗兰克降低了价格招租，在招租一年后，弗兰克终于找到了一个租客安。安计划开一家大红狗全国连锁餐厅。安之前在一家医院做护士，但她更喜欢做厨师。安曾在法国菜烹饪大赛中获奖，并有餐厅经营的相关经验。

安打算将弗兰克的商铺用于一家著名的大红狗连锁餐厅的特许经营。出租协议上记载每月租金为 1 000 美元，加上 3%的总利润额，租期为 5 年。租约规定房东弗兰克按照安的要求对店面进行装修，装修的费用由弗兰克负担，还约定安向弗兰克支付 2 000 美元的定金。

合同签订后安立即支付了 2 000 美元定金，弗兰克也开始装修店面。在弗兰克为装修花了 2 500 美元，租客安为店面添置了新的设备后，大红狗餐厅传出濒临破产的消息。

安希望停止租约，弗兰克不同意。弗兰克要求承租人要么继续履行租约，要么支付 80 000 美元的赔偿金。安不同意弗兰克的要求，因此弗兰克将商铺的锁换掉。商铺内现在有安为了开业购买的厨具设备等。

在该案正式开始调解之前，大红狗连锁餐饮公司已经破产。[②]

---

① 马克斯·巴泽曼．管理决策中的判断．杜伟宇，李同吉，译．北京：人民邮电出版社，2007：175.

② 案例来源：廖永安，覃斌武，罗伯特·史密斯．如何当好调解员：美国调解经典案例评析．湘潭：湘潭大学出版社，2013：47.

在进行调解之前，双方的态度和立场表明双方存在一个消极的谈判空间，也就是双方都将谈判的空间限定为对一只固定大小蛋糕的争夺——如果自己想少损失一些，对方就必然需要多损失一些，因此双方的立场很难调和。但是如果着眼于双方的未来，考虑如何用合作的方式将蛋糕做大，不把讨论局限在谁赔偿多少钱（损失）的问题，而是通过别的办法（不是终止合作，而是继续合作），就能够使双方在未来一段时间内都有可能获得盈利：安既然有经营餐馆的意愿和天赋，又已经为租赁店面、采购设备付出了自己的所有积蓄，只有继续与弗兰克合作，把餐馆开起来，才可能不浪费这些本钱，并且获利；而弗兰克是花了挺长的时间才找到安这样一个租客，如果终止合同，要重新把商铺租出去也需要花费不少的时间，这对弗兰克而言也是一笔损失；同时安已经花光了所有积蓄，面临破产的境况，即便弗兰克去打官司并获胜，安也不可能拿出 80 000 美元赔偿给弗兰克，因此，如果不终止合同，对弗兰克来讲，更实际也更有好处。在这样的思路下，调解员进一步引导双方讨论继续合作的可能性和困难之处，并商讨出解决这些困难的办法，比如：虽然安原本打算加盟的大红狗连锁餐饮公司破产了，但安还可以开一家清真餐厅，她早就有这种打算，并且也有开清真餐厅的能力；但是以安现在的境况无力支付更多的租金，也需要一段时间来发展业务。在调解员的提醒和引导下，弗兰克主动表示可以采用开始阶段支付较低的租金，再慢慢提高租金的方式，并且双方经过讨论确定了具体的比例和租约的具体方案。通过这种方式做大了蛋糕，整合了双方各自的利益，实现了双赢。

可见，要拓宽谈判的空间，首先要摆脱“争夺固定大小蛋糕”的思维限制，由竞争的思维转变为合作的思维，开始多方思考双方的共同目标与实现双赢的可能性。调解员在发觉当事人可能存在思维限制时，可以先通过“面质”的方式[①]直接指出当事人认知模式上的偏差，比如，“你是想要获得满意的赔偿，开始自己的新生活，还是想要打败对方，让他不好过

---

① 在心理咨询与治疗中有一种“面质”技术，“面质”是指心理咨询师当面指出来访者自身存在的情感、观念、行为的矛盾，促使其面对这些矛盾的一种语言表达方式。“面质”的目的并不在于向来访者说明他说错了什么话或做错了什么事，而在于帮助来访者认识到自己内心的矛盾以及认知方式与思维方法的误区。

呢?”“打败他究竟对你有什么好处呢?”等等，使当事人认识到自己思维方式上存在的问题，从而能主动地改变其情绪体验和行为倾向。但是使用这一方法时也需谨慎，直接指出当事人的认知模式的偏差也需要考虑一些条件和方法，比如，最好是在调解员和当事人建立了一定的信任关系之后再进行“面质”，否则容易直接激起当事人对调解员的反抗情绪；最好是使用循序渐进的尝试性“面质”的方式，要循循善诱地引导当事人自己反思，而不要过于直接地一步到位，不要像无情的批判一样让当事人难以接受；不宜当着另一方当事人的面进行，这样可能会让当事人感到难堪，甚至怀疑调解员是站在对方的立场上说话的。

其次，在比较复杂的纠纷中，鼓励当事人同时考虑多个议题。在调解议程中，应当先讨论哪些问题?有些人认为应当把最重要的问题放在最先，否则便是在拖延问题的解决。而在劳资关系的纠纷中，很多有经验的调解员则认为，应当从最简单的问题开始。但是心理学家巴泽曼则提出，在谈判中突破思维局限、创造价值，最好是同时考虑多个议题，看双方在这多个议题之间是否有利益可以交换、平衡。如果鼓励当事人一次只考虑一个问题，一个问题一旦被“解决”，在后面的谈判中它就很少再会与后来提出的问题一起得到重新考虑，于是便会束缚双方的思维，限制了问题解决的空间。[①]

（二）为什么要争夺橘子——立场背后的利益

詹姆斯和罗伯特是室友，共用一个冰箱，冰箱里左边的位置归詹姆斯用，而右边的则归罗伯特用，但是中间没有隔开。平时他们各自买的食物和水果都放在冰箱里自己的位置上。某天下午，冰箱里只剩一个橘子了。詹姆斯以为这个橘子是自己的，而罗伯特觉得是他自己的，两人争执不下。在这种情况下，调解者首先询问他们需要这个橘子做什么。询问后发现，詹姆斯是因为下午去健身房之前要喝一杯橘子汁补充维生素C；而罗伯特下午要赴一个很重要的约会，需要带蛋糕

---

① 马克斯·巴泽曼．管理决策中的判断．杜伟宇，李同吉，译．北京：人民邮电出版社，2007：175.

去，要把橘子皮削下来作为蛋糕的点缀。于是通过调解，两人握手言和。[①]

立场和利益是两个紧密相关的概念，在调解中有着非常重要的地位。立场是指一位当事人在一件纠纷中所持的主张，即该当事人主张采用何种方案解决纠纷。利益是当事人立场背后的原因，当事人采取相应的主张以实现自己的利益。西方学者研究发现，在纠纷解决中利益有以下三个特点：纠纷的各方都有多种不同的利益；在冲突的情景中，我们通常误解了他人的利益；在争执中，关系利益、身份利益总是存在的，只是隐藏在表面下。[②] 而在争议双方的立场对立的情况下，立场背后的利益却可以是不矛盾的。在争夺橘子的案例中，双方都想要这个橘子，这是双方的立场，它们彼此冲突；但两人为何要争夺这个橘子呢？他们各自需要橘子的用处是不一样的，一个要橘子汁补充维生素，一个要橘子皮做蛋糕，这是两人的利益，利益不相冲突。因此，在调解中，要想拓宽谈判空间，首先需要挖掘当事人立场背后的利益。只有理清了当事人立场背后的利益所在，调解员才能根据其利益引导当事人。

要挖掘当事人立场背后的利益，其根本方法很简单，就是追问当事人主张的原因。但是追问时提问的方式却不能过于简单，否则会让当事人反感。美国人在调解中总结出几条有效的方法，调解员可以用这些方法来挖掘当事人的利益所在。这些方法包括：提开放性的问题，运用沉默使当事人主动诉说，表达同理心，解释并明确信息，营造积极的氛围从而赢得信任，总结及引出反馈（在第一节中均有相应的讨论）。

当事人可以在实现利益的同时改变之前彼此冲突的立场，从而使调解成功。另外，当事人对自己利益的理解也可能出现偏差，这就为调解员的工作提供了空间。通过与当事人谈话，追问当事人采取立场的原因，调解员就能引导当事人认识到自己的真实利益所在。调解员能够协助当事人将自己追求的多项利益排序，确定各项利益的优先顺序，并引导他们思考是

---

① 这个案例出自 2012 年 6 月美国马萨诸塞州大学、马萨诸塞州法官协会与湘潭大学共同举办的美国调解培训课堂。本书作者征得授课专家同意，可以使用本案例。

② 威尔莫特，霍克．人际冲突——构成和解决．刘宇耕，译．上海：上海社会科学出版社，2011：272.

否能够放弃排序靠后的利益来确保获取排序优先的利益。总而言之，只有挖掘当事人立场背后的利益，才能够形成真正符合当事人利益的争议解决方案。

（三）跳出法律思维的限定

跳出法律思维，也是重塑问题、解决纠纷的重要途径。在调解和谈判的过程中，当事人总会想办法使自己的主张正当化，而现代社会中，法律的正当性是非常强的。因此，如果一方当事人认为自己的主张有法律上的依据，当事人往往很难跳出法律思维进行思考。事实上不仅是当事人，绝大多数调解员也有非常强的固守法律依据的倾向。所谓合法调解并不是要求调解的结果和判决的结果完全一样，这点无论是学术界还是实务界都可以接受；但是如果当事人自愿形成解决方案，而解决方案与法律规定相去甚远，相信有很多人都无法接受。但是在价值多元的今天，很多当事人依照法律主张权利，其目的并不是权利本身，而是通过权利实现自己其他的利益。

法律有法律的思维方式，从法律的角度思考问题，其程式往往是固定不变的。因此，按照法律思维来进行调解，就会将纠纷限定在权利、义务、责任等框架下面，也会将纠纷的解决方式限定在法律规定的救济方式下面。因此，法律对当事人之间的争议有它独特的、单一的也是僵化的界定方式，如果固守法律思维，就会导致无法重塑问题，因而难以通过调解解决纠纷。

四、放不下的面子——社会评价的顾虑

笔者曾经在公交车上目睹过这样一个小纠纷。

时值春节前，正是寒风凛冽的季节，公交车上满满当当地挤着乘客，窗户紧闭着。虽然车上贴着车内禁止吸烟的告示，但坐在笔者身边的一名中年男子还是点燃了手里的香烟，当他吐出第一口烟圈时，便引起了周遭乘客的反感。笔者正在心里盘算该如何给这位先生提提意见，就听见在旁边站立着的一个年轻的小伙子大声说道："车上严禁吸烟，你这人怎么这么没素质!"正在享受香烟的男子一下被惹怒了，大声还击："我就是要吸，关你什么事?!"小伙子更加生气："素质低!素质低!"吸烟男子对其嗤之以鼻，一副轻蔑的样子。这时周围有的乘

客出来说话了，有人说："哎哟，车上这么多人，又关着窗，吸烟不大好。"还有人说："小伙子说话是不客气，不过在车上吸烟确实不好，你就把烟灭了吧。"……吸烟男子激动的神情渐渐缓和了下来，面对众人的劝说，他沉默着，思考了一阵之后，把身边的车窗打开了一条缝，直到下车，他再也没有吸上一口，但是那支点燃的香烟，一直夹在指间。

这个案例算不上一个需要调解员去干预解决的纠纷，但是吸烟男子却和许多纠纷中的当事人有着一样的心理规律：他在公交车上吸烟，这一行为本身便是不占理的，也许他点燃香烟是无意识的，但当遭到人们的提醒和反对时，他不可能完全意识不到自己的问题；那为什么小伙子"义正言辞"地指责他时，他却理直气壮地表示"就是要吸"，并且直到下车也并未灭掉他手中的香烟呢？有经验的调解员肯定清楚，小伙子虽然作出了"有正义感"的行为，但是方式不大合适，他的这种激烈的公开指责方式激起了吸烟男子的逆反情绪，并且直接刺激他当着众人的面，作出了"公开的承诺"——"我就是要吸！"

社会心理学的研究发现，一旦当事人作出过某种公开承诺，再试图去说服他改变决定和行为，就比说服没有作出过公开承诺的当事人要困难得多。有关冲突升级的文献也预测，如果谈判者坚持他们最初的公开声明，他们将会非理性地拒绝考虑一切让步。因为人们都想在他人面前保持自己言行一致、说一不二的形象。对中国人而言，"面子"更是在调解中不可回避的一个问题。从社会心理学的角度来看，面子是在人际交往中人们依据自我表现作出的自我评价，它与身份、地位、角色相联系，是一个人经社会认可的"自我"和影响力的代称。在中国文化的调解中，我们常会发现"面子问题"有时会是双方当事人僵持不下的直接原因，甚至在有些纠纷中，"面子"和"关系"的修复要比利益的争取重要得多。作为调解员，我们需要十分注意的是：首先，要避免双方当事人在针锋相对的辩论中，迫使对方作出某些极端的公开承诺，调解员一旦意识到当时的情况潜伏着此种危险，就应当及时中断双方当事人的对话；其次，调解员也要善于发现在所处理的纠纷中，"面子"所扮演的角色和发挥的作用，并且有效地利用"面子"促成和解。

第三节　群体性纠纷的心理学规律与应对技巧

群体性纠纷是指一方或双方当事人人数众多的纠纷，主要特征在于主体人数的众多性、社会影响的突出性、集合行动的一致性与冲突激化的极大可能性。群体性纠纷的复杂之处不仅仅是人数众多，还在于一旦个人集合成了群体，其心理、行为以及决策的规律便发生了变化，群体并不是若干个体的简单相加，而是若干个体在情感、认知、思维、决策等各方面发生了化学反应，发酵为一种特属于群体的情绪、意志和行为方式。因此，进行群体性纠纷的调解不仅仅需要一般的调解技能、训练和经验，还需要掌握群体心理和行为的一般规律，在面对群体性纠纷时，能通过观察和沟通，迅速把握当事群体的特征和解决问题的关键。

一、群体性纠纷的心理学规律

社会心理学的研究表明，群体对其所属的个体存在多方面的影响，同时个体也会反作用于其所属的群体。一方面，社会助长现象的存在会让身处人群中的人们体验到更强烈的情绪和有类似于心跳加速、血压升高的生理体验，另一方面，身处于群体中的人们容易出现责任分散，自我意识与责任感减弱。因此，往往一群人会比一个人更容易作出一些过激行为。再加上从众、群体观点的极化、对群体领袖的服从等，会使群体性纠纷不仅比非群体性纠纷有更多的涉案主体人数，同时也更体现出集合行为的特点，更容易出现非理性情绪的高涨，有更多的过高、无理的诉求。比如下面这个案例，便可以看到群体性纠纷的这些典型特征。

2014 年 4 月 11 日上午 8 点左右，樟树村村民廖甲、廖乙带领本村村民 10 余人，跑到怀仁镇振华工业经济园的园区指挥部讨要说法。廖甲、廖乙等人声称，振华工业经济园违规占用了自己村的田地，而且后来开出的安置补偿价格明显过低，因此，他们要求园区负责人出面与村里重新签订用地安置补偿协议。当园区工作人员说，园区主要负责人都出差在外，要过几天才能回来时，廖甲、廖乙一行人立即表示不相信这种说辞，他们认定这是经济园区没有诚意的表现，园区在找借口拖延时间。之后，园区工作人员越解释，樟树村村民就越不相信。随着聚集围观的人群越来越多，廖甲一行人的情绪也越来越激动，他们开始打砸园区指挥部门窗，损坏办公室财物……①

可见，群体性纠纷比非群体性纠纷潜伏着更多的危机，很容易使冲突升级，而且往往是来势凶猛、一触即发，一旦没有处理好，就有可能激化矛盾，甚至酿成群体性事件。社会心理学对于群体影响的一些研究成果，会给我们把握群体性纠纷的发生、发展规律提供可参考的科学依据。

（一）拥挤的环境让人情绪激动

社会心理学家扎伊翁茨（Robert Zajanc）的研究发现，众多人的在场和围观，会刺激人们更容易采取未经思考的直觉行为、本能行动。因此，拥挤的人群容易激发当事人非理性的、过激的行为，导致当事人产生凭着本能冲动、采取简单粗暴行为的倾向。研究还表明，当在场的人数增多，并在一定空间内达到视觉上的拥挤感时，会使人产生极大的压力感。这时，身处其中的人们会产生出汗量增加、呼吸变快、血压升高、心跳加速、肌肉收缩次数增多等一系列紧张反应。而这种紧张心理可能会进一步唤起人的兴奋感，降低人对自身的有效控制能力。在许多群体性纠纷中，人群的集中和围观群众的增多往往是使当事人情绪激动、行为过激的原因之一。②

（二）“罚不责众”心态下的从众行为

中国有个成语叫作“罚不责众”，指某种行为即使应受惩罚，但很多人都那样干，也就不好采取惩罚的办法去处理了。可以说，人们混在群体中作恶时，这是普遍存在的一种心态。在这种心态下，群体情境中的人们更可能抛弃道德约束，以至于忘却了个人的身份，而作出一些破坏性的从众行为。比如在前面案例中的打砸门窗、损坏公物，因为在大多数人的心目中，此刻作出恶行的不是“我”，而是一群人，“我”已经被淹没在了人群中，微不足道，我们的价值观、道德准则等都变得没有那么重要了，随波逐流是很容易的事；并且，不论作出了什么行为，既然大家都做了，那么

---

① 案例来源：笔者2013年暑期对湖南湘潭基层调解的实地调研。

② 戴维·迈尔斯．社会心理学（第11版）．侯玉波，乐国安，张智勇，等译．北京：人民邮电出版社，2016：265-268.

作为个人便好像无须承担任何责任了。在近年来的许多群体性事件中——比如由反日游行演变成的针对日资商场和日产车的暴力行为，或者一些聚众哄抢的事件等——都有这种心态在其中起着推波助澜的作用。

（三）人多胆壮——群体观点的极化

社会心理学的研究发现：在群体中，如果群体成员的观点相似，通过讨论之后，群体成员的观点会得到强化，变得更极端、更夸大。这大概就是我们常说的“人多胆壮”，用社会心理学的概念来说，叫“群体极化”。如果身边有更多的附和者，原本有些犹豫的、拿不定主意的当事人就更肯定自己的观点是正确的，自己的理由是充分的，自己的坚持是理所应当的。同时，群体的讨论也会让保守的我们更容易作出冒风险的决定。人多胆大，群体决策往往会更加冒险。这个现象被学者们称作“风险转移”。在进行群体性纠纷的调解时，调解员们也常常会发现，相比于单个当事人来说，一群当事人更容易提出过高的要求和过激的观点。

（四）群体领袖的作用

社会心理学家指出，只要一群人聚集在一起，都会本能地让自己处在一个头领的统治之下。[①] 当然，在通常的群体性纠纷当中，所谓的群体领袖，并非指此群体中会存在一个至高无上的绝对权威或精神指引者。纵观现实中存在的各种群体性纠纷，更常见的情况是，群体领袖通常只是这个群体中相对更有煽动力、更具蛊惑性的小头目而已。不过，我们也不应该因此就完全否定群体领袖对其所在群体的重要影响力，因为多数情况下，群体领袖的个人意志很容易发展成为群体的统一意见，并最终在群体领袖的引导、鼓动下付诸现实的行动。反之，群体领袖的缺席，往往会让群体成员间分歧不断、吵闹不休，从而导致整个群体分崩离析。现实生活中，群体领袖不在场，会使群体成员像一群无头的苍蝇，虽然提出了各种各样的不同主张和意见，但他们最终很可能一事无成，既形成不了任何集中性的意见，也采取不了任何实质性的统一行动。因此，从这个意义上看，群体领袖对群体的存续与发展、表达与行动等，无疑具有至关重要的作用。

就群体性纠纷而言，纠纷主体中那些见多识广、个性强烈、富有蛊惑

① 古斯塔夫·勒庞．乌合之众——大众心理研究．冯克利，译．桂林：广西师范大学出版社，2007：26.

性与煽动力的当事人往往会成为群体的灵魂人物，他的行动倾向在很大程度上将影响、决定着其他当事人的行动方向。通常情况下，一方面，这样的灵魂人物甚至会成为其所在群体的“头脑”，他的意见会取代其他人的意见，他的判断与决定直接成为群体的判断与决定。另一方面，群体性纠纷中那些个性温和、优柔寡断的当事人往往会成为群体“灵魂人物”“核心人物”的追随者与附和者。从心理学的角度来看，后者虽然并不能决定群体行动的实质内容与重要方向，但他们的存在会给群体的“头脑”以强大的心理支持力量。

二、群体性纠纷的化解技巧

（一）控制拥堵围观的局面

群体性纠纷往往涉及人数众多，常常造成人群聚集，形成拥堵围观的局面。此时，调解员应做的第一件事情便是控制住闹哄哄的现场，将情绪激动的当事人带离拥堵围观的人群，以避免拥堵的围观人群加剧当事人的生理唤醒和情绪感受。因为在众多他人在场的情境下，他们即便与纠纷主体间并不存在竞争、对抗或协作之类的任何关系，不实施奖励或惩罚等积极措施，而仅仅作为消极被动的观众或共事者存在，也会对身处纠纷中的当事人造成某种实质性的心理影响。在群体性纠纷当中，涉及的纠纷主体本来人数就已不少，如果再加上若干的围观者，很容易就会导致当事人产生凭着本能冲动、采取简单粗暴行为的倾向，进而采取非理性的过激行为。因此，当一起群体性纠纷突然发生在医院、闹市区、临街大道等公共场合时，想办法尽快将纠纷当事人带离喧闹拥挤的场所，是成功化解一起群体性纠纷的关键性步骤。

（二）遏制负面从众

从众是人类社会典型的群体心理之一。在群体性纠纷当中，当有纠纷主体释放出强烈的对抗情绪，并表现出明显不合作、不友好的态度时，随之而来，其他的纠纷主体往往也会呈现出程度不同的消极态度与负面情绪。反之，当一些纠纷主体率先表示出同意妥协的意思，愿意降低原来的条件从而促成纠纷更快解决时，其他当事人的口气往往也会逐步缓和下来，使得纠纷化解出现一线曙光。因此，作为一名有经验的调解员，一方面，一旦发现群体性纠纷中的某个当事人表现出引人注目的对抗情绪时，一定不要掉以轻心，而应该积极应对，尽快想办法隔离、阻断这种负面反应继续蔓延。另一方面，我们要敏锐观察，只要发现某些纠纷主体流露出一点愿意和解的意思，就要瞅准时机、趁势而为，尽早促成纠纷的成功化解。

（三）关注群体领袖

如果将一个群体类比为一个能独立思考、自主行动的有机统一整体的话，群体领袖在这个统一体中就承担着类似于“大脑”的功能，他们往往是成功化解群体性纠纷的关键所在。只有做通了群体领袖的工作，群体性纠纷的矛盾冲突才能够迎刃而解。要想做好群体领袖的调解工作，首先要能准确地辨认出谁才是这个群体真正的领袖。从心理特性与个性特征来看，群体性纠纷中的“领袖们”通常是一些意志坚定、行事果断、表达力和行动力都较强的人。他们往往以群体代言人自居，敢于公开表达各种利益诉求，并与对方当事人以及调解员进行各种交涉。除了性格特质以外，群体性纠纷中的领导者一般还享有一定的社会声望并拥有较高的社会地位。在当代中国语境下，群体性纠纷中的“领袖人物”其社会特质一般表现为三个方面：(1) 受过良好的教育；(2) 在某单位担任（或担任过）一官半职；(3) 拥有一定的社会财富。通常情况下，群体领袖往往兼具这三个方面的特质，或至少满足其中的两项要求。

不过，也不能排除少数情况下，群体性纠纷中的意见领袖因某些特殊原因不方便或不愿意直接出面，而是藏身于幕后控制、操纵整个纠纷的发展局势。调解这种类型矛盾纠纷，往往会更加曲折迂回。但是不管怎样，不找到群体中的意见领袖并与之进行有效的沟通，群体性纠纷就不可能获得解决。

（四）防止冲突升级

群体是成员间频繁互动与密切交流的聚集体。在群体性纠纷当中，当诸当事人聚集在一起时，各自的不满情绪会因互相感染而不断发酵升温，往往容易突然出现整体情绪失控的局面。此外在纠纷诉求方面，当事人一方会不断地彼此攀比、互为声援，从而加剧对方当事人的不满与对抗性情绪，由此导致矛盾冲突出现从轻到重、从小到大、从具体到普遍、从很少到许多等各种模式的升级、恶化。通常而言，如果不及时化解，一起群体性纠纷大致要经历六个不同的发展阶段。

第一个阶段是萌芽阶段，这是群体性纠纷正式发生前的积蓄阶段，这时的群体性纠纷好像一颗准备萌发的种子一样，慢慢地等待与酝酿。第二个阶段是矛盾冲突的初发阶段。在这个阶段，以某件或某几件事为导火索，矛盾双方开始正面对抗，发生言语上的直接冲突。一般而言，群体性纠纷在初发阶段还是比较容易解决的，因为双方积怨还不深，也没有多少现实的损害可言。第三个阶段是矛盾冲突的激发阶段。处于初发阶段的群体性纠纷，如果不被进一步激化，通常是随着时间的不断推移而慢慢淡化，最后不了了之。然而到了激发阶段，情况就大不相同了。如果在初发阶段过后很短的时间内，矛盾双方又因为别的事再发生冲突与摩擦，这时双方的怨恨与不满情绪就会直线上升，很可能会产生攻击行为、肢体冲突，从而导致轻微流血事件的发生。不过，即便到了这个阶段，群体性纠纷仍然处于相对容易解决的阶段，如果调解组织能够及时化解矛盾，并不会出现双方人员重大伤亡或财产方面出现重大损失的情况。从萌芽阶段到初发阶段再到激发阶段，这三个阶段调解纠纷的成本相对较低，调解人员操作起来也比较容易。

第四个阶段就是全面激发阶段。到了这个阶段，纠纷双方的矛盾会越闹越大，双方的亲戚朋友可能也会被卷入或被要求加入对抗人群中来，从而造成更大范围内的矛盾与冲突，导致更多的人员伤亡与更严重的财产损失，甚至会出现重度伤残或械斗死亡的情况。如果在全面激发这个阶段，一起群体性纠纷仍没有解决好，当事人就可能会到村组、街道社区等去反映情况。如果基层组织解决不了，他们就会进一步到乡镇党委、政府的有关部门去反映情况，并提出各种要求。这个时候，群体性纠纷就进入第五个阶段——反映情况阶段。

群体性纠纷的第六个阶段即最后一个发展阶段，是上访缠讼闹访阶段。一起群体性纠纷如果在乡里没有解决好，在县里又没解决好，当事人的愤懑情绪往往就会越积越深，冲突双方的怨恨情绪可能会被进一步激化，最后变成对对方根深蒂固的仇恨心理。到了这个阶段，一方面，基层法院或调委会如果不能有效地化解这种仇恨心理，矛盾双方往往会进一步采取非理性的报复行为，依靠蛮力不断地去闹事，从而制造更多的事端，造成更大的财产损失与人员伤亡。另一方面，冲突双方还会开始到地（市）、省里找相关领导要求解决，甚至会进京上访。到了这个阶段，群体性纠纷的双方都花了大量的精力、财力，都遭受了很大的损失。而且，在纠缠的过程中，双方通常都有一定的过错，因此矛盾就不容易解决了。

需要说明的是，上述六阶段论，只是对群体性纠纷发展过程一种理论上的划分与总结，并不是说所有现实的群体性纠纷都必然会经历这样几个阶段。实际上，大部分的群体性纠纷可能在第一至第三阶段就已自行解决或被成功化解。另一些群体性纠纷，可能一发生就直接进入第三、第四甚至第五阶段。而少数发展到第四、第五阶段的群体性纠纷最终并非都会出现上访缠讼或闹访的局面。但是作为一种过程分析工具，群体性纠纷发展的六阶段论仍是相对贴切的。总的来说，处于第一到第三阶段的群体性纠纷是最好解决的。到了第四个阶段，矛盾纠纷也还算能够控制。但发展到第五、第六阶段，解决纠纷的成本与难度都会大大增加。因此，从降低调解难度、节省调解资源的角度来看，一名优秀的调解员应该通过排除无关他人的干扰、锁定群体领袖等各种办法，尽可能地将所处理的群体性纠纷保持在可控的范围内，从而有效地避免群体性纠纷不断恶化与冲突升级。

第四节　医患纠纷的社会心理成因与调解关键

医患纠纷是指医疗机构及其医务人员与患者之间因医疗、护理等执业行为所发生的争议。[①] 近年来，医患纠纷成为中国社会关注的热点和难点问题，其表现形式呈现出暴力性色彩，给社会带来不稳定的因素。有数据统计，我国医患纠纷普遍呈现暴力化、激烈化的状况。[②] 在新闻中常常出现医疗暴力的情景，例如2011年北京同仁医院伤医案，2012年上海新华医院连环伤医案，2015年昆明医科大学第一附属医院伤医案，等等。我国目前医患纠纷的形成与社会转型密不可分，与医疗卫生体制改革的错位更是息息

---

① 《上海市医患纠纷预防与调解办法》第2条，2014年1月11日上海市人民政府令第12号公布。

② 徐昕，卢荣荣．暴力与不信任：转型中国的医疗暴力研究．法制与社会发展．2008（1）.

相关。医患关系的恶化是医患纠纷增加的首要原因，甚至导致严重的暴力后果，影响医疗秩序，进而破坏医方对病人救治的信心和积极性，妨碍医患双方的正常交流，甚至延误救治时机。同时，医患纠纷导致的暴力事件还会进一步加深整个社会的信任危机，破坏社会和谐。[①] 在本节中，我们将更多地从社会心理学的视角来解读医患纠纷产生的原因，并对医患纠纷调解提出建议。

一、医患纠纷的社会心理成因

医患纠纷的形成与社会结构性矛盾密切相关。一个社会的变迁总是伴随着一系列的结构性调整和创新，这个过程也总是会不可避免地带来一系列的矛盾和冲突。但是社会结构性的矛盾不是本节讨论的重点，下面更多地侧重于从社会心态、医患关系、医患沟通和舆论影响四个社会心理层面，探讨医患纠纷的成因。

（一）功利主义盛行与社会信任危机——社会心态的温床

马克斯·韦伯最早对伴随着现代化而来的理性化困境提出了自己的担忧，他认为工具理性的盛行和现代化结伴而来，既带来了科技的进步、物质的丰富，同时也带来了价值理性的式微和精神道德的沦丧，人们变得越来越功利，越来越追求个人的物质利益。随着中国社会的转型，中国社会也同样陷入了类似的困境。如学者阎云翔所担忧的那样：

> 摆脱了传统伦理的个人往往表现出一种极端功利化的自我中心取向，在一味伸张个人权利的同时拒绝履行自己的义务，在依靠他人支持的情况下满足自己的物质欲望。[②]

当实用主义的精神发挥到了极致，人们失去了对他人的顾及和自我节制之后，则便成了彻头彻尾的自我中心主义者。如果医患双方都在功利主义与自我中心的支配下去相处、进行诊疗，医生自然不会去考虑医德、伦理和病人的利益，正如马克斯·韦伯形容的那样，“专家没有灵魂”；而病

---

① 徐昕，卢荣荣．暴力与不信任：转型中国的医疗暴力研究．法制与社会发展，2008 (1).

② 阎云翔．私人生活的变革：一个中国村庄里的爱情、家庭与亲密关系（1949—1999)．龚小夏，译．上海：上海书店出版社，2009：序言．

人也不会尊重医生，甚至不会尊重事实，一旦治疗结果不满意，便以“维权”之名不择手段，甚至不惜践踏法律、侵犯别人的权益。

与此相伴随的，是社会信任危机的出现。生活在当今中国的很多人都已经感受到了当下的信任危机，这种信任危机弥散在整个社会的各个方面，不仅存在于不同人群、阶层和行业之间，也不同程度地存在于每个社会细胞内部。① 在医患关系中，医患之间相互信任的程度会对医患关系产生直接、关键的影响；而且一旦出现争议，患者对医院和医生的信任、对医疗事故鉴定委员会成员的信任、对法院或调处者的信任，如果其中任何一个环节出现信任的缺乏，都会导致患者对结果不满，从而产生过激行为。有学者就曾指出引发医疗暴力的关键因素在于信任的缺失，即医患双方互不信任，尤其是患方对医方极度不信任，以及患方对现有医疗纠纷解决机制的不信任。②

（二）医、患的角色与期望——挫折与失望

医患纠纷的直接导火索往往是人们对医疗结果的失望。但医疗是一种高风险的行为，某些疾病也具有不可逆的特点，不可能每位病人去了医院，都会健康出院。一旦治疗结果不理想，不管因果关系能否证明，部分患者就认定医院有过错，该为后果负责。这样的结果仅仅是因为现在的一些患者变得蛮不讲理了吗？实际上患者的失望不仅仅针对医疗结果，还有很大一部分源自对于医生非技术方面的失望，以及高医疗成本与不理想的医疗结果的不对等所造成的强烈挫折感。

一方面，在很多情况下我们讨论医患关系，其实都不自觉地集中在医患关系的非技术方面：关于求医过程中医生与病人的社会、心理方面的关系，也就是通常所说的服务态度、医德、医风等。事实上，绝大多数病人都不是医学专家，对技术本身进行评价是超出他们的能力范围的。他们满意与否取决于医生是否有耐心，是否认真，是否抱有深切的同情心，是否尽最大努力做好诊治工作。简而言之，就是服务态度好不好，医德高不高。因此，我们可以看到，患者乃至社会对医生的期望，不仅要求医生受过良好的训练，有很好的医术，还要求医生富有同情心，能够亲切而热情地对

---

① 郑永年，黄彦杰．中国的社会信任危机．文化纵横，2011（2）．

② 徐昕，卢荣荣．暴力与不信任：转型中国的医疗暴力研究．法制与社会发展，2008（1）．

待病人，为病人保守秘密，把病人的利益放在首位，具有救死扶伤的献身精神。一旦医生的言行不符合患者的这些预期，比如不够耐心、态度不好、冷漠等等，在实质性的技术实施之前，患者便已经对医生失望并产生不信任了。这种不信任和失望会因为诊疗过程中的小事而强化，一旦出现任何不好的结果与损害，患者首先就会怀疑是由于医生的过错造成的，于是导致医患矛盾恶化。

另一方面，市场化医疗改革之后，因各种医疗服务价格上涨，加上相应的医疗费用保障制度只能解决部分医疗费用，封顶线上的自付部分和种种自费项目则需要患者自掏腰包，一旦遇上所谓的“大病”，很多家庭就会面临因病致贫。因为昂贵的医疗成本，患者及家属往往也会对治疗效果抱有较高的期望值，一旦治疗效果不好，就会产生很强的挫折感。想象一下，一旦治疗失败，那些倾家荡产来治病的患者及其家属，身受着病痛或者失去亲人痛苦的同时，还承担着巨大的经济压力，这会给他们的精神带来巨大的打击。如果还发现医院在管理或者任何其他方面存在瑕疵，他们会极度愤怒，并且会将这些愤怒直接指向医院和医生。而站在医生的立场来看，他们对病人的角色也有自己的期待，他们希望从病人那里得到尊重和理解。因为工作压力巨大，不少医生希望自己的精力能够集中于技术性层面的治疗，希望病人明理一些，在非技术性层面的要求低一些，好沟通一些，不要过分地苛求他们。实际上，正常情况下病人来医院求医，通常都是尊重医生的，因此，医生是医患关系的主动控制者。但是也有一些特殊情况，病人不理解医生的劳动强度，过度要求医生体贴，作出干扰医疗过程的行为，甚至无理取闹等。

（三）信息不对称与沟通不畅

医疗是一个高度专业化的行业，对于医疗决策与医疗行为是否符合规范、医疗过程是否存在过失、医生是否最大程度地考虑到了病人的福利之类的问题，患者在大多数情况下并不能作出准确的判断。一旦发生永久性的致伤致残或者发生患者死亡的情况，即使医疗行为在专业上并无不当之处或医疗机构已经作出了合理的解释，也难以获得当事人的理解与认同。因此，患者对医疗过程中的法律过错很容易发生误判，这会使得法律应有的预期功能大打折扣。由于信息与知识不对称，患者只能根据信息成本较低的一些不相关因素，例如道德直觉、医疗结果的好坏，来判断医疗中是否存在过错，这就可能导致不必要的医患纠纷。[①]

因此，医患之间的沟通就显得格外重要。一般说来，医患之间的沟通包括以下内容：第一，工具性行为，如提供医疗方面的专业信息咨询、风险告知等；第二，社会情感性行为，如表示同情、关注、称赞，认真倾听，发表个人评论，自我介绍，积极鼓励，热心帮助，等等；第三，咨询的情感品质，如说话口气友好、亲切、耐心、诚实，微笑服务，表现出兴趣。特别是后两项沟通内容，这些沟通行为所传达的认真、负责、关心、同情、亲和等情感道德信息，成为患者及其家属判断医疗行为合理性的重要标准。[②] 医生认真而又详细的专业询问与风险告知，将晦涩的专业技术和科学用语转换成通俗的语言，帮助患者理解自身的情况和各种治疗方案可能存在的风险，这些会被病人当成一种负责任的职业道德态度。这种职业道德态度，能够使医疗风险以一种易于接受的方式被患者所认可。因此，沟通是否充分和顺畅，是影响医患关系的关键因素。以江苏某医院为例，2005年因医患沟通不当导致的医疗纠纷构成比为72.22%。[③]

（四）舆论的推波助澜

目前，由于医疗行业本身存在很多问题，因而受到社会的诟病较多。无论是在媒体的新闻叙事当中，还是在老百姓茶余饭后的闲聊中，医患纠纷中的患方总是以弱势的形象出现，而问题一定是出在医生和医院的身上。殊不知在有些情况下，医院与医生也有着他们的无奈。医务人员一方面要承受巨大的工作压力，另一方面还要在出现医疗争议时面对社会舆论一边倒的指责。随着新媒体的普及和运用，尤其是互联网的运用，舆论传播速度很快，使大众普遍形成了对医院和医生先入为主的偏见。持有偏见的人生病之后不得已来医院治疗，但是一定也是充满戒备之心，甚至是疑心重重的，总担心医生不负责任，或者唯利是图，一旦有了任何的不顺利，很容易就会指责医生。舆论的负面影响为医患纠纷的产生起到了推波助澜的作用。

---

①② 伍德志．论医患纠纷中的法律和信任．法学家，2013（5）.

③ 宋发彬．基于医患关系的医务人员法律地位研究．武汉：华中科技大学博士论文，2011.

二、医患纠纷调解的关键

（一）患方情感安抚

发生医患纠纷后，患方当事人容易情绪激动和愤怒，常表现为言辞过激、不易沟通、举动异常、无法自控，并常带有攻击性。比如患方不接受医患沟通，责问、谩骂甚至殴打医务人员，有时调解者也有可能成为他们发泄愤怒、委屈的对象；患者甚至会作出一些显得无理取闹的攻击行为，说出威胁性的语言。调解员在处理医患纠纷之前，就得做好应对各种激烈、负面情绪的准备。在医患纠纷中，最常见的负面情绪是愤怒和无助感。

愤怒可以说是和冲突关系最为密切的情感，也是调解员最常需要帮助当事人应对的情感。“愤怒是和感觉到的不公平、不公正联系在一起的。”①当我们相信自己成为不公正的受害者时，我们通常的反应是愤怒。② 愤怒如同兴奋剂一样，愤怒的人们会感受到很强的生理唤醒，比如血压升高、心跳加速、呼吸急促等，与此同时，愤怒的人们通常会感到被赋予了力量，想要给对手以狠狠的反击。那么调解员应当如何去应对当事人的愤怒情绪呢？面对当事人激烈的愤怒情绪，调解员可以先不急于与其讨论解决问题的方案，而要将情绪问题的处理放在首位。

首先，可以给愤怒的当事人创造机会释放情感。一个怒气冲冲的当事人，就如同一个内部充满了压力的高压锅，如果不为其创造任何相对温和的释放机会，那么其便会采取爆炸的方式。因此对待当事人的愤怒，调解员应当在有一定约束的前提下给予其释放、表达内心真实态度和感受的机会。比如在单方会谈中，调解员先要做的是让当事人宣泄情绪，然后再进行安抚和讨论。情绪和情感的释放对于情绪激动的当事人来讲是重要的，在心理咨询和治疗中都非常强调倾诉和倾听的作用，所谓“一吐为快”，将心里积累的痛苦、挫折感、恐惧和愤怒等不良情绪宣泄出来，会帮助当事人恢复平静和理性。另外，可以在条件合适的情况下安排双方会谈，为患

---

① Young-Eisendrath，P. *You're not what I Expected*：*Love after the Romance has Ended*. New York：Morrow Press. 1993.

② Mikula，G.，K. R. Scherer，and U. Athenstaedt. The Role of Injustice in the Elicitation of Differential Emotional Reactions. *Personality and Social Psychology Bulletin*. 1998（7）. pp. 769-783.

方提供与医院和医生面对面表达自己的痛苦和委屈的机会。当然，这必须在局面可以掌控的前提下。

其次，当愤怒的当事人释放和宣泄情绪时，调解员要做的是努力地倾听当事人的心声，尽可能地去理解当事人的感受，并真诚地向当事人表达自己的同情与理解。好的倾听无疑会帮助调解员获得很多有效信息，同时，如果调解员能够带着尊重和“同理心”去倾听当事人的感受，并且真诚地作出回应，则会给当事人带来莫大心理安慰，既能安抚当事人的情绪，也能加强当事人对调解员的信任感。

无助感同样也是在医患纠纷中常见的一种负面情绪，尤其是在那些所属社会阶层较低、文化程度不高的患者及家属身上。弱势的一方往往会感受到无力、挫败和失望。表面上，无助感更容易产生退缩的行为，没有愤怒感那么具有攻击性。但是在某些情况下，无助感会比愤怒更加危险。当调解员想要帮助医患纠纷的双方协商解决方案时，自我感觉弱势和极度无助的当事人往往会更加不理性，因为他们怀疑自己能否受到平等的对待，也缺乏和对方以及调解员理性沟通的信心和能力。因此他们只能以自己能够做的，并且自认为会给对方带来压力的方式来争取自己的权益，比如，不信法而信访，或者拒绝配合鉴定和调解，一味地哭闹、静坐。更危险的是，充满无助感的当事人，会很容易受到一些别有用心者的控制和利用，比如“医闹”教唆者往往选择这样的当事人下手。因此，越是弱势的当事人，调解员越应给予其加倍的关心和耐心，不仅仅需要优秀的调解技巧和专业知识，更需要悲天悯人的情怀。只有真诚地倾听、了解、同情他们，给予他们实在的帮助和力量，才能消除他们的无力感和绝望，让他们知道他们的倾诉是有用的，调解员是愿意也能够帮助他们的；同时鼓励他们并使其意识到，通过大家的努力，是可以积极地解决问题的。

特别需要指出的是，对于患方的情感安抚不仅是调解顺利进行的基础，在很多情况下也是调解的一项最主要的任务和目标。有学者对 100 例医疗暴力个案类型进行了分析，发现其中情感宣泄型占 69%，索赔策略型占 18%。[①] 有一个针对原告诉讼目标的研究也提出，作为原告的患方除了金钱

---

① 徐昕，卢荣荣．暴力与不信任：转型中国的医疗暴力研究．法制与社会发展，2008 (1).

之外，还有其他情感要求，例如，希望医方承认错误等。[①]

（二）构建信任

信任的缺失是医患纠纷产生的一个重要原因。调解员面对的是相互间已经缺乏信任感的双方，帮助双方恢复信任是一件很难的事情，对于调解员来说，这一要求也显得过高。但是调解员仍然需要将信任的构建和恢复视为自己的一项基本任务，即便无法帮助纠纷双方恢复良好的信任关系，但是至少要构建起调解员和当事人之间的信任，以及双方对于调解过程的信任。如何构建这种信任，在本书前面的一些章节中已有所涉及。需要特别指出的是，在医患纠纷调解中，又存在内部调解和外部调解两种形式。外部调解是区别于医院内部调解的，是第三方调解。在外部调解中，调解员从开始介入时就需要特别强调自己的第三方角色，并且向当事人承诺自己会遵守中立、公正的原则。而在内部调解中，调解者往往是医院的医务部，因为与医方具有关联性，调解者应该更加注重遵循中立的原则，并且在与患方的交流中，要尽量地将自己的中立性以各种方式表达出来，以便获得患方的信任。

在内部调解中，首先，调解者应尽量淡化作为医务人员的符号形象，避免患者对其公正性产生怀疑。在着装上，尽量不穿代表医院的制服；医务部办公室可远离诊疗区；调解标语和座位安排等方面也要尽量显示公正性。其次，调解者也要尽量运用口头语言表达中立立场：在患者面前不与医生热络，并在口头交流中向患方澄清：调解结果与调解者之间无任何利害关系。最后，调解者应尽量保证调解程序的客观和中立，包括：为当事人提供满意的调解时间和场所；在当事方之间客观、准确、建设性地传递信息；促进当事方认真地对待对方诉求；等等。这些都可以为构建信任创造条件。

（三）加强沟通

沟通不畅是争议产生的重要原因，调解的过程便是要为医患双方打开沟通的渠道。一方面，调解者自身要成为医患双方之间的沟通桥梁，将医方的证据和解释用患方比较容易接受和理解的方式传递给他们，同时也要

---

① Tamara Relis. It's not about the money：A theory On Misconceptions of Plaintiffs' Litigation Aims. Social Science Electronic Publishing，2006（3）：701-746.

将患方的不满、质疑、遭遇、困难和诉求，以能打动人的方式传递给医方。在处理医患纠纷时，调解者需要在沟通方面付出非常多的努力和耐心，因为在医患纠纷的调处中，基于专业知识的晦涩、高深、患方较多的情感成分以及医疗中的许多不确定因素，要做到顺畅沟通，使双方相互理解，会比处理其他类型的纠纷困难很多，所以调解者不仅仅需要有良好的沟通能力、很强的敬业精神、良好的耐心和意志力，还须具备相应的专业知识储备。在专业知识储备有限的情况下，很多有经验的医患纠纷调解员很擅长采用专家咨询的方式来帮助调解。

另一方面，在调解过程中，被指控有过失的医生参加调解也非常重要。如果涉事医生不参加调解听取患者的感受，患者会认为医生对他们的需求漠不关心。同时医生参加这个过程也是为了真正地聆听针对他的诉求，并对这些指控作出判断。

（四）警惕冲突升级

处理医患纠纷，往往会给调解员带来很大的压力。因为中国的医患纠纷往往呈现出暴力性的特点，常常一触即发，稍疏忽就有可能演化成为“医闹”和群体性事件。因此，调处医患纠纷，必须时刻保持警惕，防止冲突升级和当事双方产生暴力冲突。

首先，对于医患纠纷的介入必须快速。因为只有快速，才能将纠纷控制在起始阶段，防止其恶化，也会减少医患双方的相互伤害。其次，调解医患纠纷，调解员要有足够的魄力，能够对局面进行有效的掌控，尤其是对于那些想要采取极端方式给对方施压的当事人，调解员要以严肃的态度告知他们利害关系，杜绝违法违规的行为产生。最后，还要特别警惕“医闹”教唆者对当事人的操控。笔者在湖南郴州、湘潭等地调研时发现，当地的医患纠纷调处中心都有一些杜绝“医闹”的具体做法，比如在调解开始之前进行清场，也就是请无关人员统统离开；有些地方还采用了签到表制度，就是在每次面谈，尤其是双方会谈之前，请双方到场人员登记姓名、身份证号、与当事人的关系，等等。这些做法都能有效地避免“医闹”教唆者对患方的操控，防止冲突升级。

第八章　调解的经济学分析

调解作为多元化纠纷解决机制中的重要组成部分，在维护社会稳定、构建和谐社会等方面发挥了重要的作用，这已成为多数人的共识。但这样一种宏观上的一般性认识，很难加深人们对调解的理解，也很难对当事人为什么会选择调解、又会在哪些情形下选择调解等微观问题作出深刻而有洞见的解释。在这方面，传统的法学研究范式显然有所局限，但借助于经济学的一些成熟理论，却可大有作为。作为一门成熟的社会科学学科，西方经济学中的“成本—收益”、博弈均衡、外部性等理论，为揭示当事人的纠纷解决的选择机制、调解行动的制约因素提供了科学理性的分析工具。例如，通过运用经济学中的“成本—收益”的分析方法，可看到利用调解解决纠纷，是“理性”当事人通过对调解与其他纠纷解决方式的成本、收益、条件和机制进行比较而理性选择的结果。又如，经济学中“博弈论”理论可恰当解释调解过程中的当事人如何围绕着纠纷解决和权利救济进行互动，以及各项因素如何影响博弈均衡。再如，经济学中的“外部性”概念也有助于解释法院为什么希望提高调解率，国家为什么鼓励民间调解？[①] 而透过这些调解的经济学分析，我们可以更深刻地理解调解的优势，也能更理性地看待调解的局限性，从而加深我们对调解的认识并促进我们对调解的研究。

① 徐昕．论私力救济．北京：中国政法大学出版社，2005：134.

第一节　调解经济学分析的理论假设与分析框架

一、理论假设

西方经济学理论是建立在对主体行为动机的一系列假设基础之上的。虽然不同的经济学理论有各自不同的条件假设，但“合乎理性的人”却是每个经济学理论假定的基本条件，也称为“理性人”或“经济人”假设。[①]

“理性”作为一个多层次、多含义的概念，在学术发展史中已形成了一套由核心逐渐向外扩展的概念体系；尽管不同经济学流派对理性存在不同层次的理解，但其核心层次的理性则是指纯粹的形式理性，即认为人是其目的的理性最大化者，强调实现手段与目的之间一致性的最大化，这是外延最大的理性，也是其他理性的基础；而在核心层次的理性的基础上，预期效用、自我利益最大化、货币化收益的财富最大化等理论在将理性概念的内涵不断丰富的同时，却又加入了更多的限定，使得理论的解释力越来越大。[②]

“理性人”是对所有从事经济活动的人的基本特征进行的一般性抽象。其基本内容是假设每个从事经济活动的人都是利己的，都力求以最小的经济成本获取最大的经济利益。只有这样的人才是合乎理性的人，否则，即为非理性的人。“理性人”假设实际上是以理性选择理论为基础的。该理论是自我利益最大化理性假设的规范表述，其基本思想是：经济行为人具有完全的充分有序的偏好、完备的信息和无懈可击的计算能力和记忆能力，通过比较各种可能的行动方案的成本和收益，从中选择那个净收益最大的行动方案。具体而言，它至少包括以下四方面的内容：第一，方法论上的个体主义。认为是个体的选择决定了社会关系的内容和形式。第二，对经济行为人的要求。要求行为人具有完全意志能力、计算能力与对过去的事情有完全的记忆能力。第三，对选择时环境的要求。环境的不相关性是理

① 高鸿业主编．西方经济学．北京：中国人民大学出版社，2014：13.

② 魏建．法经济学：分析基础与分析范式．北京：人民出版社，2007：25－27.

性选择理论对决策时环境的基本要求，排除了历史、他人与不同制度环境的影响。第四，均衡分析与效率价值观。各方行为人同时实现的利益最大化代表着一种理想的均衡状态，自愿谈判是实现效率的最佳途径。[①]

二、分析框架

（一）成本—收益分析框架

1. 成本的含义

（1）政治经济学中的成本含义

马克思政治经济学认为，每一商品的价值 W，可以用公式 $W=C+V+m$ 表示（C 代表生产资料的价值，属于不变资本；V 代表劳动力的价值，属于可变资本；m 代表劳动者在生产过程中创造的剩余价值，转化为利润）。如果扣除剩余价值 m，在商品中剩下来的是在生产要素中耗费的资本价值（即 $C+V$）的等价物或补偿价值，这就是商品的成本价格，而劳动者创造的剩余价值 m 则转化为商品的利润。可见，成本是一个价值范畴，是商品价值的组成部分。

（2）传统西方经济学中的成本含义

传统西方经济学将企业的生产成本理解为企业对所购买的生产要素的货币支出。除了这基本含义，企业成本还涉及机会成本、显成本与隐成本等概念。所谓机会成本是指生产者放弃使用的相同生产要素在其他生产用途中获得的最高收入。[②] 该概念的前提在于经济资源稀缺性，即经济资源不能同时被使用，生产某产品，是以放弃使用相同经济资源生产其他产品所获得的收入作为代价的。企业的生产成本还可以分为显成本和隐成本。显成本是指厂商在商场要素市场上购买、租用生产要素的实际支出；隐成本是厂商自己所拥有的且被用于自己企业生产过程的那些生产要素的总价格。[③]

（3）新制度经济学中的成本含义

将交易成本作为重要的分析工具，是新制度经济学区别于新古典经济

---

① 魏建．法经济学：分析基础与分析范式．北京：人民出版社，2007：27－30.

② 高鸿业主编．西方经济学．北京：中国人民大学出版社，2014：122.

③ 同②122－123.

学的显著标志。交易成本是科斯提出的最基础和最重要的概念。其代表作《企业的性质》与《社会成本问题》表达的中心思想就是交易成本约束下的资源配置。交易成本的引入，使人们对成本的理解从生产成本转向了组织运行成本，后者在对组织起源和组织规模的经济分析中得到了广泛的运用。而在科斯的研究基础上，交易成本理论在德姆塞茨、威廉姆森、詹森、麦克林、张五常等经济学家的努力下不断发展和完善，最终成为人们广为接受的一般性概念。

综上所述，马克思政治经济学提出“剩余价值”，认为成本是耗费与补偿的统一体；传统西方经济学引入“机会成本”，指出生产成本由显成本与隐成本构成；新制度经济学将成本的概念以“交易成本”的形式提出，把对成本概念的理解从生产成本转化为组织运行成本。

2. 成本—收益的分析框架

成本—收益分析是一种“量入为出”的经济理念，其以“货币基准”衡量行为实施的“投入成本”与目的达成后的“产出利益”，从而决定是否采取以及采取何种行为的分析方法。成本—收益分析为决策者反映经济行为的预期结果，进而为该项行为的实施与否提供根据。对于理性经济人来说，如果行为所需要支付的“负面成本”已经大于“正面收益”，那么，该项行为就会遭受负面评价或被抛弃。

成本—收益分析可分为社会与个体两个层面的分析。理查德·A. 波斯纳认为成本收益分析具有多种意义与用法。狭义的成本—收益分析用于指引公共政策的形成，例如用卡尔多—希克斯效率来评估政府项目（如修建大坝与采购武器系统）、政府奖助（如对医学研究的政府奖助）、政府规章（如对制定法和判例法的评估）。[①] 广义的成本—收益分析的含义与规范层面的福利经济学相同，除了指引公共政策的形成外，还包括指引私人决策的形成，例如，圭多·卡拉布雷西提出的侵权行为严格责任归责原则，通过比较当事人引起意外事故的行为的成本和收益，分析、强调了严格责任在

① Richard A. Posner. Cost-Benefit Analysis: Definition, Justification, and Comment on Conference Papers. 29 *J. LEGAL STUD.* 1153 (2000).

减少潜在事故损害中的作用。[①] Boardman、Greenberg 等将成本收益分析分为个人成本收益分析和社会成本收益分析。[②]

经济学上将行为人直接承担的成本称为私人成本，将行为人使他人支付的成本称为外部成本。行为人直接获得的收益为私人收益，行为给他人带来的收益为外部收益。社会成本等于私人成本与外部成本之和，社会收益等于私人收益与外部收益之和。[③] 在纠纷解决方式的选择中，当事人会比较私人成本与收益，以追求成本最小化与利益最大化为原则，选择法院调解或判决。如巴泽尔所说："当事人将他们对法院裁决的预测，及其对其他解决方法的有关费用的预测加以比较，从中选择他们认为成本最低的方法。"[④]

（二）博弈论分析框架

博弈论于 1940 年形成，逐步呈现出从零和博弈到非零和博弈、从完全信息博弈到非完全信息博弈、从静态博弈到动态博弈的发展路径。博弈论研究在相互影响、相互作用的环境中人们如何行动，预测博弈者在特定博弈情况中的行动选择，为分析人类行为提供有力的工具。博弈论在近几十年来已成为科学研究中最重要的分析工具之一，在自然科学和社会科学研究中被广泛运用。运用博弈论分析法学问题是法经济学晚近时候的发展。这一分析工具的展开与科斯定理揭示的交易成本密切相关。科斯定理包括科斯第一定理与科斯第二定理。科斯第一定理又称实证的科斯定理，科斯曾用"养牛者走失的牛群对临近土地谷物损害"的案例揭示这一定理。实证的科斯定理是指，若交易成本为零（$TC=0$），则无论权利如何界定，都可以通过市场交易达到最佳配置，而与法律规定无关。但现实生活中存在交易成本，由此得到科斯第二定理又称规范的科斯定理。在交易成本大于零（$TC>0$）的现实世界中，由于交易成本的存在，产权初始分配状态不可能通过无成本的交易向最优状态变化。因此，产权的初始界定必然会对经

---

① 卡拉布雷西．事故的成本：法律与经济的分析．毕竞悦，陈敏，宋小维，译．北京：北京大学出版社，2008.

② Boardman Anthony E.，Greenberg David H.，Vining Aidan R.，Weimer David L.（2001），*Cost-Benefit Analysis：Concepts and Practice*，*second edition*，Prentice Hall，Inc.，p. 2.

③ 徐昕．论私力救济．北京：中国政法大学出版社，2005：133.

④ 巴泽尔．产权的经济分析．费方域，段毅才，译．上海：上海三联书店，1997：94.

济效率产生影响，即法律与效率有关。[①]

从博弈论的视角看，交易成本的存在是多主体博弈的结果。经济学的庇古福利采用单向视角看问题，不存在交易成本。科斯以降的法经济学与庇古福利的最大区别是增加了相互性的考虑，从团体角度和国家角度思考问题。相互性视角的转变意味着我们在立法与司法判决中要考虑法律关系所涉及的所有主体。这些主体是理性的，他们之间的行为表现为策略行为。博弈结果由所有人的行动共同决定，既然每个人都是理性的，会运用他所有的知识和信息追求效用最大化，则他选择行动时就必须考虑别人同样为理性的。在调解的博弈分析中，纠纷的双方当事人、调解员、法院以及国家围绕纠纷解决和权利救济进行的互动，可运用博弈论作出解释。

下面通过对博弈论的经典案例——“囚徒困境”的介绍，帮助我们更容易地理解博弈论的基本内容。“囚徒困境”的基本案情：张三和李四两人曾抢过银行，后来因盗窃汽车被抓住了。警察把他们隔离起来关押与审问。警察向他们分别提出以下交易：现在你偷了汽车，我们可以关你 1 年。但是，如果你承认你和同伙前不久抢了银行，而你的同伙却拒不承认，我们就把你放了，而你的同伙则要关 20 年；反之，如果你拒不承认，而你的同伙招供了，那你的同伙就可以自由，而你则要被关 20 年。不过，如果你和你的同伙都承认了前不久抢银行的事情，那就要把你们都关 8 年。双方的最优策略显然是都选择抵赖，各判 1 年，但这个帕累托改进无法实现，因为双方不能完全信任对方。因此，这个博弈的纳什均衡仅落在支付组合为（−8，−8）的非合作点上。“囚徒困境”说明了为什么在合作对双方都有利时，保持合作也是困难的，也反映了个人的最佳选择并非团体的最佳选择。

表 8-1　“囚徒困境”支付矩阵

张三＼李四	坦白	不坦白
坦白	−8，−8	0，−20
不坦白	−20，0	−1，−1

① 冯玉军主编．新编法经济学．北京：法律出版社，2018：86.

第二节　调解的博弈论——以基层调解为例

一、模型建构

在基层纠纷解决的具体实践中，调解员是基层司法助理员扮演的常见角色。随着社会经济的发展以及乡村农民外出打工的机会日益增多，工伤事故和欠薪纠纷也日益增多。发生此类纠纷时，部分农民会诉诸法院，寻求司法救济，但不少农民更习惯于求助本地的司法所，寻求基层司法助理员的帮助。这类案件可能引起的关注不多，人们却也不会觉得陌生，部分事件见诸报端和网站，但更多的被淹没在基层司法所烦琐的事务中。此类事件的经过大同小异，即司法所的司法助理人员（多为司法所长）奔赴异地为民“讨债”（债务多为人身损害赔偿款），在经历一番波折后，最终“讨回公道”，有效地维护了当事人的合法权益。以下就是一起比较典型的案例。

> 农民工王某在广东潮州出工时触电身亡。消息传回了富竹社区游家村后，死者亲属向当地司法所求助，当地司法所王所长随同农民工前往广东调解此事。到广东后，王所长先向当地司法所要求出面协助解决，但该所只是给当地村委会打了个“通气”的电话。在王所长等人找到责任企业后，经过一整天的与涉事企业负责人及该企业法务律师的“谈判”，双方最后确定赔偿额为 54 万元。但其间就付款方式问题，双方一度陷入僵局，企业方提出的分期付款的方案遭到死者亲属的强烈反对。经过再次调解、协商，企业最终妥协，约定第二天早上在当地村委会签订协议，由村委会作见证人和临时保管人，死者亲属凭死者的火化证明提取赔偿金。在王所长的协助下，王父等人于第二天顺利拿回了 54 万元的现金。①

① 该案详情和有关机理分析，参见黄艳好．河街司法：中国基层政法逻辑．北京：北京理工大学，2015。

本节将关注该案例中纠纷当事人在纠纷解决中如何选择，而不同的行为选择又对博弈结果产生何种影响。换言之，本节旨在展示双方当事人博弈的过程，解释如何通过基层调解实现帕累托最优。

（一）博弈双方及其策略集

博弈的主体是涉事企业和农民工（亲属），而司法所长的调解是农民工（亲属）可选择的一种策略。以下具体分析博弈双方的策略集。

1. 企业的行动策略

尽管有学者通过对民间收债个案的法经济学研究揭示出：在公力救济不能对债务人构成有效威胁的背景下，债务人之所以在收债人介入下更倾向合作，其主要原因在于，收债人实施威慑的承诺行动其可置信度高，债务人违约的预期成本较高。[①] 但与该研究假定的背景不同，上述个案中企业依法守法的偏好较为明显，这可从企业聘请律师介入、谈判赔偿数额以法律为标准、企业支付赔款需"有理有据"以及企业信誉较高、资金运作良好等个案透露出的信息中有所判断。因此，企业选择的策略集为：（1）拖延（而非坚决不赔偿的强硬抵赖）；（2）妥协。这说明无论企业作出何种选择，农民工都能够通过诉讼拿到赔偿。

涉事企业拖延的理由主要有需要向高层汇报和分步结算等。具体而言，借口这么大一笔款项需要向企业高层汇报，获得批准和通过后，才能支付，而这过程需要时间，希望死者家属能够耐心等待；或借口企业的资金目前也出现困难——新厂刚建成，流动资金很少，很难一次性地支付这么大的一笔费用，故提出"一次性支付 30 万、余款分期支付"的分步骤结算方案等。

2. 农民工的行动策略

当农民工（亲属）面临工伤赔偿纠纷时，可以选择的行动策略集包括：（1）直接向法院提起诉讼来获得赔偿；（2）自己直接行动来追讨赔偿；（3）请基层司法所异地调解（以下该策略统称为基层调解），参与对赔偿的协商。

（二）博弈参数与模型

假定：企业所欠赔偿款为 M，无论农民工采取何种行动策略，企业都

① 徐昕．论私力救济．北京：中国政法大学出版社，2005：205－220.

必须支付赔偿款。农民工诉讼时企业的全部成本（耗费的诉讼费、财力物力等）为 C_1。此时，企业耗费的时间、精力、损失的声誉等无形成本很小，可忽略不计。农民工诉讼时，若农民工申请执行，企业仍需支付欠款 M，案件的执行费用 C_3，由企业承担。

农民工自己行动或请基层调解时，企业拖延的无形成本（耗费时间、声誉受损等）和直接成本分别为 C_{12}、C_{13}（企业“妥协”则不存在上述成本）。此时，由于企业的声誉有可能严重受损而影响经营，企业的无形成本很大，而若农民工行动（如堵门、堵路、封设备等）扰乱工厂秩序而影响生产时，企业也会产生直接成本。而且，由于基层调解，具有一定的行政背景，可以给企业施加更大的压力，因而 C_{13} 大于 C_{12}。企业拖延时间所获得的收益（如资金时间价值、解决暂时的资金困难等）为 T，且假定无论农民工采取什么行动，企业拖延时间均相同，因此 T 不变。

农民工诉讼的直接成本为 C_2；由于对“打官司”的恐惧、缺乏法律知识等主客观原因，农民工诉讼还有一个额外的诉讼压力成本 C_E，但在基层调解中，因为司法所提供免费的法律服务，此时不存在额外的诉讼压力成本 C_E；农民工自行行动、基层调解时农民工的无形成本分别为 C_{22}、C_{23}，此时，农民工承担的主要是时间、精力等无形成本，直接成本很小，可忽略不计。

表 8-2　农民工与企业的赔款纠纷博弈模型参数

指标	参数
企业所欠赔偿款	M
企业的应诉成本（耗费的诉讼费、财力物力等）	C_1
诉讼后企业支付的案件执行费用	C_3
企业拖延的无形成本（耗费时间、声誉损失等）	C_{12}
企业拖延的直接成本（停工或影响企业生产活动）	C_{13}
企业拖延所获得的收益	T
农民工诉讼的直接成本	C_2
农民工参与诉讼过程中面临的诉讼压力成本	C_E
农民工自行行动的无形成本	C_{22}
基层调解时农民工的无形成本	C_{23}

基于上述参数以及各自可能的决策集，可得出该赔款纠纷中农民工与企业的博弈框架。

表 8－3　农民工与企业的赔款纠纷博弈框架

		农民工		
		直接诉讼	自己行动	基层调解
企业	妥协	$(-M-C_1,$ $M-C_2-C_E)$	$(-M, M-C_{22})$	$(-M, M-C_{23})$
	拖延	$(-M-C_1-C_3+T,$ $M-C_2-C_E)$	$(-M-C_{12}+T,$ $M-C_{22}-C_2-C_E)$	$(-M-C_{13}+T,$ $M-C_{23}-C_2)$

二、基层纠纷解决中的企业博弈行为

农民工诉讼时，企业“不妥协”比“妥协”，可以获得的收益多出 $T-C_3$。在拖延时间足够长或者企业面临资金严重困难的情况下，T 大于 C_3，企业的最优选择是“不妥协”。有较多的实证分析表明：拖欠农民工工资的企业有很多存在资金困难。在这种情况下，企业“不妥协”的收益（T）很容易便超出案件的执行费用（C_3）。但更多的情况却是，农民工由于法律知识欠缺，很少采取“直接诉讼”行动。

农民工选择“自己行动”时，企业拖延可以多获得的收益为 $T-C_{12}$。由于“自己行动”缺乏有效的方法和统一的组织领导等因素而往往影响力较小，不足以对企业形成足够大的无形成本（C_{12}较小），从而使得 $T-C_{12}$ 仍然大于零，企业“不妥协”仍然有利可图。

农民工选择“基层调解”时，企业拖延可以多获得的收益为 $T-C_{13}$。基层调解由于有了司法所长或司法助理员的参与，讨薪行动无形之中便有了行政背景的支撑，行动力大大增强，便会形成强大的影响，这会给企业带来巨大的政治、声誉、经营等方面的压力（C_{13}非常大），使得 $T-C_{13}$ 小于零，企业的选择便会转向“妥协”。

总体来看，由于农民工“自己行动”“基层调解”时的 C_{12}、C_{13} 较大，往往会超过其“诉讼”时的诉讼费和案件执行费用，因而，在农民工诉讼时，企业有可能会选择“妥协”（在 T 大于 C_3 的情况下）。可惜的是，由于缺乏法律知识、对诉讼的“天然恐惧”等原因，农民工通过诉讼形式讨薪的情形并不常见。

三、基层纠纷解决中的农民工博弈行为

农民工提起诉讼时，其收益为$M-C_2-C_E$。其中，由于对“打官司”的天然恐惧、缺乏法律知识、集体诉讼行动协调的困难性等主客观原因，额外成本C_E可能会非常之大，以至于$M-C_2-C_E$比较下，甚至可能出现小于零的情况。

农民工“自己行动”时，其收益为$M-C_{22}$。其中C_{22}相对比较小。这是因为，农民工的时间相对自由，行动方式也相对自由和松散，相对容易组织。但是，如果“自己行动”时间持续过长的话，C_{22}也有可能变得很大。

而在选择“基层调解”时，其收益为$M-C_{23}$。与C_{22}相比，由于有了行政背景的支撑，农民工的行动更加系统、有效、组织得法，因而C_{23}更小。即便持续时间较长，这一成本往往也不会快速增加。因此，在“基层调解”的情况下，农民工的收益往往是最大的。

在农民工的行为选择中，“基层调解”的收益最大，“自己行动”次之，直接诉讼最小。农民工更愿意“基层调解”。这与中国当前农民工的状况、传统政治文化等国情分不开。在农民工选择“基层调解”的情形下，“妥协”是企业的最优选择。影响企业行为选择的因素主要是外界压力及其对企业的影响程度大小。

第三节　调解的成本—收益分析——以法院调解为例

一、法院调解与判决的成本分析

在我国“调审合一”的诉讼模式中，法院调解与判决作为法院解决纠纷的两种基本手段或结案方式，二者既有天然的联系又有很大的不同。由于经济学分析具有抽象性、假设性与概括性，且一审普通程序运用最为普遍，本节关于法院调解与判决的比较主要置于一审普通程序的背景下进行讨论。

(一) 判决成本的构成

对司法判决需要耗费成本的看法已基本形成共识。如方流芳提出："不是所有的司法判决都能产生正义，但是每个司法判决都会消耗资源。"[①] 顾培东认为："诉讼不论是在客观上还是在冲突主体以及统治者的主观认识中，都是既能产生一定效果，同时又需要支付一定代价的行为。"[②] 棚濑孝雄也强调在讨论审判应有的作用时不能无视成本问题。[③]

判决成本是指当事人与法院从诉讼开始到判决结案的过程中所花费的资源总和，可分为当事人成本与法院成本。

1. 判决中当事人成本的构成

判决中的当事人成本是指当事人从诉讼开始到判决结案的过程中，因诉讼行为使自己产生的成本。隐成本容易让人忽略。在微观经济学中，企业的生产成本的划分为总成本＝显成本＋隐成本。[④] 而以此作为参照，当事人的成本也可以分为当事人的显成本与当事人的隐成本。

(1) 当事人的显成本

显成本是指厂商在生产要素市场上购买、租用生产要素的实际支出。[⑤]参照经济学中的显成本，可将当事人的显成本界定为当事人向法院、律师等支付的实际费用或花费，即经济成本。当事人的显成本可由诉讼费用、代理费用、诉讼辅助费用与其他费用等构成。

其一，诉讼费用。诉讼费用的构成范围与负担规则对当事人的选择决策具有直接的影响。首先，在诉讼费用构成方面，各国诉讼费用的构成范围存在差异。德、日、美等国家的诉讼费用调整"当事人与法院之间—当事人与当事人之间"的双边关系。[⑥] 因此，律师费、当事人在诉讼过程中花费的食宿费与餐旅费等通常属于诉讼费用的范围。相比之下，我国诉讼费

① 方流芳．民事诉讼收费考．中国社会科学，1999 (3).

② 顾培东．诉讼成本与诉讼收益//柴发邦主编．体制改革与完善诉讼制度．北京：中国人民公安大学出版社，1991：22.

③ 棚濑孝雄．纠纷的解决与审判制度．王亚新，译．北京：中国政法大学出版社，2004：267.

④ 曼昆．经济学原理．梁小民，等译．北京：北京大学出版社，2001：294；高鸿业主编．西方经济学．北京：中国人民大学出版社，2014：122－123.

⑤ 高鸿业主编．西方经济学．北京：中国人民大学出版社，2014：122.

⑥ 廖永安．民事诉讼费用：构成及影响因素．南京大学法律评论，2002 (2).

用仅调整“当事人与法院之间”的单边关系，律师费、食宿费与餐旅费等当事人自己的花费不包含在诉讼费用之中。《诉讼费用交纳办法》第 6 条对我国诉讼费用交纳的范围有着明确规定，包括：案件受理费；申请费；证人、鉴定人、翻译人员、理算人员在人民法院指定日期出庭发生的交通费、住宿费、生活费和误工补贴。从诉讼费用在全部当事人成本中的份额来看，其所占的比例并不大。其次，在诉讼费用负担规则方面，主要存在两种不同的负担规则。在美国，诉讼双方通常自理费用，即遵循“各自埋单”规则；而在欧洲以及世界上大部分国家，败诉方通常要为胜诉方支付大部分的诉讼费，即遵循“输者埋单”规则。[①] 根据《诉讼费用交纳办法》第 29 条、第 31 条、第 33 条、第 35～37 条等规定，我国主要采用败诉方负担规则，并以按比例负担，协商负担，人民法院决定负担，起诉人，上诉人或申请人负担等规则为辅。这一规则使当事人的胜诉预期对选择判决或法院调解的影响较大。

其二，代理费用。由于在法定代理与指定代理的情况下，诉讼当事人通常无须支付代理费，因而，此处关于代理费用的探讨主要指委托代理的费用。随着民主与法治的发展，我国民事诉讼中的“当事人本人诉讼主义”[②] 正逐步发生改变，委托诉讼代理人的重要性日益凸显。当事人花费的代理费主要用于支付委托律师与基层法律服务工作者的费用。各国律师收费的方式主要有计时收费、固定收费、胜诉收费、协商收费、按照诉讼标的价额收费等。[③] 根据我国《律师服务收费管理办法》的规定，律师服务收费实行政府指导价和市场调节价相结合的管理方式。律师服务收费根据服务内容的不同，采取计件收费、按照标的额比例收费和计时收费等方式。目前，律师收费标准逐渐提高，律师费用在当事人成本中比重日益增大。

其三，诉讼辅助费用。诉讼辅助费用是相对于交给法院的诉讼费用与交给律师事务所的代理费用而言的，比如诉讼当事人和代理人在收集证据、

---

① 罗伯特·考特，托马斯·尤伦．法和经济学．史晋川，等译．上海：格致出版社等，2012：382-383.

② 当事人本人诉讼主义在委托代理人方面采用以当事人诉讼权利为导向的任意诉讼代理制度。蔡彦敏．我国民事诉讼中的委托代理人制度．国家检察官学院学报，2013（2）.

③ 章武生．律师收费制度改革刍议．现代法学，1996（1）.

文书传递、参与庭审等诉讼过程中支付的食宿费、交通费、复印费等。这类费用易受案件类型、取证的难易程度、当事人与法院的距离等因素的影响。

其四，其他费用。其他费用或称法外费用、非法秘密开支，是指依法本不应负担的费用，但在实际中又确实存在的制度外支出。[①] 例如当事人请律师吃饭等正常的应酬费用，甚至是与法官沟通乃至贿赂法官等寻租成本。寻租成本是指当事人或其代理人为了避免或降低自己的诉讼风险而向法官寻租而产生的成本。经济分析假定各主体是坚持高度利己主义的，通常以机会主义行为为自己谋利，所以在制约监督成本尚不足以使行贿行为效益为负时，当事人就会寻租[②]，且双方当事人在行贿的博弈过程中，会对寻租成本进行攀比式的投入，甚至一些律师也成为在当事人和法官之间进行私下勾当与输送贿赂的“中间人”。因此，寻租成本在当事人的诉讼成本中所占的比重较大，如附骨之疽，成为当事人成本中需要考虑的重要因素。

（2）当事人的隐成本

隐成本是自己所拥有的且被用于本企业生产过程的那些生产要素的总价格。[③] 这类成本与显成本相比不具有明显性，不需要企业的实际货币支出。参照企业生产的隐成本，当事人的隐成本指当事人因诉讼行为所耗费的时间、精力、精神压力与败诉风险等。具体而言，当事人成本中的隐成本包括以下几个部分。

其一，时间成本。时间成本是诉讼过程中所耗费的时间，即诉讼程序从发生到终结的时间延续过程，可以用诉讼周期来衡量。审理期限是诉讼周期的一部分。《民事诉讼法》第 149 条、第 161 条规定适用普通程序的案件应在 6 个月内审结；适用简易程序的案件应在 3 个月内审结。除了审理期限外，还存在非审限用时，主要指最高人民法院《关于严格执行案件审理期限制度的若干规定》第 9 条规定不记入审理期限的期间的情形。因此，诉讼周期可以用以下公式概括：

$$L=S_1+S_2$$

① 方流芳．民事诉讼收费考．中国社会科学，1999（3）．

② 李川．厌讼的经济分析——从司法成本的视角．制度经济学研究，2003（2）．

③ 高鸿业主编．西方经济学．北京：中国人民大学出版社，2014：122．

$S_1=A+C+Z+K$

$S_2=Y+Z+J+G+H+T+Q$

[其中，L 为个案审理的诉讼周期，S_1为审理期限、A 为法官立案期限、C 为审阅诉讼材料期限、Z 为组织当事人交换证据期限、K 为开庭审理等审判行为期限；S_2为非审限用时、Y 为延期审理期间（一个月内）、Z 为中止审理期间、J 为鉴定期间、G 为处理管辖权争议期间、H 为当事人申请和解期间、T 为延长调解期间、Q 为向上级法院请示期间。]

其二，人力成本。人力成本是当事人从起诉至判决结案的过程中所耗费的劳动和精力。劳动的耗费主要指纠纷当事人书写文书、调查取证、参与庭审等活动的劳力输出。精力的耗费主要指参与诉讼、判决结果不确定、从事灰色或不法行为等导致的精神压力。[①]

其三，伦理成本。伦理成本或道德成本不直接以货币等经济形式表现，是指当事人因纠纷及选择诉讼解决纠纷而遭受的社会负面评价。社会学家和人类学家反复强调名誉的作用和流言的力量，认为一个人有多少机会通常在很大程度上取决于他的名誉。[②] 我国有“调处息讼”的传统，当事人因纠纷及选择判决解决纠纷可能遭受负面评价，即“面子”受损。一般来说有两种面子存在：一种是社会性的“面子”；另一种是道德性的“脸”。二者不同之处是，前者取决于他人的评价，即“他人律”的面子；后者不仅是一种外在的对行为的裁决，更主要是一种内在的自我裁决，即“耻”之感。[③]

其四，机会成本。机会成本是指当事人因参加诉讼而放弃另外的纠纷解决方式，并因此而遭受的预计损失。主要存在以下两种情况：一是当事人选择其他纠纷解决机制所节约的费用；二是当事人选择放弃在诉讼中争夺利益而从事其他事务所获得的收入。

其五，错误成本。错误成本是指因法院判决错误而给诉讼当事人所带

① 徐昕．论私力救济．北京：中国政法大学出版社，2005：145.

② 一般性论述参见 Sally Engle Merry. Rethinking Gossip and Scandal. in 1*Toward a General Theory of Social Control* 271 (Donald Black ed. 1984)；转引自罗伯特·C. 埃里克森．无需法律的秩序．苏力，译．北京：中国政法大学出版社，2016：227.

③ 朱晓阳．小村故事：罪过与惩罚（1931—1997）．北京：法律出版社，2010：79.

来的损失，包括当事人为上诉等反败为胜的行为进一步投入的成本。

其六，风险成本。风险成本是主体为了获得风险利益而给予的投入，是指实际效果与预期效用之间的比例。如某纠纷通过判决解决时，当事人胜诉可获 100 元，胜诉与败诉的比例均为 50%，风险成本为 50 元。

2. 判决中法院成本的构成

德沃金曾指出，法院是庞大法律帝国的“首都”，而法官是法律帝国的“王侯”[①]。这反映了法院和法官在法治中的重要性，但法院需要支付的巨大司法成本却容易被人忽略。事实上，司法成本的重要性并不亚于司法制度、诉讼程序和法律职业的建设的，它既体现着正义分配的一般性原则，也展示了国家、当事人和市场间的合作与博弈的过程和结果。[②] 法院的司法成本是法院在实施审判行为及维持机构日常运作的过程中所消耗的人、财、物等司法资源的总和。[③] 同样依据微观经济学中企业生产成本的原理，可将法院成本分为显成本与隐成本。显成本包括物力成本与财力成本等，隐成本包括人力成本、时间成本、机会成本与错误成本等。

（1）法院的显成本

法院的显成本指的是法院为维持审判活动需要花费的实际费用，主要包括物力成本与财力成本。

其一，物力成本。物力成本指法院为进行正常的审判活动所必备的法庭设施、交通工具、通信设备等。物力成本具有消耗缓慢的特性，法庭设施等物力成本的一次投入，法院在司法审判中就可以长期使用，每次审判活动需要消耗的物力成本较小。

其二，财力成本。财力成本包括法官、审判辅助人员及司法行政人员的工资奖金；水、电等日常办公经费和办理案件产生的业务经费。[④] 财力成本与法院的财政保障息息相关。以前，中国法院体系在不同的方面存在着高度分权的制度安排，其重要的表现之一就是分散化的财政保障，法院的

---

① 德沃金．法律帝国．李常青，译．北京：中国大百科全书出版社，1996：361.

② 王福华．论民事司法成本的分担．中国社会科学，2016（2）.

③ 章武生，等．司法现代化与民事诉讼制度的建构．北京：法律出版社，2000：371.

④ 办理案件产生的业务经费通常包括汽车燃油费、印刷费、安检费、信息化费用（庭审录音录像花费）等。

司法成本由地方财政负担。[①] 因此，常出现因经济发展落后与制度缺陷等原因导致的司法经费投入不足、配置不合理等问题。这些问题使得法院的司法成本与当事人的诉讼成本之间存在“逆向损益”关系，即国家对司法成本的投入越多，当事人的诉讼成本就越低；国家减少对司法成本的投入，当事人就需要增加对诉讼成本的投入。[②] 这一现象可以通过各国诉讼收费实践现象得以印证，即国家实力越强，当事人的诉讼成本相对越少。例如美国联邦政府对诉讼提供巨额的财政补贴，当事人只需交纳极少的诉讼费，审理案件的成本几乎由法院负担。[③] 随着我国经济的发展与司法改革的推进，法院经费状况已有较大改善。首先，《诉讼费用交纳办法》的实施使得诉讼收费进一步规范化，并降低了诉讼收费标准。其次，中央财政将专项转移支付资金直接拨付到省级财政，再由省级财政分配给各下级法院作为办案、办公经费使用。最后，较多省份逐步实施诉讼收费省级统筹，先由各地方法院按照一定比例将收取的诉讼费用上交省高级法院，再由省高级法院根据各地法院的困难情况有针对性地补助给各地法院。这些措施的综合作用使得法院的经费来源较以前显得更加多样，诉讼收费占法院经费来源中的比例降低，不同法院之间财政保障的非均衡性在一定程度上也有所改善。

（2）法院的隐成本

法院的隐成本是指法院为进行审判活动花费的货币外支出，主要包括人力成本、时间成本、机会成本与错误成本。

其一，人力成本。民事诉讼的过程中需要相当数量的法官、陪审员及司法辅助人员等人员的参与。这些人员所耗费的劳动和精力即法院隐成本中的人力成本。

其二，时间成本。时间成本是指法院在诉讼过程中所耗费的时间，基本可以用诉讼期间来衡量。诉讼时间的浪费或拖延，也会造成人力、物力、财力成本消耗的增加。

其三，机会成本。机会成本是指法院因判决而放弃法院调解等其他途

---

① 王亚新．司法成本与司法效率——中国法院的财政保障与法官激励．法学家，2010（4）．

② 章武生，等．司法现代化与民事诉讼制度的建构．北京：法律出版社，2000：372．

③ 方流芳．民事诉讼收费考．中国社会科学，1999（3）．

径，并因此而遭受的预计损失，如未选择法院调解方式而遭受的因需要强制执行而造成的损失。

其四，错误成本。由于司法程序固有的局限性，国家专门机关在对案件事实的认定或法律适用方面不可能完全避免错误的产生，这种错误判决所造成的各种有形或无形损失为错误成本，即 $e=j*-j$[①]（完全信息下的判决 $j*$ 与实际判决 j 之间的差异，即为法院错误所造成的损害）。在民事诉讼中，判决的错误成本主要包括：一是无效消耗，指因错误裁判而导致司法资源被无效使用所消耗的费用，包括在立案、开庭审理等程序中的无效耗费；二是赔偿费用，指对当事人违法采取妨害诉讼的强制措施、保全措施或者对判决、裁定及其他生效法律文书执行错误造成损害的国家赔偿费用；三是权威损失，指因错误裁判而导致的民众对国家司法制度消极评价而带来的信念、尊严和权威的损失；四是激励扭曲，指因错误裁判不适当的激励而导致的行为人对错误行为的延续。[②]

（二）法院调解的成本构成

我国法院调解与判决的运行主要采用“调审合一”模式。在该模式下，调解由法官主导，调解不成时由进行调解的法官判决，使调解与审判具有人员合一、角色合一、程序合一、地点合一等特征。[③] 因此，法院通过调解与判决来解决纠纷，二者的成本也具有相当的关联性，在分析法院调解的成本时可以在判决成本的分析框架上进行。需要说明的是，关于法院调解的讨论主要集中在庭审前的法院调解，因为法庭辩论后再进行的法院调解所经过的程序与判决基本相同，将二者的成本进行比较的意义不大。

1. 法院调解中当事人的成本构成

与判决中的当事人成本一样，法院调解中的当事人成本可以划分为当

---

① 罗伯特·考特，托马斯·尤伦．法和经济学．史晋川，等译．上海：格致出版社等，2012：379－380.

② 比如在一起消费者起诉燃油添加剂厂商的诉讼中，完全信息下的判决 $j*$，让车主得到的赔偿正好是更换被燃油添加剂损害的发动机所需要的费用 2 500 元，但实际判决 j 为 2 000 元。则 500 元的错误也许会让燃油添加剂厂商从此习惯于降低质量控制。降低质量控制节约了生产厂商的成本（如 1 000 元），但是将造成车主额外 10 000 元的损失。在这个例子中，错误的社会成本等于降低质量控制带来的9 000元的净损失：c（500 元）＝9 000 元。罗伯特·考特，托马斯·尤伦．法和经济学．史晋川，等译．上海：格致出版社等，2012：380.

③ 李浩．调解归调解，审判归审判：民事审判中的调审分离．中外法学，2013（3）.

事人的显成本与当事人的隐成本。

（1）当事人的显成本

其一，诉讼费用。我国《诉讼费用交纳办法》第 15 条、第 31 条规定以调解方式解决的案件可减半交纳案件受理费，并规定诉讼费用的负担由双方当事人协商解决，协商不成的，由人民法院决定。因此，法院调解结案时当事人支付的受理费减半，甚至调解结案中的申请费与证人、鉴定人因出庭发生的费用由于不经历庭审程序也往往少于判决的。另外，与判决采用的败诉方负担的规则相比，法院调解结案的诉讼费用采用协商负担与人民法院决定负担的规则，这一规则将降低当事人的胜诉预期对选择判决或法院调解的影响。

其二，代理费用。我国的法律规范中没有法院调解结案可减少收取律师代理费的明确规定。但《律师服务收费管理办法》第 9 条规定在实行市场调节的律师服务收费中，耗费的工作时间、法律事务的难易程度、律师可能承担的风险和责任等是律师事务所与委托人协商律师服务收费时应当考虑的因素。法院调解以“合意主义”为指南，不同于判决以“法条主义”为指南[①]，即法院调解的关键是双方当事人的合意，而判决需要律师更多地运用法律。因此，法院调解可能因其中律师从事法律事务的难易程度、需要花费的时间、承担的风险与责任等相对较小而使得当事人花费的代理费用较低。这一结论也可以从司法实践中部分律师不愿积极促成以调解方式结案的现象中得到印证。

其三，诉讼辅助费用。一般来说，纠纷解决程序越正式，当事人采集证据、进行鉴定等方面的花费将越多，即纠纷解决程序的正式程度与当事人在程序中的成本花费成正比。由于法院调解程序具有灵活性，可以更多地简化甚至省略繁杂的程序性事项，因而，可能为双方当事人节省更多诉讼的辅助费用。

其四，其他费用。虽然司法实践中法院调解法庭化、强制化、裁判化问题突出，但若要以调解的方式结案则必须经双方当事人自愿达成协议，法官只是在调解中行使“中介”“判断”“强制”的职能，不具有司法裁判

① 张立平．为什么调解优先——以纠纷解决的思维模式为视角．法商研究，2014（4）．

中的国家强制力。因此，较判决而言，当事人在调解中向法官花费的寻租成本将更少。

（2）当事人的隐成本

其一，时间成本。目前，我国审限制度存在期间长度具有不确定性（一审审限可延长两次）、审限延长职权主义色彩浓厚、违反审限制度的惩戒功能缺失等问题[①]，加之大量的非审限用时，使得当事人在判决结案中的时间成本较多。法院调解在实践中可以在立案前、立案后移送业务庭之前、移送业务庭后开庭前、开庭中等阶段进行，方式较为灵活快捷，若在诉讼过程中经过法院调解达成调解协议，可节省审判期限带来的较高时间成本。但部分不适宜调解解决的案件，可能出现多次调解、反复调解仍无法达成调解协议的现象，将耗费大量的时间成本。

其二，人力成本。人力成本是当事人从起诉至法院调解结案的过程中所耗费的人的劳动和精力。人力成本与时间成本往往成正比。一般而言，适宜调解解决的案件，法院调解结案所耗费的人力成本将低于判决，但对不适宜调解解决的案件进行反复调解将花费大量的人力成本。

其三，机会成本。以判决方式结案，当事人可以上诉，将耗费更多的时间。若案件能以法院调解结案，当事人可以节约上诉的时间去做其他有价值的事情。因此，法院调解的机会成本与判决的相比较小。

其四，错误成本。《民事诉讼法》规定不能对调解书提起上诉，法院调解有利于当事人息讼，减少上诉、再审、申诉、缠诉等现象，因此，法院调解可避免上诉成本等错误成本的发生。

其五，伦理或道德成本。由于调解更符合调处息讼的道德传统，因而法院调解在伦理成本方面小于判决。

其六，风险成本。比较法院调解与判决的风险成本，可进行以下假设。当事人面临两种选择：一是判决，当事人胜诉能获得 200 元但败诉只能获得 100 元，且胜诉与败诉的概率均为 0.5；二是法院调解，当事人达成调解协议获得 151 元，但无法达成调解协议的收入为 51 元，且概率分别是 0.99 与 0.01。第一种选择与第二种选择的均值或期望值分

---

① 蔡虹，刘加良．论民事审限制度．法商研究，2004（4）．

别为 E_1 和 E_2：

$$E_1=200\times0.5+100\times0.5=150\ (元)$$

$$E_2=151\times0.99+51\times0.01=150\ (元)$$

$$\sigma_1^2=0.5\times(200-150)^2+0.5\times(100-150)^2=250$$

$$\sigma_2^2=0.99\times(151-150)^2+0.01\times(51-150)^2=99$$

σ 代表的是标准偏差，是用来量化稳定与不稳定程度的特定数学值。σ 值越小表示越稳定，σ 值越大则表示越不稳定。从上述式子的比较中可知，选择判决解决纠纷的风险大于选择法院调解解决的风险。①

2. 法院调解中法院成本的构成

根据判决中法院成本构成的分析框架，法院调解中法院成本也可以划分为法院的显成本与法院的隐成本。

(1) 法院的显成本

在法院调解中，法院的显成本包括物力成本与财力成本。

其一，物力成本，是指进行法院调解所必备的法庭设施、交通工具、通信设备等。法院调解与判决一样内置于诉讼的过程中，矛盾纠纷一旦进入诉讼程序，从长时间看，不论最后是调解结案还是判决结案，法院在法庭设施等物力成本的耗损方面没有明显差别。

其二，财力成本，是指法官、司法辅助人员等调解主体的工资奖金；水、电等日常办公经费和调解案件产生的业务经费等。

从整体上看，法院调解与判决在调解主体的工资奖金、水电等日常办公经费等方面的区别不大，但判决所需的庭审录音录像等业务经费高于调解所产生的业务经费。

(2) 法院的隐成本

法院调解中法院的隐成本包括时间成本、人力成本、机会成本、错误成本等。

其一，时间成本与人力成本。在从理论上看，判决结案意味着案件经历了从立案到宣判的全过程，而法院调解结案的案件是在诉讼过程中的某个阶段终结了案件。因此，至少从需要经过的流程上看，法院调解与判决

① 周晓唯，胡强．非诉讼纠纷解决方式的法经济学分析．制度经济学研究，2006 (3).

相比，将节约时间成本与人力成本。但对于久调不决的案件，其调解所耗费的时间成本与人力成本将较高，与判决成本大小的比较应视具体情况而定。

其二，机会成本。若案件以法院调解的方式结案，当事人无法上诉，法院可以节约上诉程序所耗费时间去做其他有价值的事情。另外，由于法院调解结案时，当事人往往自觉履行调解书中的义务，因而，法院调解将节约因需要强制执行而造成的成本。因此，法院调解的机会成本与判决的相比较小。

其三，错误成本。自愿原则是法院调解的核心原则，对于如何判断双方当事人自愿达成合意解决纠纷的结案方式是否存在错误，学界存在不同的观点。《民事诉讼法》第 201 条规定，调解协议的内容违反法律的，当事人可以申请再审，经人民法院查证属实的，应当再审。由此看出，即使双方当事人自愿达成调解协议，调解协议的内容违反法律规定即属于存在错误的情形。对比判决的错误成本的内容，由于法院调解的错误情形比判决错误的情形少，如法院调解的再审事由少于判决的再审事由，调解的无效消耗与赔偿费用少于判决。另外，法院调解的私密性特征使其所造成的权威损失与社会激励扭曲的影响也会低于公开进行的判决。①

综上所述，法院调解与判决的成本比较可由下表明确表示。根据成本构成项目的不同，法院调解与判决的成本比较存在三种情况：一是法院调解成本小于判决成本，用“<”表示；二是法院调解的成本与判决的成本相似，用“≈”表示；三是法院调解成本与判决成本的比较具有不确定性，用“/”表示。

---

① 如生产厂商生产一件不合格产品可降低生产成本 1 000 元，消费者使用该不合格产品造成的损害为 1 200 元。法院在完全信息下应作出生产厂商赔偿消费者 1 200 元的判决，但法院不具有完全信息并判决赔偿 600 元。因此，法院判决的错误程度为 1 200－600＝600（元），生产厂商因违法行为所产生的收益为 1 000－600＝400（元）。由于判决的公开性与权威性，该生产厂商可能继续生产或其他同类生产厂商可能效仿，该错误判决产生的激励扭曲将十分惊人。而法院调解结案，纠纷当事人达成的调解协议的私密性较强，对社会造成激励扭曲的影响较小。吕世伦，陶菁．审判前夜的调解——调解与审判关系的法经济学思考．求是学刊，2012（5）．

表 8-4　　法院调解成本与判决成本构成项目和比较

法院调解成本与判决成本的项目			法院调解与判决的成本比较
当事人成本	显成本	诉讼费用	法院调解<判决
		代理费用	法院调解<判决
		诉讼辅助费用	法院调解<判决
		其他费用	法院调解<判决
	隐成本	时间成本	法院调解/判决
		人力成本	法院调解/判决
		机会成本	法院调解<判决
		错误成本	法院调解<判决
		伦理成本	法院调解<判决
		风险成本	法院调解<判决
法院的司法成本	显成本	物力成本	法院调解≈判决
		财力成本	法院调解<判决
	隐成本	时间成本	法院调解/判决
		人力成本	法院调解/判决
		机会成本	法院调解<判决
		错误成本	法院调解<判决

在当事人成本中，除时间成本、人力成本的比较具有不确定性、需视不同情况而定之外，其他项目经分析都显示法院调解成本小于判决成本。在法院成本中，法院调解与判决的物力成本相似，时间成本与人力成本的比较应根据个案确定比较结果，其他项目成本呈现法院调解小于判决。因此，在一般情况下，可得出法院调解成本小于判决成本的结论，但对于需要多次调解、反复调解等花费大量时间成本与人力成本的案件，这一结论是否成立则要视具体案件情况而定。根据福利最大化规范的假说，只有当成本较低的手段都试过之后还是没有效果时，才可以使用那些其本身以及后果的成本都更高的救济措施。[①] 因此，调解作为成本较小的纠纷解决方式可以被优先适用。这也正如草野芳郎所言："调解的是民事纠纷的基本解决

① 罗伯特·C. 埃里克森. 无需法律的秩序. 苏力，译. 北京：中国政法大学出版社，2016：226.

模式，而判决是民事纠纷的应用性解决方式。”①

二、法院调解与判决的收益比较

对纠纷解决方式进行选择，双方当事人首先会对不同纠纷解决方式之预期收益进行权衡，然后再考虑收益的实现是否确有保障。因此，法院调解收益的构成与比较主要从以下两个方面展开分析：一是比较法院调解与判决预期收益的构成，二是比较法院调解与判决收益实效的高低。

（一）法院调解预期收益的构成：与判决的比较分析

在经济学视角下，预期收益是人们化解纠纷的原动力，是指纠纷当事人预计自己通过纠纷解决机制获得的利益。纠纷当事人运用法院调解与判决解决纠纷的预期利益不同，在判决中只关注系争内利益，而在法院调解中不仅关注系争内利益，还着眼于系争外利益。

1. 判决预期收益的构成

判决的预期收益是指通过司法判决产生的有益效果。首先，当事人的预期收益。当事人在判决中的收益主要指系争内利益。系争内利益常表现为经济收益，是指当事人在判决结果中获得的可用货币衡量的实际经济利益，如在给付之诉中获得的债务给付。通常，经济收益是针对胜诉方而言的，但若败诉方被免除部分义务也可视之为间接的经济收益。若诉讼标的额为 N，胜诉比例为 P，成本为 C，收益为 B，则纠纷当事人在判决中的经济收益 B 可用以下公式进行推演与表示：

$$B=N\times P-C$$

$$C=C_1+C_2+C_3+C_4$$

（其中，C_1 为诉讼费用，C_2 为代理费用，C_3 为诉讼辅助费用，C_4 为其他费用）

$$C_1=(a+b+c+d)-(a+b+c)\times P$$

（其中，a 为案件受理费，b 为执行申请费，c 为财产保全申请费，d 为其他诉讼费用）

合并后两式可得：

---

① 草野芳郎．调解技术论．韩宁，姜雪莲，译．北京：中国法制出版社，2016：15.

$$C=[(a+b+c+d)-(a+b+c)\times P]+C_2+C_3+C_4$$

合并上述几式可得：

$$B=N\times P-\{[(a+b+c+d)-(a+b+c)\times P]+C_2+C_3+C_4\}$$

其次，法院或社会的预期收益。法院在判决中的收益除了收取诉讼费用的收益外，更重要的是带来社会秩序的稳定、国家法律尊严和法治信仰的确立、社会公正的实现、对纠纷的预防和抑制等。[①] 这些收益虽不能直接用金钱衡量，但其价值远胜于金钱。

2. 法院调解预期收益的构成

法院调解的预期收益是指通过法院调解产生的有益效果。首先，当事人的预期收益。通过法院调解，纠纷当事人除了获得达成调解协议后的经济收益外，还存在许多系争外利益。具体而言，法院调解中当事人预期收益的构成如表 8－5 所示。

表 8－5　　法院调解中当事人预期收益的构成[②]

主体	预期收益
纠纷当事人	调解协议达成后的经济收益
	满足感
	良好声誉
	关系改善
	过程正义
	未来的合作机会
	恢复正义
	高度地遵从于执行

判决运用的是“向后看”的思维，而法院调解运用的是“向前看”的思维。如果将物质或财产收益视为一种可量化的系争内利益，则关系改善、良好声誉及未来的合作机会等就属于系争外利益。法院调解的收益除了着眼于系争内的利益，还关注系争外的利益。因此，运用函数关系分析法院

① 张丽红．司法诉讼的成本收益分析．知识经济，2008 (8).

② Wal, J. A., Jr., and A. Lynn. 1993. Acurentreview. *Journal of Conflict Resolution 37*: 160-194. Wal, J. A., Jr., and J. B. Stark; R. L. Standifer. 2001. Mediation: A Curent Reviewand Theory Devel-opment. *Journal of Conflict Resolution 45*: 370-391; 胡元梓．调解何以能促成冲突的解决：文献述评与经验研究．学术界，2010 (8).

调解，其效用函数集合可表示为：

$$U=f\ (c,\ a,\ r,\ m,\ e,\ \cdots)$$

其中 c 为成本支出、a 为财产收益、r 关系改善、m 良好声誉、e 为未来的合作机会、…为其他系列要素。系争内利益与系争外利益及其相互之间具有可替代性，根据边际效用递减规律和边际替代率递减规律，二者的无差异曲线可由图 8-1 表示。[①] AB 是当事人为解决纠纷而支出的成本曲线，E 点表示当事人选择维系良好的关系等系争外利益但放弃一部分系争内利益的法院调解，A 点表示当事人选择获得系争内利益但破坏声誉、关系等系争外利益的判决。从图中可知角点解 A 和内点 E 的效用相同，但在我国“调处息讼”“以和为贵”等社会规范约束的影响下，当事人可能会选择法院调解的方式。

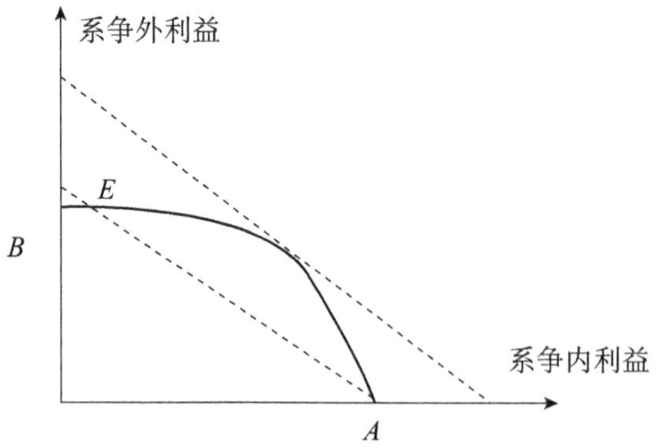

图 8-1 “系争内利益”与“系争外利益”的无差异曲线

其次，社会的预期收益。法院调解的预期收益不仅在于使纠纷当事人获得预期收益，还在于能增加社会总体财富。法院调解与合同法中的鼓励交易原则的精神具有一致性。鼓励交易原则是指合同法以降低当事人交易成本、减少交易制度障碍、提供更多交易机会，达到促使当事人通过合同实现交易的目的。法院调解对维持良好关系、发展未来合作等系争外利益的关注，为鼓励交易原则提供了有利的条件与环境。因此，通过法院调解

① 无差异曲线图的制作，周晓唯，胡强．非诉讼纠纷解决方式的法经济学分析．制度经济学研究，2006 (3).

解决纠纷，在一定程度上有利于促进市场经济发展、资源合理流动与有效配置，使社会财富最大化。

（二）法院调解的收益实效：与判决的比较分析

人们对纠纷解决方式的选择除了关注预期收益的构成，还会十分关注收益的实效，即能否切实取得收益，实现权利救济的目标。

1. 判决的收益实效

目前，我国判决的收益实效较低，主要原因在于“终审不终”与“执行难”问题突出。首先，“终审不终”是指我国终审判决在一定程度上不具有终局效力。有些案件经历了一审、二审、抗诉引起的再审、法院提审等程序后当事人仍在继续申诉。[①] 在判决的众多效力中，作为最基本效力的既判力是防止当事人对判决所确定的法律关系进行再度争执的效力，既判力与纠纷解决的终局性紧密联系在一起。[②] 但直至目前，我国民事诉讼法与相关司法解释仍没有明确使用“既判力”这一法律概念，也没有与大陆法系既判力制度立法条文结构大致相同的法律条文[③]，加上司法实践中的操作不规范、当事人对法律的不了解、当事人申诉信访情况较多等因素，共同导致了我国“终审不终”的现象严重。此外，再审程序的频繁启动与再审事由的规定密切相关。我国《民事诉讼法》第 200 条规定了 13 种再审事由，在外观上包含程序性、实体性再审事由和其他再审事由，在内核上包含无效之诉和回复原状之诉的再审事由。[④] 这一规定较德国、日本的再审事由更为宽泛，如《日本民事诉讼法》只规定了 4 种与判决实体内容直接相关的再审事由。[⑤] 一般而言，允许提起再审的事由越多，既判力的作用范围越受限制，确定判决的终局性越显得微弱。其次，“执行难”问题突出。这一问题从 1982 年《民事诉讼法（试行）》实施开始就受到广泛关注。但从借鉴外国经验到重构本土资源的改革路径，民事诉讼执行难问题依然未彻底、有效地解决。有学者在对广东、湖北、贵州三个中级人民法院进行调查的过程

① 该问题描述，参见常怡，肖瑶．对“终审不终”现象的个案解读．法律适用，2007（7）.

② 林剑锋．民事判决既判力客观范围研究．厦门：厦门大学出版社，2006：20－21.

③ 胡军辉．美国民事既判力理论研究．北京：北京师范大学出版社，2015：178.

④ 朱金高．再审事由的深度透析．法律科学，2013（3）.

⑤《日本民事诉讼法》规定的再审事由，参见王亚新．对抗与判定：日本民事诉讼的基本结构．2 版．北京：清华大学出版社，2010：250.

中，发现实际能按照判决金额执行到位的案件比例只有三分之一。① 因此，司法实践中大量生效法律文书无法执行的问题，严重影响了当事人在判决中的收益实效，甚至使司法权威遭受损害。

2. 法院调解的收益实效

与判决相比，法院调解在收益实效方面具有不能上诉、难以再审、履行自愿性强与执行效果较优等特点，具体而言：首先，调解书不能上诉。一审判决下达后当事人还可能上诉，所以其只是“一时性”的解决方式。而《民事诉讼法》第 97 条规定调解书经双方当事人签收后生效，当事人不能针对调解书提起上诉，因此，法院调解是一种“终局式”的纠纷解决方式，收益实效更强。其次，对调解书进行再审的情况也十分少见。根据《民事诉讼法》第 201 条规定，当事人需要提出证据证明调解违反自愿原则或者调解协议的内容违反法律的，才可以申请再审。由于这一再审事由难以举证与出现概率较低等原因，因而对调解书启动再审程序较为困难。从这一方面看，法院调解的实效性也高于判决的。再次，当事人往往自觉履行调解书中的义务。判决的结果往往是“胜负一边倒”的状态，败诉方可能因为心怀芥蒂而不愿意自觉履行。而法院调解可以使应胜诉一方稍作让步，达成一个双方都可以接受的调解协议，这样当事人一般会向法官保证自觉履行义务，调解协议的内容基本上会得以实现。② 因此，在法院调解结案的案件中，大多数当事人能够主动地履行调解协议中的义务。最后，法院调解执行的效果优于判决执行的效果。这一结论来源于学者对“判决、调解和执行关系”的实证研究。该实证研究借用美国学者的诉讼模型，以 1998 年到 2004 年各金融机构在沿海某中院提起的约 2 500 个诉讼案件和 3 000 个执行案件作为研究的对象，对法院调解与审判结案案件的数量、所占比例、平均审理时间、平均执行时间、平均标的额、申请执行率和中止率等指标或结果进行分析，得出法院调解结案的案件执行时间短、执行中止率低等优于判决执行的结论。③

综上所述，在系争内利益与系争外利益的“无差异曲线”上，当事人

---

① 徐昕．论私力救济．北京：中国政法大学出版社，2005：141.

② 草野芳郎．调解技术论．韩宁，姜雪莲，译．北京：中国法制出版社，2016：17.

③ 唐应茂．一个关于判决、调解和执行关系的实证研究．中外法学，2006 (6).

在“调解优先”的背景下，会选择以法院调解的方式解决纠纷。在收益实效的比较方面，由于“终审不终”与“执行难”等问题严重影响了判决的收益实效，而法院调解具有不能上诉、难以再审、履行自愿性强与执行效果较优等特点，因而，法院调解的收益实效优于判决。

第四节　调解在纠纷解决中的比较优势

不论是以基层调解为例展开的博弈分析，还是以法院调解为例进行的成本收益分析，都可看到当事人作为理性的经济人，在很多情况下会优先选择用调解来解决纠纷。而透过经济学的分析视角同样可看到，调解相比于其他的纠纷解决机制，具有成本较低、收益较高、外部性较小的比较优势。

一、成本较低

前面章节对法院调解与判决的成本进行了比较，在通常情况下，可得出法院调解成本小于判决成本的结论。但事实上，不仅限于法院调解，若将法院外的调解与诉讼进行成本上的比较，调解也具有成本较低的比较优势。

首先，显成本的高低，是当事人选择纠纷解决方式首要考虑的因素。如果当事人选择诉讼来解决纠纷，那他/她通常需要支付大量的诉讼费用、代理费用、诉讼辅助费用及其他费用，诉讼的复杂程度与当事人的经济负担往往呈正相关。但调解不同，在纠纷解决实践中，调解一般由当地的公益性或非营利性组织进行，通常免收或只收取少量费用，而差旅费等其他的辅助费用也较少。即使是存在收费空间的商业调解，收费通常也不会高于诉讼。因此，可以说调解的显成本相比诉讼较小。

其次，隐成本的比较，也是当事人选择纠纷解决方式考虑的重要因素。就调解和诉讼而言，它们所需支付的隐成本的比较情况如下：一是时间成本与人力成本，民事诉讼普通程序的一审审限是 6 个月；而由于调解程序灵活快捷，对多数纠纷的调解，其花费的时间不会太长，当事人为了节省时间成本与人力成本，会选择时间和精力花费更少的调解机制解决纠纷。二是伦理成本，理性的当事人会优先选择有助于人情、面子与良好的社会舆论的调解方式解决纠纷。三是机会成本，即不同的纠纷解决方式能够实现当事人既定目标的程度不同，但在特定的时空领域中当事人只能选择其中的一种，在此情况下，对选择某一纠纷解决方式而放弃其他纠纷解决方式的相关利弊得失所进行的权衡。通常而言，当事人选择诉讼解决纠纷，将损失当事人选择调解所节约的经济成本，还将由于诉讼时间较长而损失在诉讼期间从事其他事务所获得的收入。因此，选择诉讼而损失的潜在利益，相对于选择调解而损失的潜在利益较大。四是风险成本，通过上文对法院调解与判决风险成本的赋值计算也可以推导出选择诉讼解决纠纷的风险大于选择调解解决的风险，因此，调解会成为风险厌恶者的优先选择。综上所述，调解在显成本与隐成本等方面均小于诉讼，理性当事人会优先选择调解解决纠纷。

二、收益较高

纠纷解决方式的效益不仅取决于纠纷解决的成本，还取决于纠纷解决的收益。就调解和诉讼的收益比较而言，通常情况下，调解的收益优于诉讼。首先，对当事人而言，调解与诉讼产生的预期收益不同。诉讼只关注系争内利益，即物质或财产收益；而调解不仅关注系争内利益，还关注系争外利益，如良好的声誉、关系的改善与未来的合作机会。其次，在实际收益上，由于“终审不终”与“执行难”等问题会导致当事人的实际收益降低甚至实际收益为零；而调解具有即时履行、自愿履行率高等特点，当事人的实际收益一般不会少。

三、外部性较小

作为一个经济术语，外部性（externalities）是指个体经济单位的行为对社会或者其他个人部门造成了影响而其却没有承担相应的义务或获得回报。它分为正外部性（positive externality）和负外部性（negative externality）。正外部性，指个体经济单位的行为使他人或社会受益，而受益者无须支付代价；而负外部性则指个体经济单位的行为使他人或社会受损，而个体却没有为此承担成本。

就调解而言，调解鼓励合作，倡导共赢，而合作恰恰正是消减外部性的一个重要途径。因为“通过合作，人们就可以将外在于他们的利益加以分享，从而将外部于社会的潜在利益内部化，社会财富就会增加”①。根据前面章节的知识，纠纷解决所产生的社会的总成本，由私人成本和司法成本构成；从外部性的角度来看，私人成本属于内部成本，而司法成本属于外部成本。诉讼外的调解，有利于将解决纠纷的外部成本纳入私人成本之中，从而消减纠纷解决的外部性；诉讼调解，也在一定程度上降低了司法成本，即减少了其带来的外部成本。可见，以当事人的合意作为基础的调解机制，在纠纷解决中，具有纠纷外部性内部化或减小纠纷外部性的功能。此外，调解也注重社会关系的维系，强调和平地解决纠纷，这对于营造和谐的社会氛围、维护社会的稳定具有积极的促进作用，也给社会带来了一定的正外部性。

① 宋明．人民调解的正当性论证——民间纠纷解决机制的法社会学研究．山东大学学报（哲学社会科学版），2008（3）．

第九章　调解员职业伦理规范

调解员能否在纠纷解决中发挥作用，取决于调解员作为一个职业群体是否值得信赖。调解员要想获得社会的认可和当事人的信任，必须有一套行之有效的职业伦理规范来评价、指引调解员的行为。调解员职业伦理不仅是一个道德和义务问题，而且是一个法律规范问题。每一位调解员必须遵从调解员群体职业伦理规范，这无关乎其个人的道德观。目前我国尚未制定或形成系统的调解员职业伦理规范。本章以调解员与当事人的关系为中心，借鉴域外相关职业伦理的立法或形成经验，结合我国具体国情对调解员职业伦理规范的内涵进行系统解析。

第一节　调解员职业伦理概述

随着我国多元化纠纷解决机制改革的不断推进，调解以其高效、便捷、双赢的特性，日益成为当事人首选的诉讼外纠纷解决方式。为了有效调处矛盾纠纷，调解员不仅需要具备丰富的调解经验、循循善诱的调解技巧及专业的法律知识，还需要在调解过程中恪守相应的职业伦理规范。

一、调解员职业伦理的概念

涂尔干认为，职业伦理的特点是其无视公众意识对它的看法，它是一种特殊道德。[1] 换言之，职业伦理与特定群体所涉的职业密切相关，而与共

---

① 涂尔干（Durkheim，E.）. 职业伦理与公民道德 . 付德根，译 . 上海：上海人民出版社，2006：6.

同意识或者舆论无关。在某种意义上讲，职业伦理是对从事某一职业的群体或个人的总体性价值评价和行为指引。由此，我们可以将调解员职业伦理界定为，调解员在调解过程中为了维护其相互之间的正常职业关系而应遵从的行为准则。调解员职业道德伦理规范是指对调解员从事调解的行为具有约束性的道德和伦理规范。作为调解员队伍职业化建设的重要组成部分，调解员职业伦理道德规范不仅是调解员的价值准则，是调解行业对社会承担的道德责任和义务的体现，而且是调解员工作的立业之本与内在精神动力。①

一般而言，调解员的职业伦理规范对调解员的具体行为具有评价、指引功能，其主要内容包括中立规范、保密规范、避免利益冲突规范等。科学合理的职业伦理规范能为调解员顺利开展调解工作提供明确指引，它是调解员有效化解矛盾纠纷的重要保障。

二、制定调解员职业伦理规范的意义

客观地讲，各国调解员职业伦理规范都是在其调解事业不断发展的过程中逐步形成并完善的。域外一些国家和我国香港特区已经制定了比较成熟的调解员职业伦理规范，例如，美国《调解员行为示范规范》、美国得克萨斯州《调解员行为指南》、美国JAMS调解员职业道德准则、《欧洲调解员行为准则》、新加坡调解中心《中立评估员行为准则》、《香港国际仲裁中心家事调解员专业实务守则》等。② 值得一提的是，2008年澳大利亚调解员协会制定了《调解员的资质认证标准》。该标准包括适用范围、调解程序、认证标准、教育培训、准入培训和续展认证六部分内容，在调解行业管理、调解组织建设、调解员资质、调解培训、执业标准等方面向国际先进水平看齐。最为重要的是，该标准对调解员定期资质认证的要求作出了明确规定，即调解员必须符合《调解员执业准则》中规定的执业标准和能力水平。③ 有如此完善的调解员的资质认证标准，可以想见澳大利亚调解员的职

① 廖永安，刘青．论我国调解职业化发展的困境与出路．湘潭大学学报（哲学社会科学版），2016（6）：50.

② 蒋惠岭主编．域外ADR：制度·规则·技能．北京：中国法制出版社，2012：552－578.

③ 蒋惠岭．澳大利亚调解员资质认证审批国家标准．人民法院报，2010－09－10（6）.

业素养。这也与近年来调解逐渐成为澳大利亚重要的纠纷解决方式之一相印证。①

规范调解员职业伦理的主要目的是指引调解员的职业行为，实现调解程序的高效开展，以切实保障当事人的合法权益。建立健全调解员职业伦理规范，并要求调解员遵守职业伦理规范的要义如下。

其一，调解员遵循职业伦理能保障调解的社会效果。社会组织调解作为非诉纠纷解决方式之一，其天生具有弱程序性和软规范性。调解员与当事人之间的关系大多是由陌生到熟悉。因此，调解员只有在调解过程中坚守职业伦理规范——彰显独立立场，秉持公正态度，保持中立地位，才能获得当事人的信任。当事人唯有信任调解员，才能信服在该调解员主持下达成的调解协议并自觉履行。也就是说，遵循职业伦理的调解员才能获得当事人信任，才能实现案结事了，才能彰显纠纷解决的效果。

其二，调解员遵循职业伦理是调解员专业性的重要体现。调解员主要职责是通过调解过程协助双方或者多方当事人解决争端、达成和解。作为引导当事人自主协商解决纠纷，促进当事人在分歧中寻找共同利益以实现共赢的调解员，其在调解过程中必须严守职业道德规范，建立与当事人之间良好的信任关系。如前文所述，调解作为一种纠纷解决方式有具体的方法和技巧可循。其中，调解员恪守职业伦理规范，是获得当事人信任的前提，也是施展高超调解技艺的前提。也就是说，具有良好职业道德是调解员获得当事人信任的前提，而获得当事人信任是调解员施展调解技巧和方法的前提。申言之，调解员唯有具备优良的职业道德素养，才能使具备的调解方法和技巧有用武之地，才能有效化解矛盾纠纷。

其三，调解员遵循职业伦理规范是调解员职业化的重要内容。十九大报告提出要打造共建共治共享的社会治理格局，调解作为运用社会力量实现矛盾纠纷治理的重要方式，理应在共建共治共享的社会治理格局中有所作为。尤其是在新时代背景下，我国社会主要矛盾发生重大变化，为使调解员在新的社会治理背景下发挥作用，在其职业化建设过程中，调解员必须严守职业伦理规范。唯有如此，才能使调解程序有“规范”可依，促使

① 娜嘉·亚历山大主编．全球调解趋势．王福华，译．北京：中国法制出版社，2011：35-36.

调解员队伍向职业化方向进行良性发展。

第二节　中立性规范

如前文所述，中立是调解员理应遵循的一项基本职业伦理。调解员将中立贯穿于调解过程的始终，公平对待双方当事人，这是当事人和社会认同调解的重要前提，也是调解制度正当性的基础。“中立性”作为调解员行为规范的重要内容为诸多国家和地区所肯认。在调解过程中，调解员的中立立场并不是“僵硬”的，它需要调解员在具体个案中适度把握。

一、调解员中立的内涵

相较于诉讼而言，调解缺乏逻辑严密的法定程序规则，这就要求调解员在个案中把握好中立的标准。一般认为，调解员中立最基本的含义指调解员在调解过程中应恪守中立原则，不偏不倚地对待各方当事人。虽然中立规范的内涵要求调解员恪守中立，但在实践中，调解员很难将中立规范贯穿于调解的全过程。与法官公开审判不同，调解员为促成和解，可以与当事人一方单独沟通，引导当事人分析其立场的优劣。调解员与一方当事人单独沟通常常成为诟病调解非中立的要因。相反，若调解员一味恪守中立，却又会被斥责不积极主持调解。① 盖因人们对调解价值取向的不同认识，对调解中立性的内涵也存在不同看法。

Rachel Field认为，调解员的中立包括五个方面：(1) 与纠纷解决无利益关系；(2) 对任何一方当事人无偏见；(3) 对纠纷和当事人都不存在预先的了解；(4) 调解员不能对当事人及其所涉纠纷作出评价；(5) 调解员应该公正、公平。② 此观点认为，调解中立性即调解员与双方当事人均无利害关系，即调解员与纠纷的解决结果不存在直接利害关系。在调解程序开

① 王钢．论调解员中立．北京科技大学学报（社会科学版），2012（2）：120.

② Field，R. Mediation Praxis：the Myths and Realities of the Intersection of Mediator Neutrality and the Process of Redressing Power Imbalances. *Australian Dispute Resolution*，2000，（5）：55-58；王钢．论调解员中立．北京科技大学学报（社会科学版），2012（2）：121.

始时，调解员会向当事人宣布调解的相关规范或者纪律，如："作为调解员，我与本纠纷的各方均无利益关系，与本次纠纷的处理结果也无利害关系，我将坚持中立立场，公正进行调解。"我们认为，将调解员与当事人、纠纷有无利害关系作为判断其是否处于中立地位的标准，是一种相对形式上的中立。

Kevin Gibson 等学者则提出关于调解员中立的三种不同理解：（1）中立性就是公正性，调解员不能偏袒任何一方，应保留对当事人及其纠纷的个人观点、情感；（2）中立就是等距关系，调解员应该同等对待每一方当事人；（3）中立是调解员应该给所有当事人平等的阐述纠纷事实的机会，并以适当的方式提出问题，避免当事人逆法律化和边缘化。[①] 这种观点认为，中立必须以公平、公正为核心，即调解员在调解过程中对待双方当事人要平等、客观和公正，它主要体现于对双方当事人在时间上的公平分配、在交流沟通上的平等对待，避免任何一方当事人有受到不公平待遇之嫌。正如北京仲裁委调解中心制订的《调解员守则》第 6 条规定："调解员在调解过程中应公正进行调解，中立、平等对待当事人，并避免给人以不公正的印象。"[②] 简而言之，调解的中立性以不破坏公正为限。

Goob Rifkin 认为，调解员的中立主要包含五个方面：（1）调解员不对争议的实质问题进行调解；（2）调解员对当事人的利益保持中立；（3）在调解程序外，调解员与当事人没有利益往来；（4）调解员不主动改变现有双方当事人谈判实力的差异；（5）调解员对调解结果保持公正等。[③] 这种观点认为，"不偏不倚"即为中立性，调解员在调解中不偏向任何一方当事人。调解员要时刻保持对自己的心理活动的调节和监督，时刻警惕自身不能偏向某一方当事人。"不偏不倚"的中立性要求调解员将自己的观点与调

---

① Gibson，K. & Thompson，L. Max Bazerman. Shortcomings of Neutrality in Mediation. *Negotiation Journal*，1996，12 (1)：73；王钢．论调解员中立．北京科技大学学报（社会科学版），2012 (2)：121.

② 北京仲裁委员会调解中心．调解员守则．http：//www. bjac. org. cn/ page/tj/ tiaojieyuan-shouze. html，[2018 - 07 - 17].

③ Rifkin，C. J. Practice and Paradox：Deconstructing Neutrality in Mediation. *Law and Social Inquiry*，1991，16 (1)：45-46；王钢．论调解员中立．北京科技大学学报（社会科学版），2012 (2)：121.

解的过程和结果相分离，在不偏向任何一方当事人的情况下，帮助当事人自行作出决定。值得一提的是，这种“不偏不倚”的中立性取决于当事人的感觉。调解员通过不偏向任何一方之行为举动，使当事人确信调解过程的中立性和公正性。

上述对调解中立性的不同理解，实际上反映了当代调解功能、价值理念的多元化，及人们对调解的功能和价值理念存在不同的认识和期待。有学者认为，调解的中立并非一种完全消极的中立，调解员在合理限度内进行实体利益的权衡具有必要性，这是保障当事人权利地位平等的前提。[①] 我们认为，调解员的中立性是确保调解过程及结果公正、公平的必要条件。调解的中立性应包括两层含义：首先，从外在形式上看，调解员和双方当事人及申请调解的纠纷不存在法律上的利害关系，调解员不代表任何一方当事人，也不偏向任何一方当事人，他对双方当事人是公平的、公正的和不带偏见的，否则当事人可以申请调解员回避。其次，从调解内容上看，调解员不能过多地干预当事人的自由，不能直接或间接地对当事人进行评价，亦不能使用其专门知识去影响当事人作出决定，应确保当事人的主体性，即纠纷解决方案的达成完全取决于当事人的意思自治。尤其应强调的是，调解员需要在超越自我的环境下进行角色扮演，如在医疗纠纷、家事纠纷等个人情感影响较大的纠纷中，应走出同情弱者偏好的情感伦理误区及事实认定误区，这种根深蒂固的感性偏离对于调解员的中立性而言毫无疑问是一种巨大挑战。调解员职业伦理应综合法律与道德的双重思维进行规范设置。调解员在调解过程中仅起到为双方当事人搭建沟通对话平台、促成双方沟通交流、提出调解建议等中介性作用，而不能将自己的意志强加给当事人，否则就违背了调解中立的原则，错置作为中立第三方的调解人的应有地位。

二、美国、澳大利亚及我国香港地区关于调解员中立的相关规定

我国目前尚未有统一的调解员行业组织，也没有统一的职业伦理规则来规范调解员的行为。为有效推动调解的运作，提高调解组织的专业化水

---

① 史常青．调解人行为模式：在消极中立和积极干预之间．烟台大学学报（哲学社会科学版），2011（2）：22.

平，形成调解员职业化队伍，我们应当结合现有调解员行为准则和域外的相关经验，从中发现有益的规律和启示。

(一) 美国调解员中立的职业伦理规定

1.《美国统一调解法》

《美国统一调解法》第9条规定："……(g)调解员应是公正的，除非披露存在本条要求的(a)、(b)情形后，双方表示同意。"该条款设立了例外，制定该条款的立法委员会认为"中立"如同"资格"一样，都是非常重要的问题。①

2. 美国《调解员行为示范规范》

美国《调解员行为示范规范》第2条是关于公正的规定，此处的公正即"中立"之意。它强调："调解员若不能公正地进行调解，则应予以拒绝。公正意味着摆脱偏爱、偏好或者偏见。调解员应以公正的方式进行调解，并避免给人以不公正的印象。"

3.《美国仲裁协会的调解员行为准则》

《美国仲裁协会的调解员行为准则》中将调解员保持中立视为调解程序的核心要素。一个调解员应该只调解他能够保持中立和公正的事情，无论何时如果调解员不能以公正的方式来进行调解，这个调解员必须回避。②

(二) 澳大利亚调解员中立的职业伦理规定

《澳大利亚维多利亚州民事行政法院调解人行为准则》第2条、第5条分别对中立、公平进行了规定。第2条规定："调解人必须是中立的(impartial)，并且看上去也必须是中立的。"具体要求：(1)调解人与一方当事人或者纠纷本身若存在利益冲突必须退出调解。(2)若调解人与一方当事人或者纠纷本身存在某种联系，即便这种联系尚不构成利益冲突，调解人也必须告知当事人，并且在一方当事人要求其退出时退出调解。(3)调解人必须避免具有偏爱一方当事人的行为外观。该规则明确了调解员的主动退出义务和当事人自主决定权，当事人在达成合意同意调解员继续留任的情况下，调解员不必然退出调解。第5条规定："调解必须保持公平。"具体

---

① 《美国统一调解法》，史长青译，该法由统一州法全国委员起草，在2001年8月10—17日于西弗吉尼亚州的白硫泉召开的第110届年会上获得批准，并推荐所有州制定这一法律。

② 赵云．调解实务与技能．北京：清华大学出版社，2011：96.

要求：(1) 调解人必须依其权力尽其所能确保调解公平。(2) 若调解人认为一方当事人滥用调解，或者当事人之间存在着妨碍双方达成和解方案的实质性的实力不均衡，调解人可以将这一情况告知当事人。(3) 代理人、专业顾问以及“辅佐人”可以参加调解，除非调解人认为他们的出席会导致调解不公平。(4) 调解人必须确保当事人有合理机会获得专家意见。(5) 调解人必须避免任何强制一方当事人达成和解的行为。[①] 该规定明确了调解员的提示义务和建议义务。调解员必须关注某些当事人没有提出其合理利益主张的情形，为确保双方当事人的权益都能在调解过程中得到考虑，调解员在一定条件下应当支持其中一方当事人。而在调解具体纠纷时，他又必须保持调解的实质公平，赋予平衡双方当事人力量的权利和义务，有责任帮助当事人达成公平的和解协议。该规则对调解员的伦理提出较高要求，反映了对调解程序实质公正的追求，对规范我国调解员调解行为有重要指导意义，有助于使调解员的行为在实践中获得正当性评价和当事人的认同。

(三) 我国香港地区调解员中立的职业伦理规定

《香港调解守则》在“一般责任”条款中规定：“调解员必须公平地对待调解各方，对任何和解协议的条款不得有任何个人利害关系，不得偏袒任何一方，需要在合理的情况下应调解各方的要求提供调解服务，并确保调解各方均获告知调解程序。”内地—香港联合调解中心制订的《调解员专业守则》第1条规定：“调解员需以公正、专业和合理的方式进行调解，并在其言谈、行为和表现上不可有任何偏袒、偏见和不合标准的情况。”

值得一提的是，《香港国际仲裁中心家事调解员专业实务守则》不仅从促成调解协议、谈判技巧、调解进行把控等环节就确保调解员公平调解进行具体设定，而且从律师调解员、辅导员或治疗员等不同角色扮演角度就调解员保持中立的责任进行具体规范。专业性的调解员职业伦理规范一方面表明该地区发达的调解程序及调解员职业化水准，另一方面，这也为内地的调解员职业伦理规范树立了榜样。

---

① 范愉，史长青，邱星美．调解制度与调解人行为规范——比较与借鉴．北京：清华大学出版社，2010：164-165.

三、我国关于调解员中立的职业伦理规定及其配套制度

(一) 调解员中立的内容

尽管我国目前尚未形成调解员职业伦理的规范体系，但关于中立规范的职业伦理已然在调解制度改革轨道中生根发芽。举例而言，2009 年最高人民法院公布的《关于建立健全诉讼与非诉讼相衔接的矛盾纠纷解决机制的若干意见》第 27 条规定："调解员应当遵守调解员职业道德准则。人民法院在办理相关案件过程中发现调解员与参与调解的案件有利害关系，可能影响其保持中立、公平调解的，或者调解员有其他违反职业道德准则的行为的，应当告知调解员回避、更换调解员、终止调解或者采取其他适当措施。除非当事人另有约定，人民法院不允许调解员在参与调解后又在就同一纠纷或者相关纠纷进行的诉讼程序中作为一方当事人的代理人。"该规定将中立、公平作为调解员的基本伦理规范，但没有明确规定调解员主动披露利害关系信息、主动退出调解的义务，也没有赋予当事人自主决定调解员去留的权利，而是将"法院发现"，作为调解员退出调解的前提，具有一定的职权强制性。

在我国，调解的中立和公正是密不可分的。调解员在个人伦理层面理应遵从社会伦理内容，将正义作为指导调解工作的精神规范予以落实。① 在实践中，产生纠纷的双方当事人的往往希望调解员能够帮助其化解纠纷，并能实现自己朴素的正义观。调解员则会根据自己的正义观去判断双方当事人的过去行为和将来计划是否符合正义性要求，并努力促使双方当事人作出符合"正确"价值观的决定。在具体案件的调解过程中，要获得当事人信任，调解员必须秉持中立职业伦理规范，公平地对待双方当事人，让当事人双方感受到调解员是公正的。当前，我国调解员中立规范应包含以下内容：(1) 调解员应保持中立地位，不应偏袒任何一方当事人。(2) 与案件处理结果有利害关系的调解员应当自行回避，但双方当事人均同意调解的除外；任何一方当事人要求调解员回避的，调解员应当回避。(3) 调解员不应以获取私利为目的进行调解，调解员不得在具体案件中获取私利。

---

① 何阳，孙萍．有序推进人民调解员职业化——兼评昆山市人民调解员职业化制度．中国劳动关系学院学报，2017 (3)：96.

（二）调解员中立的职业伦理配套制度

贯彻调解员中立之职业伦理规范，除调解员本身应将中立作为自身的职业价值追求而贯穿于整个调解过程外，健全相关配套制度亦十分必要。

1. 健全调解员的遴选机制

在调解中，体现调解员中立性的一个突出表现是：调解员的职能是在调解过程中起沟通作用，适时为双方当事人提供协商、对话的机会和场合，保障当事人自主决定调解内容和调解结果等重大事项，激发当事人参与调解的积极性。健全调解员的遴选机制，确保双方当事人有自主选择调解员的自由和权利是落实调解员中立规范的首要举措。

当事人之所以选择调解解决纠纷，很大程度上是因为其可以选择自己满意和信任的调解机构和调解员。在调解机构直接指派调解员的情形下，当事人有权自主决定接受、不接受或者终止调解。例如，甲方和乙方同时选择行业调解机构 A 作为纠纷解决的调解组织，该行业调解机构提供调解员名册供双方当事人自由选择合意的调解员，名册中是该行业调解员的名字、相片、所擅长的领域、成功调解个案的介绍和收费标准。当然，有些调解员是不收取费用的，他们是隶属于某公益组织的志愿者。甲方当事人和乙方当事人可以通过浏览调解员名册来选择调解员，最终由双方当事人达成一致意见。

2. 明确调解员的公开提示义务

调解员应当公开提示可能影响其中立性的任何个人信息。具体而言，为保持中立性，调解员应当毫无保留地公开相关个人信息。由于调解员的身份和职权来源于当事人的共同合意，因而，必须在各方当事人明确同意下，特定第三方才能以调解员的身份履行调解职责。调解员在行使各项职责和权利时，必须向双方当事人履行公开提示义务，其范围应当是全面的、完整的信息，包括调解程序、纠纷事由、协议内容等事项，也包括与调解相关的培训和经历。如在调解开始时，调解员必须向当事人作以下介绍性陈述：“大家好，很高兴各位选择调解程序，我是某调解中心的调解员。我接受过专业调解技能培训，拥有人民调解（或商事调解、律师调解）员资格，参与调解过多件纠纷，今天由调解中心指定我为本次纠纷调解员。请问各方对此是否有异议？”调解员公开提示义务的履行是从外观上保证其中立性，而介绍性的公开提示行为亦为合意调解的开展定下中立的基调。

3. 确立调解员控制程序原则

调解员应当控制调解程序。采用何种调解方式，调解过程中发言顺序、发言时间的分配等由调解员主导。[①] 调解员应注意对当事人参与程序的把控，平衡双方当事人在调解过程中的话语权，让各方当事人都参与进来，不能让某一方当事人在陈述中过于强势。另外，调解员面对不断变化的情形，需要去评估和决定作出何种适当的行为。调解员通过对程序运行的整体控制，使自身处于中立地位。在这一过程中，调解员应当将中立原则作为提升调解质量的一个模范伦理追求。在调解过程中，如若双方当事人力量失衡，占优势地位的一方当事人往往会占据“上风”而据理不让，如果调解员不适当进行说服、教育，处于弱势地位的一方当事人的叙述有可能被边缘化。为了防止强势当事人对弱势当事人施加压力或者强制，损害弱势当事人的自治，调解员不仅要向各方当事人提供平等的叙述和反驳机会，还要通过提建议的行为来尽可能平衡双方当事人的力量分配。调解员的中立是一个动态的过程，在这一过程中，调解员通过提建议的方式对当事人参与程序的地位进行把控，以此平衡双方当事人的力量。

4. 确立当事人自主决定结果之调解规则

在司法实践中，人们希望调解员能够帮助当事人达成公正的调解协议，在此情形下，调解员的正义观会自然地渗透到调解程序中。在大部分调解中，调解员会结合双方当事人的意愿，根据自己对纠纷事实的分析、理解和判断，给双方提出建议性的纠纷解决方案，促成调解协议的达成。调解员应当有意识地确立自己的价值观，适当减少对当事人观点的主观性评价，而将关注点从当事人陈述的正当性转移到帮助当事人寻求双方都能接受的最佳方案上来，致力于促成双方当事人达成满意的调解结果。因此，调解员要不断培养和提升自身的职业素养和调解能力，掌握在个案中保持公正性的技巧和方法，在不损害当事人自治的前提下，实现对中立性的追求，避免产生非公正性的外观。

---

① 当然，当事人对于是否选择调解，对于调解程序是否继续进行有决定权。

第三节　保密规范

为确保当事人能真实表达自己的意思，创造良好的环境以消除当事人的后顾之忧，保密原则不仅是调解制度的一项基本原则，也是调解员职业伦理规范的重要内容。众所周知，调解以不公开进行为原则。不公开的调解过程就必然会引申出参与调解的主体要对调解程序和调解信息进行保密的义务。调解保密原则约束的主体包括双方当事人和调解员。本节仅就调解员这一主体从义务及特权角度对保密性规范的内涵予以具体论述。

一、保密义务与保密特权的基本内容

（一）保密义务的基本内容

1. 保密义务的内涵

其一，调解程序的保密义务。调解程序的保密与“民事诉讼的公开审判制度相对，指的是在调解过程中，除特殊情形外，与案件无涉的其他公民不得旁听，新闻媒体不得采访与报道，参与调解或者参加旁听的人员不得随意泄露调解过程中公开的调解信息。调解程序保密性是调解保密性的最基本含义”[①]。现代意义的调解均以不公开为原则，以公开为例外。调解员作为整个调解程序的主导者，应当确保各方当事人在调解过程中能获得均等的调解信息。即使在“背靠背”的调解模式下，调解员也不得向任何一方隐瞒与调解有关的信息。但是，调解员应确保整个调解过程是秘密进行的，不得允许公众和媒体旁听。

其二，对调解信息的保密义务。调解信息的保密是指“调解信息保密性。调解信息保密性又分为对内保密性和对外保密性。对内保密性是指秘密调解信息未经当事人同意不得向对方当事人公开。调解有面对面方式和背靠背方式。前者是指双方当事人与调解人同时参加的调解；后者是指一方当事人与调解人参加的调解。在背靠背调解中，当事人可能会向调解人

① 肖建华，唐玉富．论法院调解保密原则．法律科学，2011（4）：140.

提供某些技术性信息或者个人隐私等，不希望对方当事人获悉，进而展露其接受调解方案的底线，调解人就应向该方当事人承担保密义务”[①]。调解员在调解中处于居中协调的地位，能够掌握较多的案件信息及调解信息。同时，调解保密原则的内在要求是调解员不得向外界披露调解的相关信息[②]，所以在调解结束后，调解员在后续的法律程序中不得向法院、行政部门或其他可能对所调解的纠纷作出裁判的机构作出报告、评估、评价、建议、调查结论，或者披露其他与调解有关的信息。[③] 此外，对于参加调解的纠纷当事人，调解员也应当提示其对调解过程中获知的信息有保密的义务。

2. 保密义务的例外

调解员职业伦理规范应当明确调解信息的保密范围。保密的信息范围过窄，则不利于实现“促使调解无后顾之忧地进行”之宗旨。保密信息范围过于宽泛，又可能为当事人滥用调解程序、逃避法律审查提供可乘之机。我国调解员职业规范可以借鉴域外有益经验，通过明确保密例外情形的方式来确定保密的范围。具体而言，调解员可以披露下列信息：（1）调解进程和程序性事项，即调解是否发生或已经终结，是否达成和解协议及出席调解的情况等；（2）出于对公共利益和他人合法利益的关注，向有关公共部门披露威胁弱势方当事人及他人安全的信息。

3. 保密义务的免除

当事人在调解过程中可以通过签订协议自行设定保密规则和保密信息的范围，也可以书面或口头同意的方式免除主体的保密义务，如果是口头同意的，必须以笔录的形式予以记录。

（二）保密特权的基本内容

1. 保密特权的内涵

调解主体的保密特权包含两方面的内容：一是各调解主体有权拒绝披

---

① 肖建华，唐玉富．论法院调解保密原则．法律科学，2011（4）：140.

② 判断调解获知的信息是否属于保密性信息的标准有二：一是信息被透露后，信息方当事人的实际利益是否会受到影响；二是信息被披露后，是否将影响调解员的公正地位。

③ 在法律程序之外的场合是否应当对调解信息保密，调解主体可以通过约定的方式确定这种义务。

露信息；二是各调解主体有权阻止他人披露自己作出的调解信息。调解员基于职业上的信赖关系，对于因当事人信赖而被告知或知悉的事项、秘密，拥有保密特权。当法庭传唤调解员出庭作证时，其可以引用这一特权规定。

2. 保密特权的排除

其一，法律明确规定应当予以公开的内容。调解主体的保密特权不优先于法律的明确规定。保密特权排除法律明确规定应当予以公开的内容或者在公开的调解会议中形成的信息。例如，保护儿童的法律中规定应当对虐待、遗弃儿童的信息予以公开。如果是公开调解会议，则意味着是调解主体基于自愿而对公众公开调解信息，不存在调解之后的信息保密问题。

其二，调解员违反职业伦理准则的证据。对于调解员执业不当或玩忽职守信息的披露，有助于增强调解员的责任，提高调解质量。调解组织或调解行业协会可以据此取消该调解员的执业资格，将不胜任或缺乏职业道德的调解员剔除出调解行业。

其三，利用保密特权掩盖犯罪事实的情形。当行为人试图利用调解准备实施或正在实施犯罪时，应剥夺其保密特权。例如，在调解过程中，若出现一方当事人A对另一方当事人B进行人身伤害或实施暴力犯罪的威胁的情形，当事人A不得就该类调解信息主张保密特权。

其四，侵害公共利益、他人合法权益的信息。这是一项兜底性的规定，在调解过程中，凡是涉及侵害公共利益或他人合法权益的信息，应当进行利益衡量，如果侵害的公共利益或他人的合法权益相较于违反保密规则所侵害的法益更值得保护，则意味着调解主体不得拒绝披露该调解信息，也无权阻止他人披露该调解信息。

3. 保密特权的放弃

调解主体在调解的过程中可以通过书面或口头明确同意的方式放弃保密特权，如果是以口头形式同意，调解员应当以笔录的形式记录下来，这可以减轻其举证的难度。调解特权不允许通过行为默示放弃。值得关注的是，当事人放弃自己所作调解信息的保密特权不受其他调解主体制约。而调解员和其他参与人放弃自己的保密特权需要受当事人的制约，只有同时取得双方当事人对该信息放弃保密特权的同意，该调解信息才能在法庭上作为证据。

二、美国、澳大利亚及我国香港地区关于调解员保密的相关规定

（一）美国调解员保密的职业伦理规定

《美国统一调解法》对保密义务主体的规定非常广泛，即包括调解人在内的程序参与人都享有保密特权。该法第 4 条则是对保密特权、证据可采性的规定："在法律程序中享有以下特权：（1）调解当事人有权拒绝披露并有权阻止任何其他人披露调解信息；（2）调解人有权拒绝披露并有权阻止任何其他人披露当事人以外的参加人作出的调解信息；（3）当事人以外的参加人有权拒绝披露并有权阻止任何其他人披露当事人以外的参加人作出的调解信息。"同时规定："原来具有可采性或受制于发现程序的证据或信息，不因其在调解中被披露或使用过，就失去其可采性或不受制于发现程序。"① 该规则明确规定了保密特权的内涵，并赋予当事人协议放弃保密特权的权利。另外，还对调解中出现的证据可否在法庭上被法官采纳的情形进行了规定。《联邦证据规则（2010）》第 501 条赋予法官创制证人免证特权的裁量权，这被认为是创制了调解参与人的免证特权。② 美国《调解员行为示范标准》提到，若调解员涉及教学、科研或有需要对调解进行评估而收集调解相关信息，调解员应确保当事人匿名并遵守合理的保密期待。③

尽管保密规则更多的是对调解当事人这一主体作出的设定，但这并非强调调解人无须受到保密伦理规范的约束，毫不夸张地说，调解人不仅肩负着帮助双方当事人调解纠纷的本职责任，在诉讼调解中，其还肩负着辅助法庭了解案件事实、兑现保密承诺的伦理义务，正如中立的职业义务一般，保密已然融于调解员的伦理义务之中。这关乎了调解保密协议、保密特权及证人作证特权等多个环节，对构建我国的调解员伦理职业规范具有借鉴意义。

---

① 范愉，史长青，邱星美．调解制度与调解人行为规范——比较与借鉴．北京：清华大学出版社，2010：163.

② 齐树洁主编．外国 ADR 制度新发展．2 版．厦门：厦门大学出版社，2017：554.

③ http：//www.abanet.org/dispute/news/ModelStandardsofConductforMediatorsfinal05.pdf.［2010-01-14］；赵云．调解实务与技能．北京：清华大学出版社，2011：28.

（二）澳大利亚调解员保密的职业伦理规定

《澳大利亚最高法院法案》第 24 条规定，在调解中所作的一切陈述、交流和讨论均通过书面协议的形式记录并严格保密。新南威尔州《民事诉讼程序法案》第 30 条规定，除了法院授权披露之外，调解员不得披露调解中获知的任何信息。昆士兰州《纠纷解决中心法案》第 29 条也规定调解必须不公开进行。[①]《澳大利亚仲裁员和调解员协会调停和调解规则（2011）》就程序的保密性规定，除非基于调解或者调停之目的，不得使用调解或者调停程序中披露的任何信息。保密性的例外情形主要包括法律强制披露，未达成某一目标或纠纷解决目的而在必要限度内披露等。首席大法官斯皮格曼（Spigelman）针对法院附设调解制度提出，“必须采取适当的法律措施以保证调解员保守秘密，调解员自己也要遵守保密义务”[②]。这为我国调解员保密性伦理规范的设置提供有益参考。

（三）我国香港地区调解员保密的职业伦理规定

《香港调解守则》第 4 条规定：“(a）调解员及其职员必须将调解过程所产生或与调解工作有关的所有资料保密，但若藉法律或基于公共政策理由而被强制者则作别论。(b）对于任何一方在机密的情况下向调解员披露的资料，在未取得事先准许的情况下不得向另一方披露。(c）若这些资料包含对人命或人身安全构成实际或潜在威胁的内容，则上文第 4（a）段及 4（b）段所述守则并不适用。”[③] 内地—香港联合调解中心制定的《调解员专业守则》第 4 条规定：“调解员须把调解过程中、事前及事后的所有数据保密，包括任何口头、书面或电子形式的通信，若获当事人同意则作别论。”《香港律师会调解员道德守则》在对“保密原则”的设定中强调，调解员的保密性伦理规范包含保密告知义务，调解员应当通知参与调解各方对调解过程的通讯内容予以保密，包括对单独会面信息的保密。《香港国际仲裁中心调解规则》尽管未就调解员保密性伦理规范作出针对性指引，但亦对调解程序的进行及调解或者和解协议的执行等环节的保密性作出相对宽泛的规则设置。

---

① 蒋惠岭主编．域外 ADR：制度·规则·技能．北京：中国法制出版社，2012：228.

② 娜嘉·亚历山大主编．全球调解趋势．王福华，等译．北京：中国法制出版社，2011：49－50.

③ https：//www.doj.gov.hk/chi/public/pdf/2010/med20100208c_annex7.pdf.［2018－07－17］.

三、我国关于调解员保密的职业伦理规定

为了适用形势需要，《中国国际贸易促进委员会/中国国际商会调解中心调解规则（2012）》第22条规定："调解员、当事人及其代理人、证人、专家、调解中心工作人员以及其他参与调解过程的人员对于调解事项均负有保密义务。各方当事人另有约定或法律法规另有规定的除外。"《中国国际贸易促进委员会/中国国际商会调解中心调解员守则》第10条规定："调解员应当严格保守秘密，不得对外透露任何有关案件实体和程序上的情况，包括案情、调解过程、调解商议、调解结果等情况。"《北京仲裁委员会调解中心调解规则（2011）》第18条第3款规定："调解员可以将一方当事人在另一方当事人不在场的情况下陈述的有关情况告知另一方当事人，以便另一方当事人作出相应说明。但作出陈述的一方当事人明确反对或者要求调解员予以保密的除外。"

事实上，2008年中国国际贸易促进委员会及中国国际商会调解中心审议通过的《调解员行为考察规定》也将调解员的保密性伦理规范作为重点内容予以吸收。受域外立法、实践影响，最高人民法院在司法改革过程中对调解员的调解信息保密义务亦作出规定。最高人民法院《关于进一步发挥诉讼调解在构建社会主义和谐社会中积极作用的若干意见》第12条、《关于建立健全诉讼与非诉讼相衔接的矛盾纠纷解决机制的若干意见》第19条明确规定了所有调解主体的保密义务，其中后者规定了保密义务的三种例外情形："（一）双方当事人均同意的；（二）法律有明确规定的；（三）为保护国家利益、社会公共利益、案外人合法权益，人民法院认为确有必要的。"2015年最高人民法院《关于适用〈中华人民共和国民事诉讼法〉的解释》第146条规定："人民法院审理民事案件，调解过程不公开，但当事人同意公开的除外。调解协议内容不公开，但为保护国家利益、社会公共利益、他人合法权益，人民法院认为确有必要公开的除外。主持调解以及参与调解的人员，对调解过程以及调解过程中获悉的国家秘密、商业秘密、个人隐私和其他不宜公开的信息，应当保守秘密，但为保护国家利益、社会公共利益、他人合法权益的除外。"

综观我国的调解实践，在法院和调解组织内部，经常可以看到经编辑、

发布的调解“案例”，这些“案例”不仅用于调解培训，还用于对调解的宣传，甚至对外公开发布包含调解纪录和调解协议内容的书面材料或者视频信息等。这些调解信息是否符合保密规则的例外情形目前尚无法求证。目前我国调解员保密性的文本设置多为原则性规范设定，不仅立法层级相对较低，且未关注调解员保密职业伦理规范的精髓，至少当调解员将调解案件作为教学、评估、研究案例时，如何就相关信息予以保密设定，这仍然需要从立法及实务层面付出努力。

第四节　避免利益冲突规范

为确保调解过程和结果的公正，调解员应当避免自身利益与当事人的利益之间产生某种形式上的对抗或冲突。在调解的任何阶段，调解员一旦发现自身与某方当事人存在可能影响其中立和公正的情形，应当立即向所有当事人披露，并主动提出拒绝、退出调解。[①] 在调解中，如果出现可能存在利益冲突的情形，既不利于调解员恪尽职守，也会削弱调解员的公信力。为妥善处理这一利益冲突，调解人与双方当事人除在正常的调解场所、调解时间就调解事项进行交流外，应尽可能保持物理隔离，以保证整个调解过程及结果的中立与公正不被人为破坏。

一、避免利益冲突规则的内涵

避免利益冲突规则贯穿调解的全过程，包括调解前、调解结束后。调解员避免利益冲突规则分为调解中避免利益冲突规则和调解结束后避免利益冲突规则。调解结束后避免利益冲突规则指调解员在调解不成的情况下，不得在后续的程序中，担任可能产生利益冲突的角色，如担任一方当事人的代理人、仲裁人、法官。在判断担任某种角色是否会和任何一方当事人

---

① 利益冲突是专业服务领域中的一种现象，即委托人的利益与提供专业服务者本人与其所代表的其他利益之间存在某种形式的对立，进而可能导致委托人的利益受损，或者可能带来专业服务品质的实质性下降。王进喜主编．司法鉴定职业行为规则建议稿与释义．北京：中国法制出版社，2016：55－56.

产生潜在的或实际的利益冲突时，调解员应当考虑距离调解程序结束的时间长短、角色的性质、角色提供的是何种服务、当事人的意见。事实上，调解员在其后的案件中可否担任某一角色，往往受到该角色回避制度的限制。具体而言，避免利益冲突规则具有以下内容。

（一）调解员的合理调查义务

调解员应当合理调查、识别在调解的任何阶段所产生的任何导致潜在的利益冲突的事实。在调解程序开始之前，调解员应当根据现有的实际情况合理调查，让当事人充分了解调解员在本案中可能存在的任何导致利益冲突的情形，并据此作出是否允许调解员继续留任的决定。这有利于当事人及时选择可替代的调解人，保障当事人合法利益不受损害。在调解过程中，调解员应该以合理的方式来询问当事人和其他参与人以确定是否可能存在利益冲突。例如，调解员在获得一起案件后，其合理的调查义务应当是在调解之前对其事务所范围内的利益冲突进行调查。调解员若从社区调解组织那里获得的一起私人之间的纠纷案件，在调解前则要对调解人与当事人及其他参与人之间是否存在潜在的利益冲突进行调查。有关调解员是否尽到合理调查义务的判断标准，应该结合每个调解案件的实际情况判断，应为能达到保护当事人自由、充分地“自治”的程度即可。

（二）调解员个人信息及时披露义务

调解员个人信息及时披露义务是指调解员要在法律、法规、规章以及其他规定要求的时间内，以指定的方式披露个人信息。北京仲裁委员会《调解员守则（2014）》对调解员应当予以披露的情形规定得比较全面、具体，可以广泛运用到各类调解案件中。守则第 9 条规定：“调解员接受选定或指定的，有义务书面披露可能引起当事人或者代理人对其独立性或公正性产生合理怀疑的任何事由，包括但不限于：（一）与调解案件争议事项有利害关系；（二）在接受选定或指定前曾与当事人或代理人讨论案件情况或提供过咨询的；（三）在接受选定或指定前或调解进行中接受过当事人或代理人的请客、馈赠或者提供的其他利益的；（四）与当事人或代理人有同事、代理、雇佣、顾问关系的；（五）与当事人或代理人为共同权利人、共同义务人或有其他共同利益的；（六）与当事人或代理人有较为密切的交谊或嫌怨关系的；（七）其他可能对调解员独立性或公正性产生合理怀疑的情形。"①

在上述情形中，调解员仅能在下列条件均满足的情况下，才能接受或者继续留任调解业务：(1) 所有当事人均明确表示同意；(2) 调解员能够保证在调解过程独立、公正。实际上，调解员的披露义务作为一项非普遍义务，披露的程度往往要视实际情况而有所不同。在调解实践中，当事人可能会选择有利益关系的内部知情人作为调解员参与调解，并确信调解员在调解中会秉持中立与公正。由于内部调解员更了解案情，参与的案件可能关乎自身的利益，因而可能会投入更多的精力和热情到案件中，这有利于调解的顺利进行。在这类调解中，当事人就不会去计较其与调解案件或另一方当事人的利益关系，因此也就没有必要设置避免利益冲突规则。值得注意的是，纠纷往往产生于陌生人社会之中，当事人对调解员相关信息知之甚少；并且，调解员队伍也在不断优化，正朝着的职业化、专门化、规范化的方向发展。这对调解员关于个人信息的及时披露也提出了新的、更高的要求。当然，调解员个人信息及时披露义务，也不应成为当事人、参与人打探调解员个人背景、隐私的手段。

（三）调解员主动拒绝或退出调解的义务

利益冲突是否会影响调解员中立、公正地调解，判断和决定的权利首先掌握在参与调解的双方当事人手中。调解员在披露造成实际或潜在的利益冲突的事实后，当事人对调解员选择、是否回避、是否继续留任等均具有决定权。调解员在调解程序启动前，有义务告知所有当事人他们有权自行终止调解程序。但是，调解员面对可能出现的利益冲突的事实，出于自律性，对自身是否能保证调解的公正性也需要进行考量，若认为利益冲突足以影响自身在调解中的公正性，无论当事人双方是否同意其继续留任，都应主动回避、拒绝或退出调解。对调解员来说，回避既是一种权利，也是一种义务。

二、美国、澳大利亚及我国香港地区关于调解员避免利益冲突的相关规定

由于调解员的利益冲突规则在我国缺乏茁壮成长的土壤，因而没有形

---

① 北京仲裁委员会官网 . http：//www. bjac. org. cn/page/tj/tiaojieyuanshouze. html. [2018 - 07 - 17].

成完善的规则体系，只是散见于特定的调解组织规则中。且一些调解组织在实践中存在着一些极端不规范的做法，鉴此，我们可以借鉴域外有关调解中利益冲突规则的规定和经验，为构建我国统一的调解员职业伦理规范添砖加瓦。

（一）美国调解员避免利益冲突的职业伦理规定

1. 美国《调解员行为示范规范》

美国《调解员行为示范规范》第 3 条规定：“（1）调解人应当在调解过程中和调解结束后避免出现利益冲突或利益冲突外观。（2）调解人应当对是否存在潜在的或实际的利益冲突进行合理调查，可以视实际情况而有所不同。（3）调解人应当尽快披露所有可能被合理认为会影响其公正性的实际的和潜在的利益冲突。披露之后，如果所有的当事人均同意其留任的，调解人可以继续主持调解程序。（4）如果调解人在接手调解案件之后发现了潜在的或实际的利益冲突事实，应当立即予以披露。披露之后，如果所有的当事人均同意其留任的，调解人可以继续主持调解程序。（5）如果调解人的利益冲突被合理地认为破坏了调解的公正性，调解人应当不顾当事人合意要求其留任的意愿而退出调解或拒绝继续主持调解。（6）在调解结束后，调解人不应当与任何一方当事人就任何事项另行建立某种可能影响调解程序公正性的关系。”[①] 该准则第 3 条明确规定了调解员的个人信息披露义务应延伸至调解结束后，并且规定调解员负有合理调查义务。

2.《美国统一调解法》

《美国统一调解法》将这一义务表述为“根据情况进行合理调查”，表明调解员的利益冲突调查义务不是绝对的，只要符合该规范所追求的目标即可。另外，该规范也将利益冲突是否会妨碍调解员公正调解的判断权和决定权交给当事人。但是，调解人如果基于自律性，也可以不顾当事人合意而主动拒绝、退出调解。《美国统一调解法》第 6 条将调解员的披露义务延伸至接受调解案件之前，并且列举了具体的利益冲突情形，即“包括与调解结果存在财产上或人身上的利益以及与调解当事人或可预见的其他调

---

① 范愉，史长青，邱星美．调解制度与调解人行为规范——比较与借鉴．北京：清华大学出版社，2010：168.

解参与人存在着或曾经存在某种关系"[①]；并规定了调解员违反披露义务的后果，即不得主张"保密特权"。美国也是要求调解员因不履行信息披露义务而承担惩罚后果的少数国家之一。《美国统一调解法》第9条规定，调解员违反信息披露义务的，调解员无权拒绝披露或者阻止他人披露调解员作出的调解信息。当然，在调解员丧失保密特权时，当事人和当事人以外的参加人仍旧可以提出并主张自己的保密特权，从而阻止丧失保密特权的调解员就有关调解信息提供证据。我国对于调解员违反披露义务的后果没有作出明确规定，将其作为一种行业自律性规则。但若对调解员违反信息披露义务施加相应的民事制裁或刑事制裁手段，恐极大挫伤人们出任调解员的积极性，不利于调解员职业化队伍的发展。

（二）澳大利亚调解员避免利益冲突的职业伦理规定

澳大利亚法律委员会制定的《调解人行为准则（2000）》第2条规定："开始调解之前，调解人必须披露自己已经知道的所有实际的或潜在的利益冲突。如果利益冲突出现在调解过程中，也必须予以披露。披露之后，如果所有当事人都同意并且调解人认为该利益冲突不会影响调解人职责的适当履行时，调解人可以继续指挥调解程序。调解结束后调解人不必进行上述披露。"[②] 该规则将调解员在调解前、调解过程中的信息披露义务分别予以规定，强调调解员在调解结束后不负有信息披露义务，没有设立调解后避免利益冲突规则，不利于维护调解的公正性，甚至影响调解信息的保密。

（三）我国香港地区调解员避免利益冲突的职业伦理规定

《香港调解守则》规定："调解员必须以公正无私的态度对待调解各方。调解员若有可能或曾与任何一方之间有任何从属/利害关系，必须向调解各方披露；如属这情况，调解员必须在展开调解程序前取得调解各方的书面同意。"内地—香港联合调解中心制定的《调解员专业守则》第2条规定："调解员必须向各方当事人及本中心披露所有其知悉的实际及潜在利益冲突，并须在披露有关利益冲突后，拒绝进行调解，若各方当事人同意则作别论。有关防止利益冲突的守则在调解期间及其后皆适用。"事实上，调解

---

① 范愉，史长青，邱星美．调解制度与调解人行为规范——比较与借鉴．北京：清华大学出版社，2010：163.

② 史长青．调解人行为规范的国际视野与国内现象解读．民事程序法研究，2010（00）：185.

员在避免利益冲突时，往往与调解员中立职业伦理要求密切相关，诸如接受调解当事人及其律师的礼品将对调解程序的公正性造成一定程度的质疑。作为专业性的纠纷解决服务人员，调解员如果在实施某种行为时可能给双方当事人带来潜在或者实际意义上的利益冲突，此时调解员已然不具备合格调解员的资质，他应当主动退出调解程序，并建议当事人另外寻找其他调解员或者机构组织提供纠纷解决的帮助。毫无疑问，调解员实施了触犯避免利益冲突的行为时，已然属于违反调解员一般行为规范，在某种意义上表明其不具备胜任调解员的资格，调解组织应重新评教其调解员的从业资质。相较于调解制度发达的美国、澳大利亚等国家，我国香港地区关于调解员避免利益冲突的规范显得相对抽象，但这仍然可为内地调解员职业伦理规范的制定提供方向指引。

三、我国关于调解员避免利益冲突的职业伦理规定

由于我国各类调解制度性质不同，因而对调解员避免利益冲突的规定也有所差异。比如，在我国广泛存在的基层人民调解、行政调解等，大部分由熟人或内部人员担任调解员，因而避免利益冲突规则在以上调解场合并不适用，或者本身存在难以规避的逻辑自洽。但必须强调的是，避免利益冲突规则在商事调解领域存在广泛的适用空间。比如，《中国国际贸易促进委员会/中国国际商会调解员守则》第 11 条规定："在当事人申请调解之前就案件实体问题向当事人提供过咨询意见的任何人，不得担任案件的调解员。"第 12 条规定："调解员在调解失败之后，在其后的仲裁程序中，不得充当任何一方当事人的仲裁代理人。"这些条文明确了商事调解中调解员的个人信息披露义务，同时考虑了当事人的意见，当事人在充分了解调解员存在的利益冲突之后，可以作出允许或不允许其继续留任调解的决定。即便在非商事调解中，也存在避免利益冲突的规定。例如，《北京仲裁委员会调解员守则》第 11 条规定："调解员应确保当事人理解其中立角色，而非一方当事人的代理人。调解员不得向任何一方当事人提供影响其中立地位的法律咨询。调解员不得进行误导性宣传，并不得保证调解结果。"由此看来，在调解员避免利益冲突的职业伦理规范设定上，我国已具备一定的条文框架基础。

第五节　公正、勤勉规范

一、公正规范

程序公正与实体公正具有内在的一致性，二者的最终目的都是追求纠纷的公正化解与社会正义。在调解活动进行中，要保证调解结果的公正性，调解程序公正起着至关重要的作用，即必须按照调解程序规范规定的程序进行调解。具体到调解员的职业伦理层面，调解员应当公正地推进调解程序。

就域外关于程序公正之调解员职业伦理设置而言，美国《调解员行为示范规范》第6条规定："（a）调解员应力保其调解勤勉、及时、安全、适当的参加者出席、当事人参与、程序公正、当事人适格且所有参加人相互尊重。（b）调解员若知悉当事人之间存在虐待或者家庭暴力行为的，应采取适当措施，包括必要时推迟、退出或者终结调解程序。（c）调解员若认为调解参加者包括调解员自身行为危及依照本规范进行的调解时，应采取适当措施，包括必要时推迟、退出或者终结调解程序。"《欧洲调解员行为》第3.2款规定："调解员应当保证全体当事人都有充分的机会参与到调解程序中来，若当事人达成和解协议，但调解员认为协议不可执行或者违法，或者调解员认为继续调解程序没有达成和解的可能性等，调解员应通知当事人，终结该调解程序。"①

程序公正具有保障实体公正实现的作用，程序公正对于实体公正又具有独立性。对于调解程序的公正性而言，调解员应当切实履行程序公正的职业伦理，协助当事人在自由、自愿、知情且意思表达真实的情况下达成调解共识。调解员应保障参与纠纷解决的双方当事人的陈述权，平等地为当事人分配陈述的时间。但应注意的是，对于调解程序的公正性，不能像对诉讼程序一般遵循严格的程序规范，就对调解程序公正的把握应赋予当事人更大的自主选择权，例如，对调解员的选择权、调解协议事项达成与

① 蒋惠岭主编．域外ADR：制度·规则·技能．北京：中国法制出版社，2012：552－573.

否的选择权等，对程序公正的把握应与调解的灵活性、效率性相匹配。① 这一切都有赖于调解员对于程序公正之职业伦理规范的遵循。

二、勤勉义务

为保证调解的质量，调解员负有勤勉义务。忠于职守、勤勉尽责是调解员应当遵守的职业伦理规范。勤勉尽责，要求调解员应当不断学习有关知识、技能和经验，努力为双方当事人营造一个平等、公正的调解平台，督促双方当事人遵守调解规则，采用灵活且行之有效的方式推进和引导调解进程，并积极促使调解取得圆满结果。

勤勉义务是评判调解员是否称职的基本标准，是一项积极的义务。调解员是整个调解过程的捍卫者，必须勤勉地开展调解。被选定的调解员在接受调解任务前，应当综合判断自己是否有能力做好调解工作。如果当事人提出相应要求，应当向当事人披露自己处理这方面案件的经历、经验和知识背景。如果调解员认为自己缺乏相应的能力和专业知识，应当拒绝调解，并向当事人披露其不能胜任调解工作的相关信息。在调解前期，调解员应当让当事人了解调解程序的性质和内容。在调解过程中，调解员应当确保当事人有充分的机会参与调解，并鼓励当事人在相互尊重中开展调解。在调解程序的后期，调解员必须保证双方当事人达成的调解或者和解协议是自愿、合法、可供执行的。

真正常态化的长效工作机制是让各种纠纷解决机制积极参与、多元共治、各取所长、各尽其能。② 而要真正在我国建立一个成熟、完善的调解机制，必然要求形成一个完整、规范、有效、合理的调解员职业伦理体系。调解员只有遵循一定的职业伦理规范，方能推动调解事业的良性发展，让调解员队伍朝着专业化、职业化、规范化的方向发展，使调解在社会生活、民事交往、经济活动中发挥积极作用。

---

① 王秋兰，邱星美，刘金华，等．我国调解的立法、理论与实践问题研究．北京：中国政法大学出版社，2014：110.

② 蒋惠岭．诉调对接注活力　各得其所真多元．人民法院报，2015－04－17（2）.

第十章　中国调解的时代挑战与未来发展

受现代西方早期纠纷解决模式的影响，调解之于新中国司法制度的正当性问题一度受到广泛质疑，法院审判则被普遍接受为现代中国社会纠纷化解的“正途”[①]。同时，“推崇审判”与“侧重调解”长期被解读为新中国司法政策上的一对悖论——前者被认为代表了中国司法现代化的未来方向；后者则仅仅是中国法治建设尚未完全建成之前的一种权宜之计。随着法治化进程的推进，后者终将为前者取而代之。因此，新中国调解实践虽然兴盛，但作为一种终将逐渐消逝的过渡性的解纷策略，学界对其未来发展问题缺乏密切关注与深入思考，是再自然不过的事情。然而，随着19世纪70年代西方诉讼爆炸时代的来临，以调解为主要内容的替代性纠纷解决机制在欧美诸国得以蓬勃发展，以制度创新为主要内容的现代调解全球扩张运动也随之展开。受ADR模式与调解全球化运动的影响，中国调解不再被理解成“随着法治进程发展，将逐渐消逝的解纷权宜之计”，而是被视为“现代社会多元纠纷化解机制不可或缺的重要一环”。在此背景下，认真思考中国调解的未来发展问题，探讨其当前面临的现实困境、时代机遇与发展新思路等具体议题，无疑具有重要的理论价值与实践指导意义。

① 李浩．民事审判中的调审分离．法学研究，1996（4）；孙长永．审判中心主义及其对刑事程序的影响．现代法学，1999（4）；徐昀．“调判结合”的困境——以民事审判结构理论为分析框架．开放时代，2009（6）；常怡．中国调解的理念变迁．法治研究，2013（2）．

第一节　中国调解现代转型的现实困境

受西方 ADR 模式与调解全球化运动的影响，同时为了应对转型期社会纠纷激增的现实需求，中国调解在经历了 20 世纪 90 年代的相对沉寂之后，于 2000 年前后再次开启政策强势推进模式。然而，在实践繁荣发展的表象之下，中国调解依然面临着阻滞其科学、专业化发展的诸多方面的现实困境，如观念认识困境、技术路径困境等。

一、观念认识困境

中华帝制时期，调解是维系中国传统社会秩序和谐与稳定的理想之道，其于中国古代社会的正当性理据，细究起来，可以粗略地分为四个层面的原因。

首先，古代中国是由血缘、地缘、姻亲关系等扭结而成的宗法社会，存在明显的家国一体、公私难分的社会结构特征。在"清官难断家务事"的背景下，重道德教谕、轻是非对错的调解，成为维持宗法社会超稳定结构的重要社会治理方式。

其次，中国古代，尤其自汉奉儒学为正统以降，国家意识形态层面大力推崇"仁""义"等伦理教化功能，力图排斥刑罚之功用——"伦理感化，只能在润物细无声的状态中才能达到"①，"如果任刑，势必弱化伦理功能"②。是故，调解发展成为伦理政治德化的便利之门。

再次，儒学追求的理想人格在于，"一个儒家道德君子不应该自降身份卷入纠纷，而应该以'让'和'忍'的态度超然其上"③。这种隐忍超拔的人格追求，与传统调解的解纷理念若合符节，从而使后者被接受为中国传统社会纠纷化解的"圆满之途"。

---

① 任剑涛编著．伦理政治研究．长春：吉林出版集团有限责任公司，2007：163.

② 同①165.

③ 黄宗智编著．经验与理论：中国社会、经济与法律的实践历史研究．北京：中国人民大学出版社，2007：354.

最后，从化解纠纷的支撑条件与专业技术要求来看，一方面，出身科举的中国古代官绅熟读儒家经典，却往往缺乏决狱理案方面的专业训练①；另一方面，中国古代奉行简约治理，“皇权不下县”理念下的基层行政格局与地方财政状况，无力承受公正审判必需的调查取证、对抗式论辩等相对高昂的人力、财力、智识负担。而本诸儒学经典微言大义、说教论理，平衡、庸和各种利益与关系，既少事省心，又契合中国传统权威的思维逻辑。

综上，各种原因错综复杂、彼此连接，共同催生了古代中国的法制生态——调解被广泛接受为成功化解社会纠纷的理想路径，更被不少论者宣称为“东方之花”。

中华人民共和国成立前及成立初期，为了应对法律人才匮乏、司法资源贫瘠的现实窘境，调解成为化解社会矛盾的主要方式。② 中华人民共和国成立前后，调解机制常识化的解纷理念、灵活的程序特色、极低的准入门槛，为有空闲和热心的人士加入“调解大军”打开了方便之门，尤其是作为革命动员机制的一部分，调解制度大量吸纳革命积极分子和思想进步阶层，使其主动介入民众生活的各种纠葛。通过对其情感冲突的反复疏导、切身利益的平衡与维护，调解制度在实现定分止争的法律功能的同时，更加突出地表现为革命动员的政治功能。③

20 世纪 80 年代以来，中国改革开放政策与法制化方针开始推行，以审判为中心的法治理念日益壮大，通过调解化解纠纷的做法相对萎缩。随着民众法律意识的提升和权利观念的逐步确立，法院诉讼的重要性迅速攀升，而调解的政策重要性明显下降。这种重要性的下降到 20 世纪 90 年代中后期达到一个高峰，随之，中国调解陷入相对沉寂之中。

进入 21 世纪，中国社会开始遭遇巨大的维稳压力，各种矛盾纠纷大量涌现，拥有“案结事了人和”美誉的调解再次繁荣。大调解、三调联动机制纷纷登场，交通事故调处中心、医患纠纷调解中心、仲裁调解工作室等纷纷成立。另外，在经济开发区、高新工业园区、基层派出所等矛盾纠纷

---

① 黄仁宇编著．万历十五年．北京：生活·读书·新知三联书店，1997：157－158.

② 高见泽磨编著．现代中国的纠纷与法．北京：法律出版社，2003：217－218.

③ 陆思礼．毛泽东与调解：共产主义中国的政治和纠纷解决．强世功编著．调解、法制与现代性：中国调解制度研究．北京：中国法制出版社，2005：117－135.

多发地域与相关单位，设立人民调解工作室的做法十分普遍。很多地级市、乡镇政府还成立了“矛盾纠纷调处办公室”，由党委、行政一把手挂帅，政法委牵头，党政主要领导亲自参与纠纷的调处。与之相呼应，诉讼压力的日益增大，审期制度、审判责任制的严格推行等，使得法院调解重回主流。总之，“调解优先”再次成为我国司法政策的一个主要基调。

纵观新中国的调解制度，其实践虽然长期轰轰烈烈，但此制度之于现代中国法治建设与社会治理的正当性问题却存在疑问。近代以来，在中西文化制度剧烈踫撞中，西方文明（包括其法治生态与审判模式）发展成为一种“优势话语”，中国传统文化则沦为一种相对而言的“劣势话语”。在此背景下，一方面，西方近现代社会化解纠纷的主导模式——法院审判，遂被提升为优于中国社会传统解纷模式——调解的一套话语体系，调解与审判的抵牾由此肇端。另一方面，在诉讼爆炸时代来临之前，西方社会并未发展出调解与审判相结合的解纷模式。实际上，在此之前，西方并不重视调解制度的解纷功能，而是主要依靠法院审判来裁断纠纷，法院审判被视为公民权利与社会正义的主要保障。西学东渐过程中，视法院审判为现代国家纠纷解决理想模式的理念开始传入，这加深了中国社会关于“审判与调解不能相容”的观念认识。也就是说，奉调解为解纷“法宝”的中国传统做法在遭遇西方文明强势扩张时，从西方解纷理论对调解的一贯忽视，演化为中国社会关于“调解与审判彼此冲突、无法并存”的一种理论认识。

源自西方的“审判模式”与中国传统的“调解模式”被建构成中国现代法文化中截然对立的两种纠纷解决方式。与之呼应，学界代表性论断亦大致分化为两个意见相左的思想阵营。一个贬抑调解的规范性价值，批评其是“不讲原则的和稀泥”，主张移植并发展诉讼制度，才是中国法制现代化的“正途”。另一个则坚称中国问题具有类似地方性知识的特殊属性，强调西方模式应对中国问题的文化隔阂与结构性困难，提出应充分发掘本土资源，充分利用调解“案结事了人和”的突出优势来推进中国社会现代化转型的有序进行。①

“推崇审判”的论者反对“调解为主”模式，提醒需要警惕传统调解与

---

① 苏力．法治及其本土资源．北京：中国政法大学出版社，1996；陈弘毅．调解、诉讼与公正——对现代自由社会和儒家传统的反思．现代法学，2001（3）．

现代法治间的冲突面向。受其影响，作为效法西方“先进经验”的一项重要举措，法院诉讼正在取代传统调解往昔占据的正统地位，逐渐被接受为中国法制现代化发展取得进步最主要的象征符号。“侧重调解”者则秉持一种相对简单的实用主义立场，肯定调解之于现代中国的继续有效性。他们强调调解是新中国社会纠纷解决实践中的主导模式，认为通过调解解决纠纷，尤其是解决个案纷争，具有诉讼所无法比拟的良好效果。

对于调解的两种冲突性认识，长期并存于新中国学术界，且各自拥有一定的合理之处。国内学界关于调解法政策定位问题的长久分歧与严重对立，折射出新中国调解机制的一种真实状况：其实践如火如荼，制度发展前景却晦暗不明。总之，“推崇审判”与“侧重调解”长期被解读成新中国司法政策上的一个悖论。① 这样一种认识观念的形成，严重阻滞了中国调解的制度完善及其现代转型。

二、技术路径困境

如前所述，学界普遍肯认调解之于古代中国纠纷解决的重要地位，然而，他们在调解制度是否契合现代中国的法制化需求这一问题上存在明显分歧。21 世纪中国调解呈现强势复兴局面，但与中国传统的调解实践以及中华人民共和国成立以来的调解实践并不存在指导精神与解纷技能方面的实质性差别，亦未出现运行机制、专业技能方面的根本性创新。

首先，虽然中华人民共和国成立伊始，国家司法政策与相关法规明确规定，调解应遵循平等自愿原则，但中国的调解实践却一直是在国家意志主导下，依靠行政力量负责组织甚至直接承办的纠纷处理活动。实际上，中国的调解始终表现出对行政资源的高度依赖性。与之相比，其对当事人自主意志的尊重、对依法实现个体权利的保护等方面的关注则相对不足。

其次，在这种欣欣向荣的表象之下，可以清晰地看到，21 世纪中国调解的蓬勃发展并不具有维持其长远发展的独立性动力，也尚未形成清晰的规范化、职业化的发展模式。从制度发展的根本动力与远期前景来看，调解规范化、职业化发展，才是中国调解发挥好“案结事了人和”功能，占

① 季卫东．调解制度的法律发展机制//强世功编著．调解、法制与现代性：中国调解制度研究．北京：中国法制出版社，2005：1.

据多元纠纷解决机制重要“一元”的根本保障。但是，从我国调解实践的当前情况来看，调解组织定位模糊、功能芜杂，大量调解人员非专职化，调解教育的普遍非专业化以及整个调解制度的严重行政化，使得中国调解的职业前景仍处在一种步履维艰的状态之中。21世纪以来，中国司法政策开始从“调判结合”向“调解优先”倾斜，相关政策法律纷纷出台。2004年，《中共中央关于加强党的执政能力建设的决定》首次提出了“构建社会主义和谐社会”的完整概念，并将其正式确定为中国共产党全面提高执政能力的五大能力之一。2008年，最高人民法院将“调解优先、调判结合”确立为司法工作的一项指导性原则。2009年，最高人民法院出台了《关于建立健全诉讼与非诉讼相衔接的矛盾纠纷解决机制的若干意见》。2010年6月，最高人民法院印发《关于进一步贯彻“调解优先、调判结合”工作原则的若干意见》的通知。2010年8月，第十一届全国人大常委会第十六次会议审议通过了《人民调解法》。2011年，最高人民法院审判委员会通过了《关于人民调解协议司法确认程序的若干规定》。2012年，修正后的《民事诉讼法》增加了对调解协议司法确认程序的相关规定。2015年，中共中央办公厅、国务院办公厅《关于完善矛盾纠纷多元化解机制的意见》出台。2016年，最高人民法院发布《关于人民法院进一步深化多元化纠纷解决机制改革的意见》。2017年，最高人民法院、司法部联合发布了《关于开展律师调解试点工作的意见》。2018年，中央政法委、最高人民法院、司法部、民政部、财政部、人力资源和社会保障部联合印发了《关于加强人民调解员队伍建设的意见》的通知。规范化、职业化发展，是一个行业走向成熟的关键标志。纵观上述政策法律的具体内容，21世纪中国调解规范化管理、职业化发展问题开始受到重视，但尚未形成统一而明确的发展理念与具体规划。

最后，从调解员的知识背景与解纷技能方面来看，21世纪的中国调解与之前的调解活动相比，并无大的不同。除了法学素养方面出现一些改善外，调解员对社会学、心理学、人际关系学等现代知识的系统掌握与自觉运用并不普遍。从中国调解的实际运行状况来看，目前机构完备、解纷实效最好的是区与乡镇的人民调解委员会。然而，这两个层级的人民调解委员会往往与同层级的司法所是同一套人马。也就是说，中国基层人民调解委员会与地方司法所混同为一个机构，只是挂了两块不同的牌子而已，而人民调解只是基层司法所承担的“法制宣传、法律服务、安置帮教、社区矫正”等繁杂功能中的一项罢了。再加上目前我国基层司法所大多存在财政不独立、人员流动频繁、缺编缺员严重的情况。鉴于此，基层行政调解与人民调解混同不分，人民调解的民间性、群众性、自治性特色只停留在规范层面上，人民调解实践严重行政化，并未显现出规范化、职业化发展的明显迹象。

相对而言，法院调解在人、财、物方面的保障要好得多，但是也同样陷入了职业面貌模糊、行政化倾向严重的困境。中国法院并不存在调解法官与审判法官的明确区分。从运行逻辑来看，案件的解决往往是从调解开始的，调解不成的，再由同一位或几位法官来审理判决。在审判过程中，因面临审期制、错案追责制等制度压力，法官往往会“引导”纠纷双方重回调解。我国民事诉讼法规定，法官可以在审判过程中的任何阶段，适用或重新适用调解来结案。甚至在司法实践中，法官判决生效后的执行环节，重新通过调解结案的实例也并不少见。这样一来，因为并不存在清晰且难以逾越的制度界限，同时又面临推进调解的各种激发机制，我国法院调解与法院审判经常混而不分，法院调解同样缺乏规范化、职业化发展的制度契机。此外，我国营利性的商业调解并未进入正轨。从现有的法规来看，以商业调解公司命名的调解组织仍然很难取得正式的工商登记资格与独立的市场运营地位，而传统处理商业纠纷的行业调解早已衰落。当代中国的商业纠纷，国内的主要由法院审判来解决，国际纠纷则大多通过国际惯例与国际仲裁来解决。当然，近年来随着法院调解、仲裁调解的兴起与发展，实践层面的商业纠纷调解已开始大量适用。而就仲裁调解而言，和法院调解的情况相似，调解程序内嵌于仲裁过程之中，并未呈现出规范化、职业化的发展趋势。

总之，解纷观念陈旧、行政化色彩浓郁、自治性特色不强、解纷技能并未获得实质提升等缺陷的长期存在，成为阻滞中国调解现代化转型的主要困境。中国调解的当代复兴并非真正意义上纠纷解决模式的一种自觉生长，而是国家行政力量直接运用下的一项缺乏明确观念与合理规划的行政措施。这种实用主义的、出于维稳需求的行政化模式虽然能起到立竿见影的效果，但同时也导致调解的未来发展过分依赖行政领导的重视与行政资源的支持，一旦行政资源撤离，调解很快就会萎缩凋敝。

第二节　调解全球化运动与中国调解的时代机遇

调解与审判无法融合的观念认识，导致新中国调解实践虽然发达，但并未正式整合进现代中国法治化进程中。不过，随着当代调解全球化运动的兴起，这种局面有望改观。现代中国已经深深融入全球化浪潮之中，西方 ADR 模式与调解全球化运动显然为中国调解的未来发展提供了重要启示与宝贵契机。

一、调解全球化运动

调解全球化运动肇端于 20 世纪七八十年代。20 世纪下半叶以来，西方社会纷纷进入“诉讼爆炸”时期，司法资源相对不足，民众对法院审判程序繁杂、成本高昂等问题普遍不满。为了提高民众“接近正义”的可能性，美国以调解为主的诉讼外纠纷解决制度得以迅速发展，其标志性事件是 1976 年美国司法行政大会，即著名的“庞德会议”的召开。“基于对司法管理效率低下的普遍不满”，会上人们提出了“关于接近正义的危机”这一重大议题，重点探讨了“更快更低廉的司法行政程序”与“非诉讼纠纷解决机制的发展”两个问题[①]，由此拉开了调解全球化运动的序幕。

稍后，由福特基金、意大利国家委员会（CNR）和欧洲大学协会共同资助的佛罗伦萨项目将来自全球的学者聚集在一起，共同讨论了发生在美国并遍及其他西方国家的“接近正义运动”，这标志着调解全球化运动的正式启动，也将调解制度跨文化、跨地区的经验传播问题提上了研究日程。[②]与此同时，西方各国调解机制与解纷技巧不断发展，开始呈现多元化、专业化、规范化发展趋势。

---

① Geetha Ravindr. Reflections on Institutionalizing Mediation. *Dispute Resolution Magazine*, Vol. 14, Spring 2008, p. 28.

② 娜嘉·亚历山大主编．全球调解趋势．王福华，译．北京：中国法制出版社，2011：5.

西方现代调解以“交涉与合作”为基本理念，鼓励纠纷当事人通过自主交涉形成合意来化解纠纷，实现社会矛盾的个性化解决。依此路径，西方各国已经发展出丰富多样、特色鲜明的多元调解模式，如主要处理校园纠纷，培养青少年调解思维的同伴调解（Peer Mediation）；应对公共冲突、群体性纠纷，推动制度发展的公共政策调解（Public Policy Mediation）；引导案件分流，提高审判效率的法院附设调解（Court-connected Mediation）；贯彻“矫正性司法理念”，关注刑事案件受害人乃至加害人心理健康的受害人—加害人调解（Offender-Victim Mediation）；以及帮助企业妥善处理纠纷，维系合作关系的商业公司调解；等等。[①]

21 世纪以来，西方现代调解开始呈现职业化发展趋势，欧美各国试行调解员职业认证制度，跨国、跨地区的调解培训、调解经验交流日益频繁。此外，针对全球适用的各种网络调解不断涌现，标志着调解全球化运动正式形成的各种规范性立法也开始出现。2001 年美国制定《统一调解法》；2002 年欧盟制定了规范调解行为的绿皮书，2004 年又出台了《欧洲调解员行为法》。值得一提的是，受国内纠纷数量激增与欧美调解制度发展的双重影响，包括日本、韩国、南非等在内的许多亚非国家亦纷纷加入调解全球化进程之中。

二、中国调解现代转型的时代机遇

调解全球化运动的迅速扩张，为中国调解的规范化发展与现代化转型提供了重要契机。随着改革进程的深入，中国社会遭遇不断激化的体制性矛盾与群体性纠纷，程序冗长、案结事不了的法院审判使公众的失望情绪不断滋长，缓解法院诉讼压力与维护社会稳定等现实需求催生了 21 世纪中国调解的全面扩张。但具体该如何合理配置司法资源，利用调解来分流诉讼案件，实现案结事了人和，推动法治建设发展，这是新形势下我国司法改革的一个难题，也是中国调解未来发展的重要问题。

他山之石，可以攻玉。随着西方国家调解机制的现代崛起及其全球扩张，其应对的问题与中国调解应对的问题基本相同，西方现代调解的理念

① 娜嘉·亚历山大主编．全球调解趋势．王福华，译．北京：中国法制出版社，2011：10-16，31-33.

发展与实践创新，为中国调解的发展完善提供了重要的观念启示与经验参考。从观念层面来看，调解全球化运动提供了一种全新的认识：调解不是诉讼的对立物，而是一种可以弥补诉讼缺陷、提高司法效率的替代性纠纷解决机制。西方调解全球化运动并非古代调解的简单复兴，而是在“法律的阴影下”，以个人自主、私权自治、权利保护为基本价值的现代调解的崭新亮相。它是一种以诉讼为最后保障[①]、以调解为主要内容与连接纽带的多元纠纷解决机制间彼此区隔但又相互配合的“和谐模式”，而非诉讼和调解不能并存的“冲突模式”。这一观念对于中国调解的未来发展具有启发意义，在新观念的引导下，国内学界开始反思将调解与诉讼对立起来的传统认识，转而开始思考诉调结合、通过调解促进法律发展的可能性，并且提出了建构多元互补的现代纠纷解决体系的全新理论愿景。[②]

在具体解纷技巧方面，西方现代调解广泛汲取文化学、伦理学、社会心理学、人际关系学等的先进经验与成果，针对不同的纠纷类型与不同特质的当事人，施行不同的调解策略与技巧。以美国家庭纠纷调解为例，美国家庭纠纷调解员经常由律师与心理医师共同担任，在调解过程中，他们更加注重人伦亲情的恢复与重建、纠纷双方关系的缓和与修复、未成年人的身心健康与权益保护这些问题。除了运用婚姻家庭法方面的法律知识外，美国家庭纠纷调解大量借助心理学方面的专业知识。又如，美国、法国、丹麦、意大利、澳大利亚等国正在兴起的“受害人—加害人”调解，虽然目前就适用的范围、适用的条件、具体的程序等并未形成完全一致的做法，但在注重加害人心灵救赎、增进受害人与加害人间的彼此理解等解纷宗旨的认识上却完全相同。这些共识的形成，同样得益于心理学、社会学知识的推广与运用。[③] 此外，在调解执业管理方面，西方各国正逐步发展完善调解员执业行为标准，尝试推行调解员职业资格认证，同时针对具体纠纷的不同类型，发展出社区调解、法院附设调解、商业公司调解、自由调解人

---

① Mnookin R H. Bargaining in the Shadow of the Law: The Case of Divorce. *Yale Law Journal*, 1979, 88 (5).

② 季卫东．调解制度的法律发展机制//强世功编著．调解、法制与现代性：中国调解制度研究．北京：中国法制出版社，2005；范愉．“当判则判”与“调判结合”——基于实务和操作层面的分析．法制与社会发展，2011 (6).

③ 娜嘉·亚历山大主编．全球调解趋势，王福华，译．北京：中国法制出版社，2011：49-50.

调解等形态多样的调解类型，推动调解向专业化、职业化、市场化发展。

新中国以建设“中国特色社会主义国家”为目标，不能也无法直接照搬西方模式（包括调解模式）。但随着西方现代调解的全球化扩张，其解纷理念与职业化模式无疑将给中国调解的未来发展带来重大影响。而且，从中国社会发展的现实需要来看，引导传统调解进行现代转型，推动其实现专业化、职业化、市场化发展，正是提升中国调解解纷能力的关键所在。

第三节 中国调解发展的新思路

党的十九大报告指出，中国特色社会主义进入新时代，我国社会主要矛盾已经转化为人民日益增长的美好生活需要和不平衡不充分的发展之间的矛盾。社会主要矛盾的变化反映到司法层面，就是人民群众日益增长的司法需求与国家司法供给不平衡、保障群众权益不充分之间的矛盾。随着经济社会发展和利益格局的深刻调整，社会矛盾纠纷时有发生，诉讼案件数量不断上升。一方面，作为社会矛盾化解“第一道防线”的人民调解功能日益萎缩；另一方面，作为“正义最后一道防线”的司法审判在超负荷运行。面对利益冲突的复杂性、价值观念的多样性以及诉讼程序的内在局限性，司法裁判往往只能实现“案结”的法律效果，却难以实现“事了人和”的社会效果，甚至会衍生新的矛盾纠纷。为了满足人民群众的新期待，适应人民群众的多元司法需求，必须摆脱“诉讼中心主义”的桎梏，大力发展现代调解，进而更好地实现公平正义，维护社会和谐。具体而言，中国调解的未来发展，应回归当事人平等合意解决纠纷之“调解”本意，秉持理念现代化、体系多元化、机制市场化、队伍职业化、发展国际化之具体发展路径。

一、坚持调解理念现代化

调解全球化运动的蓬勃发展给我们提供了重要的启示，即在调解中要维护个体的正当权益，实现纠纷当事人个性化的多元诉求，调动当事人的主观能动性，引导其自发寻求最恰当的纠纷解决方案。中国调解要发展成一项有效的治理创新机制，发挥好其为法院积案分流减压的作用，需要重点改变一种陈旧的认识。

中华人民共和国成立以来，我国调解实践长期与政治动员、行政处理混杂不分，导致“调解就是和稀泥”“调解可以不讲原则”等一系列负面认识的盛行。行政化色彩浓郁，是新中国调解制度的一个整体特征，也是阻碍中国调解现代化发展的重要症结。应该承认，在早期阶段，行政力量的介入为新中国调解制度的起步提供了一些正面支撑。不过，随着中国社会现代化进程的发展，行政化色彩浓厚已经成为调解制度创新发展的桎梏。淡化行政色彩，是中国调解未来发展的一个基本方向，也是一项重要目标。而要实现中国调解的现代转型与科学发展，必须引导建立一种新型的社会调解理念。这种理念主要包括：首先，一方面，调解不同于诉讼，但依然在法律的阴影下运作；另一方面，它又不囿于法律的刚性规定，可以经由当事人双方的自主选择与平等协商，实现社会纠纷的创造性个性化解决。其次，中国调解需要立足社会整体和谐，重视确立当事人双方的“双赢”模式。相对于诉讼而言，现代调解的独特优势在于，它不仅帮助当事人处理已经发生的冲突与纠纷，而且更为重要的是，通过调解员中立性的协调与处理，它力图协助当事人双方缓和关系、着眼未来，在一种审慎、理性的引导下，创造性地化解冲突，形成一种新的互惠合作关系。就此点而言，不同于诉讼模式对法律权利与法律义务的强调，中国调解的未来发展更加关注纠纷解决的当事人满意度与社会整体影响。而这种考量是一种融法治观念与传统和谐文化于一体的调解社会化理念。

二、促进调解体系多元化

中国调解体系多元化是中国调解未来发展的基本方向。目前，我国调解的类型主要包括：司法调解、行政调解、仲裁调解、人民调解、行业调解、商事调解、律师调解等。司法调解、行政调解属于公力救济的范畴，仲裁调解则是仲裁机关在仲裁程序中所附带的解纷方式，除此之外的人民调解、行业调解、商事调解、律师调解都属于社会调解的范畴。然而，我国社会调解体系的“多元化”在实践中往往被人民调解“一元”泛化。人民调解原本是村（居）民委员会、企业事业单位设立的人民调解委员会通过调解解决民间纠纷的方式。如今行业调解、商事调解、律师调解等各种新型社会调解经常被贴上“人民调解”的标签。人民调解委员会具有鲜明的地域性、群众性、政治性，主要应对基层辖区内简单的民事纠纷，调解人员缺乏解决复杂纠纷的能力，无法适应现代工商社会中跨地域、多样性、复杂性的纠纷形态。将行业调解、商事调解、律师调解等泛化为人民调解，混淆了多元调解的法律地位和个性特点，偏离了多元调解体系的功能定位和发展方向，也不利于推进多元化纠纷解决机制的国际化发展。为此，发展现代社会调解的重心在于：第一，要广泛依托商会、行业协会等社会力量，加强商事调解组织和行业调解组织建设，突出中立性、自治性；第二，要加强投资、金融、证券、期货、保险、房地产、电子商务、知识产权、国际贸易等重点领域的商事或行业调解服务，适应纠纷解决新需求；第三，要完善多元调解法律体系，明确商事调解和行业调解的法律地位，健全调解规则和对接程序，充分发挥社会调解专业化、职业化优势，提高社会调解公信力，实现多元化纠纷解决机制的资源整合和功能衔接。

三、推动调解机制市场化

调解机制的市场化是中国调解未来发展的动力保障。在全面深化改革时期，应充分利用市场机制优化资源配置，尝试将特定类型的纠纷化解工作推向商品服务市场，逐步探索营利性商业调解的实践路径，这是中国调解未来发展的一个可行方向。目前，调解商业化、社会化的发展趋势已经得到了学界的普遍认同，人们也在谨慎探索制定新的司法政策。最高人民法院《关于扩大诉讼与非诉讼相衔接的矛盾纠纷解决机制改革试点总体方案》明确指出：“试点法院支持商事调解组织、行业调解组织或者其他具有调解职能的组织开展工作”，“试点法院应当积极与政府有关部门沟通、协调，或者通过其他适当的方式，探索实行调解员有偿服务。除法院专职调解员、入册的行政调解员和人民调解员不收取调解费用外，其他入册的特邀调解组织或者特邀调解员可以提供有偿服务”。北京、上海、深圳等经济发达城市的商业金融调解也开始起步。从国际趋势与国内前景两方面来看，中国的商业调解将大有可为。因此，发展我国现代调解必须走差异化道路，在坚持人民调解、行政调解公益性属性的同时，应当支持和鼓励商事调解、行业调解、律师调解的市场化运作。市场机制是培育社会调解走向成熟的重要路径。现代商事纠纷所涉及的法律关系复杂、诉讼标的金额较大，如果调解组织能够提供高质量的调解服务，当事人往往会有较高的付费能力和付费意愿。因此，在特定领域鼓励社会调解组织收费调解，符合“谁使用，谁付费”的市场规律，既可以吸引具有专业知识的高端人才参与到纠纷解决服务中，也可以通过市场竞争实现优胜劣汰，提高调解质量和调解效果，培育质优价低的调解服务产品，实现纠纷解决市场的供需平衡。当前我国社会调解服务市场尚在起步阶段，地方政府应当根据当地情况，及时出台手续简化、税收减免等优惠扶持政策，通过积极向社会调解组织购买纠纷解决服务等方式，鼓励社会力量参与纠纷解决，推动社会调解从政府主导型向社会自治型转变。

四、保障调解队伍职业化

调解队伍职业化，是我国调解迈向现代化成熟发展阶段的主要指标。走向职业主义，是调解全球化运动的一个重要趋势，也是中国调解成熟发展的重要标志。事实上，当事人选择调解的原动力在于调解组织能够提供优质的调解服务，而优质的调解服务源于一支优秀的调解员职业队伍。现代民商事调解具有复杂度高、专业性强的特征，远非传统意义上非专业人员仅凭社会经验和道德教育就能胜任。调解是一门艺术，不仅需要自然理性，而且需要技术理性。调解员必须具备专业的法律知识，并遵循基本的调解规范和职业伦理。同时，调解需要跨学科的知识运用，涉及谈判学、心理学、社会学、经济学等多学科的内容。从域外发展经验来看，调解员必须经过专门的职业培训才能获得资质认证，并且该资质认证对培训的课时量和培训的内容都有相当精细的要求。我国行业调解和商业调解的从业人员中，大部分为兼职调解员，调解队伍职业化水平不高，社会大众对调解员的职业认同感不强，这是制约我国社会调解发展水平的重要因素。因此，大力发展现代调解，需要法治实践部门和法学教育部门通力合作，加强综合性、实践性调解人才的培养，推动建立职业化调解员统一资质认证制度，完善调解员职业水平评价体系，打造一支专业化、职业化、国际化的调解员队伍，以满足解决民商事纠纷的需要。

五、助推调解发展国际化

调解制度的设计者和调解员的视野国际化，是我国调解制度与调解实践不断完善的重要因素，亦是我国调解向国际化方向发展的必由之路。就中国调解的现实情况来看，不同的调解类型，其职业化发展的具体路径必然有所不同。其中，机制相对完备、从业人数众多的人民调解可以借鉴国际调解员资格认证制度与国内专业技术人员评聘制度的成功经验，尝试推行人民调解员资质等级评定制度，构建职级晋升机制，引导调解员尝试职业化路径。法院调解通常是一调终局，其调解协议具有强制执行力。相比于人民调解，法院调解规范程度高、约束力强，调解员理应综合素质更高、业务能力更强，对其监管更加严格规范，已经成为国际普遍做法。因此，法院调解制度的未来发展，应综合借鉴国际成熟做法，建立法院调解员、审判员分离机制，制定各自相宜的管理办法与考核机制。就国际形势来看，商事调解全球化已经成为现实，互相承认调解协议具体执行力的《联合国关于调解所产生的国际和解协议公约》（《新加坡调解公约》）已提上日程。商业调解的成功发展，取决于其应对纠纷解决"市场"需求的自身能力。实现精细化、专业化发展，是现代各国商业调解取得成功的关键。因此，我国调解制度的设计者应自觉借鉴多元化的国际商业调解惯例与规则，针对不同的商业行为、不同的行业领域、不同的解纷需求，制定合理、多样的商业调解规范，推动商业调解发展壮大。调解制度的实践者应以"一带一路"中国倡议为契机，以国际化的视野对待商事调解制度，助推商事调解国际化发展。

综上所述，调解全球化运动为中国调解未来发展提供了重要的观念启示与宝贵的经验借鉴。从国内情况来看，全面深化改革亟须中国调解切实承担起缓解诉讼压力、实现权利及时救济、维护社会秩序稳定的重任。在此背景下，更新陈旧的认识观念，淡化行政化色彩，实现中国调解理念社会化、体系多元化、机制市场化、队伍职业化、发展国际化，是构建和谐社会、推动中国社会治理现代化的基本思路与可行路径。

后　记

调解具有悠久的历史文化、独特的理念原则、多样的制度规则和丰富的经验技巧，这意味着其可以且应当作为专门的学科予以研究与介绍。然而，当前我国仅有少量以人民调解学、调解法学和调解技巧为主题的调解教材，存在研究视野狭窄、研究内容局限、研究方法单一等问题，因而亟须一本系统化与精细化的调解学教材，为调解研究与教学培训提供强有力的教材支撑。

基于这一使命感，我组织了湘潭大学多元化纠纷解决机制理论研究团队部分成员进行相关研究工作，着力开发《调解学教程》。毋庸讳言，本书主要具有以下特色与创新。

其一，在研究视野上，纵向梳理与横向比较相融合。本书既有古今调解发展的纵向梳理，即对我国传统调解与现代调解的背景、理念、主要内容和伦理规范等进行系统阐述；又有国内外调解的横向比较，即对西方调解的发展历程、理念与实践现状进行全面介绍，为我国调解的未来发展提供了有益的参考素材。

其二，在研究内容上，理论探讨与实务技巧相融合。在学理探讨部分，本书创造性地提出了调解学的研究对象、内容与方法，并对各类调解的性质、主体、适用范围等进行了界定，使调解的分类和运行更具科学性。在实务技巧部分，本书详细介绍了沟通、打破僵局等多种调解技巧的原理与运用方法，保障了教材的实用性。

其三，在研究方法上，法学方法与多学科方法相融合。仅运用法学方法研究调解，将导致“就制度论制度”的一孔之见。本书运用了法学、历史学、社会学、心理学、经济学等跨学科方法，充分彰显了调解学的学科交叉性。其中，最具特色的是将心理学在认知、沟通、谈判、态度与决策等方面的研究成果运用到调解的各个环节；运用经济学中博弈论、成本—收益分析等工具，揭示当事人对纠纷解决的选择机制、当事人调解行动的制约因素等。

本书是国家社科基金重大项目“构建全民共建共享的社会矛盾纠纷多元化解机制研究”（15ZDC029）的阶段性成果。我拟定了本书的写作大纲，并负责全书的最后统稿与审定工作。具体撰写分工如下。

第一章	张立平	湘潭大学法学院教授
第二章	覃斌武	湘潭大学法学院副教授
第三章	刘军平	湘潭大学法学院副教授
第四章	廖永安	湘潭大学法学院教授
	李喜莲	湘潭大学法学院教授
第五、六、九章	李喜莲	湘潭大学法学院教授
第七章	邬欣言	湘潭大学碧泉学院教师
第八章	黄艳好	湘潭大学法学院教师
	赵毅宇	湘潭大学法学院博士研究生
第十章	邓春梅	湘潭大学法学院副教授
	廖永安	湘潭大学法学院教授

此外，感谢湘潭大学法学院博士研究生赵毅宇、肖文、段明、郑令晗、奉鑫庭、谢米隆、谢珉慧、张红旺参与了全书的校对工作。本书的研究团队参阅了国内外有关学者的一些论著，从中得到了启发，在此，对有关学者表示感谢。最后，感谢中国人民大学出版社的编辑为本书顺利出版所付出的艰辛劳动。

由于研究水平和研究能力有限，书中难免存在不妥之处，恳请读者批评指正。

廖永安

2018年11月10日

于湘潭大学法学院

图书在版编目（CIP）数据

调解学教程/廖永安主编．—北京：中国人民大学出版社，2019.8
（新时代调解研究文丛/廖永安主编．实务系列）
ISBN 978-7-300-27297-9

Ⅰ．①调… Ⅱ．①廖… Ⅲ．①调解（诉讼法）-中国-教材 Ⅳ．①D925

中国版本图书馆 CIP 数据核字（2019）第 166940 号

新时代调解研究文丛（实务系列）
总主编　廖永安
调解学教程
廖永安　主编
Tiaojiexue Jiaocheng

出版发行	中国人民大学出版社		
社　　址	北京中关村大街 31 号	**邮政编码**	100080
电　　话	010－62511242（总编室）		010－62511770（质管部）
	010－82501766（邮购部）		010－62514148（门市部）
	010－62515195（发行公司）		010－62515275（盗版举报）
网　　址	http://www.crup.com.cn		
经　　销	新华书店		
印　　刷	固安县铭成印刷有限公司		
开　　本	720 mm×1000 mm　1/16	**版　　次**	2019 年 8 月第 1 版
印　　张	20.25 插页 2	**印　　次**	2024 年 2 月第 2 次印刷
字　　数	306 000	**定　　价**	65.00 元